1권

KB084319

제1회
지역농협 6급
필기시험

직무능력평가
(70문항/70분 유형)

〈문항 수 및 시험시간〉

영역	문항 수	시험시간	비고	모바일 OMR 답안분석
의사소통능력 수리능력 문제해결능력 자원관리능력 조직이해능력	70문항	70분	5지선다	

※ 다음 제시된 단어의 대응 관계로 볼 때 빈칸에 들어가기에 알맞은 것끼리 짝지어진 것을 고르시오. **[1~3]**

01

괄목상대 : 일취월장 = 관포지교 : ( )

① 막역지우   ② 전전반측
③ 낙화유수   ④ 망운지정
⑤ 혼정신성

02

영국 : 런던 = 이탈리아 : ( )

① 바티칸   ② 유럽
③ 뉴욕   ④ 로마
⑤ 도쿄

03

수평 : 수직 = ( ) : 기립

① 경례   ② 박수
③ 기상   ④ 좌석
⑤ 착석

※ 다음 중 짝지어진 단어 사이의 관계가 나머지와 다른 것을 고르시오. **[4~5]**

04
① 나무 – 종이 – 책
② 휘발유 – 등유 – 경유
③ 실 – 천 – 옷
④ 석유 – 아스팔트 – 도로
⑤ 철광석 – 철 – 철근

05
① 투수 – 포수 – 야구
② 미드필더 – 스트라이커 – 축구
③ 가드 – 포워드 – 농구
④ 선수 – 감독 – 심판
⑤ 리베로 – 세터 – 배구

※ 다음 제시된 세 단어로 연상할 수 있는 단어를 고르시오. **[6~8]**

06

안부 　 소식 　 우표

① 인사
② 편지
③ 주소
④ 스팸
⑤ 번호

07

강도 　 약탈 　 바다

① 해적
② 폭력
③ 산적
④ 파도
⑤ 협박

08

실수 　 핑계 　 구실

① 주의
② 계획
③ 역할
④ 지원
⑤ 변명

09 다음 중 의미가 다른 사자성어는?

① 각골통한(刻骨痛恨)
② 비분강개(悲憤慷慨)
③ 원철골수(怨徹骨髓)
④ 교아절치(咬牙切齒)
⑤ 절차탁마(切磋琢磨)

10 다음 중 밑줄 친 표현을 맞춤법에 맞게 고친 것은?

① 번번히 지기만 하다 보니 게임이 재미없어졌다. → 번번이
② 방문 횟수가 늘어날수록 얼굴에 생기가 돌기 시작했다. → 회수
③ 널따란 마당에 낙엽이 수북이 쌓여있다. → 넓다란
④ 웬지 예감이 좋지 않아 발걸음을 재게 놀렸다. → 왠지
⑤ 대문을 제대로 잠갔는지 기억이 나지 않았다. → 잠궜는지

11 다음 밑줄 친 ㉠~㉤ 중 어법상 옳은 것은?

오늘날 여성들은 지나치게 ㉠ 얇은 허리와 팔, 다리를 선호하고 있어, 과도한 다이어트가 사회적 문제로 떠오르고 있다. 심지어 온라인상에서는 특정 식품만 섭취하여 ㉡ 몇일 만에 5kg 이상을 뺄 수 있다는 이른바 '원 푸드 다이어트'가 유행하고 있으며, 몇몇 여성들은 어떤 제품이 다이어트 효과가 좋다고 소문만 나면 ㉢ 서슴치 않고 검증되지 않은 다이어트 약을 사서 복용하기도 한다. 그러나 무리한 다이어트는 영양실조 등으로 이어져 건강을 악화시키며, 오히려 요요현상을 부추겨 이전 몸무게로 되돌아가거나 심지어 이전 몸무게보다 체중이 더 불어나게 만들기도 한다. 전문가들은 무리하게 음식 섭취를 줄이는 대신 생활 속에서 운동량을 조금씩 ㉣ 늘여 열량을 소모할 것과, 무작정 유행하는 다이어트법을 따라할 것이 아니라 자신의 컨디션과 체질에 ㉤ 알맞은 다이어트 방법을 찾을 것을 권하고 있다.

① ㉠
② ㉡
③ ㉢
④ ㉣
⑤ ㉤

12 다음 제시된 문장에서 사용되기에 적절하지 않은 단어는?

- 곤충이란 것은 모두 그렇게 _____을(를) 거쳐서 자란다.
- 그 기관이 예산을 _____(으)로 운영한 것이 알려졌다.
- 밀봉은 용기 외부로부터 공기와 미생물의 침입을 차단하여 용기 내 식품의 _____을(를) 방지한다.
- 충신으로 알려진 그의 _____은(는) 뜻밖이었다.

---

① 변칙   ② 변절

③ 변고   ④ 변태

⑤ 변질

13 다음 밑줄 친 단어와 같은 의미로 사용된 것은?

나는 이번 프로젝트에 사활을 <u>걸었다</u>.

---

① 나는 너와 그 길을 함께 <u>걸었다</u>.

② 계속된 실점으로 감독이 작전 타임을 <u>걸었다</u>.

③ 마침내 올림픽 금메달을 목에 <u>걸었다</u>.

④ 양만춘은 안시성 전투에서 목숨을 <u>걸었다</u>.

⑤ 그는 술만 마시면 사소한 일에도 시비를 <u>걸었다</u>.

14 다음 제시된 단어와 같거나 유사한 의미를 가진 것은?

성취

---

① 성장   ② 번성

③ 달성   ④ 취득

⑤ 고취

15 다음 내용을 가장 잘 설명하는 속담은?

> SNS를 통해 맛집으로 유명해진 A가게가 개인사정으로 문을 닫자, 그 옆 B가게로 사람들이 몰리기 시작했다.

① 싸움 끝에 정이 붙는다.
② 미련은 먼저 나고 슬기는 나중 난다.
③ 배부르니까 평안 감사도 부럽지 않다.
④ 호랑이 없는 골에 토끼가 왕 노릇 한다.
⑤ 잠결에 남의 다리 긁는다.

16 다음 글을 쓴 목적으로 가장 적절한 것은?

> Sometimes promises made in good faith can't be kept. Even though we strive to be error-free, it's inevitable that problems will occur. Not everything that affects your customer's experience with you is within your control. What should you do when the service promise is broken? When you discover a broken promise or have one pointed out to you, the first thing to do is to apologize. Don't waste time blaming yourself, your company, or your customer. Admit that something has gone wrong, and immediately find out what your customer's needs are.

① 효율적인 여가 시간 활용의 중요성 강조
② 업무상 약속 불이행 시 대처 방법 조언
③ 업무 관련 연수의 필요성 안내
④ 새로운 인사 관리 시스템 소개
⑤ 동료 간의 협동 정신 고취

17 다음 문단을 논리적 순서대로 바르게 나열한 것은?

먹을거리가 풍부한 현대인의 가장 큰 관심사 중 하나는 웰빙과 다이어트일 것이다. 현대인은 날씬한 몸매에 대한 열망이 지나쳐서 비만한 사람들이 나태하다고 생각하기도 하고, 심지어는 거식증으로 인해 사망한 패션 모델까지 있었다. 이러한 사회적 경향 때문에 우리가 먹는 음식물에 포함된 지방이나 기름 성분은 몸에 좋지 않은 '나쁜 성분'으로 매도당하기도 한다. 물론 과도한 지방 섭취, 특히 몸에 좋지 않은 지방은 비만의 원인이 되고 당뇨병, 심장병, 고혈압과 같은 각종 성인병을 유발하지만, 사실 지방은 우리 몸이 정상적으로 활동하는 데 필수적인 성분이다.

(가) 먹을 것이 풍족하지 않은 상황에서 생존에 필수적인 능력은 다름 아닌 에너지를 몸에 축적하는 능력이었다.

(나) 사실 비만과 다이어트의 문제는 찰스 다윈(Charles R. Darwin)의 진화론과 밀접한 관련이 있다. 찰스 다윈은 19세기 영국의 생물학자로 『종의 기원』이라는 책을 써서 자연선택을 통한 생물의 진화 과정을 설명하였다.

(다) 약 100년 전만 해도 우리나라를 비롯한 전 세계 대부분의 국가는 식량이 그리 풍족하지 않았다. 실제로 수십만 년 지속된 인류의 역사에서 인간이 매일 끼니 걱정을 하지 않고 살게 된 것은 최근 수십 년밖에 되지 않은 일이다.

(라) 생물체가 살아남고 번식을 해서 자손을 남길 수 있느냐 하는 것은 주위 환경과의 관계가 중요한 역할을 하는데, 자연선택이란 주위 환경에 따라 생존하기에 적합한 성질 또는 기능을 가진 종들이 그렇지 못한 종들보다 더 잘 살아남게 되어 자손을 남기게 된다는 개념이다.

그러므로 인류 중에서도 이러한 축적 능력이 유전적으로 뛰어난 사람들이 그렇지 않은 사람들보다 상대적으로 더 잘 살아남았을 것이다. 그렇게 살아남은 자들의 후손인 현대인들이 달거나 기름진 음식을 본능적으로 좋아하게 된 것은 진화의 당연한 결과이다. 그러나 음식이 풍부한 현대 사회에서는 이러한 유전적 특성이 단점으로 작용하게 되었다. 지방이 풍부한 음식을 찾는 경향은 지나치게 지방을 축적하게 했고, 결국 부작용으로 이어졌다.

① (나) – (가) – (라) – (다)
② (나) – (다) – (가) – (라)
③ (나) – (라) – (다) – (가)
④ (다) – (가) – (나) – (라)
⑤ (다) – (라) – (가) – (나)

※ 다음은 NH농협은행의 NH 직장인 월복리 적금상품을 설명한 안내 자료이다. 이어지는 질문에 답하시오.
[18~19]

〈NH 직장인 월복리 적금상품〉	
상품특징	• 급여이체 및 교차거래 실적에 따라 우대금리를 제공하는 직장인 재테크 월복리 적금상품
가입대상	• 만 18세 이상 개인(단, 개인사업자 제외)
가입기간	• 1년 이상 3년 이내(월 단위)
가입금액	• 초입금 및 매회 입금 1만 원 이상(원 단위), 1인당 분기별 3백만 원 이내 • 계약기간 3/4 경과 후 적립할 수 있는 금액은 이전 적립누계액의 1/2 이내
적립방법	• 자유적립식
금리안내	• 기본금리＋최대 0.8%p ※ 기본금리 : 신규가입일 당시의 채움 적금 고시금리
우대금리	• 우대금리 0.8%p 가입기간 동안 1회 이상 당행에 건별 50만 원 이상 급여를 이체한 고객 중 ① 가입기간 중 "3개월 이상" 급여이체 - 0.3%p ② 당행의 주택청약종합저축(청약저축 포함) 또는 적립식 펀드 중 "1개 이상" 가입 - 0.2%p 　 (만기일 전월 말 기준의 가입실적) ③ 당행 NH 채움 신용·체크카드의 결제실적이 100만 원 이상 - 0.2%p 　 (가입일 해당 월부터 만기일 전월 말까지의 농협은행 요구불계좌를 통한 결제실적) ④ 인터넷 또는 스마트뱅킹으로 본 적금에 가입 시 - 0.1%p
이자지급방법	• 월복리식 ※ 단, "중도해지이율" 및 "만기 후 이율"은 단리 계산
가입/해지안내	• 비과세종합저축으로 가입 가능 • 자동 해지 서비스 이용 가능
유의사항	• 우대금리는 만기 해지 계좌에 대해 계약기간 동안 적용합니다. • 본 상품은 인터넷을 통한 담보대출이 불가하오니 가까운 농협은행 영업점을 방문해주시기 바랍니다. • 급여이체 실적 인정기준은 다음과 같습니다. 　 - "농협"에서 입금된 급여이체(인정금액 : 월 누계금액 50만 원 이상) 　 - 창구 입금 : "급여코드"를 부여받은 급여 입금분 　 - 인터넷뱅킹 입금 : 개인사업자/법인이 기업인터넷뱅킹을 통해 대량입금 이체(또는 다계좌 이체)에서 "급여코드"로 입금한 급여 　 - "타행"에서 입금된 급여이체(인정금액 : 입금 건당 50만 원 이상) 　 - "급여, 월급, 봉급, 상여금, 보너스, 성과급, 급료, 임금, 수당, 연금" 문구를 포함한 급여이체 입금분 　 - 전자금융공동망을 통한 입금분 중 급여코드를 부여받아 입금된 경우 　 - 급여이체일을 전산등록한 후 해당일에 급여이체 실적이 있는 경우 　 ※ 급여이체일(±1영업일)에 이체된 급여를 실적으로 인정. 단, 공휴일(토요일 포함) 이체 시 실적 불인정 • 급여이체일 등록 시 재직증명서, 근로소득원천징수영수증, 급여명세표 중 하나를 지참하시어 농협은행 영업점을 방문해주시기 바랍니다. • 자동이체일이 말일이면서 휴일인 경우 다음 달 첫 영업일에 자동이체 처리되오니, 자동이체 등록 시 참고하시기 바랍니다.

18 다음 중 자료를 읽고 이해한 내용으로 옳지 않은 것은?

① NH 채움 체크카드의 결제실적이 100만 원 이상이면 0.2%p의 우대금리가 적용된다.
② 본 적금의 기본금리는 신규가입일 당시의 채움 적금 고시금리이다.
③ 본 적금의 가입금액은 1인당 분기별 3백만 원 이내이다.
④ 본 적금은 만 18세 이상의 개인 및 개인사업자 모두 가입 가능하다.
⑤ 스마트뱅킹으로 본 적금에 가입 시 0.1%p의 우대금리가 적용된다.

19 NH 직장인 월복리 적금의 급여이체 실적 인정기준에 대해 다음과 같이 고객이 질문하였을 경우, 자료를 참고하여 답변한 내용으로 적절한 것은?

① 질문 : 급여이체일을 등록하려면 어떻게 해야하나요?
　 답변 : 재직증명서, 근로소득원천징수영수증, 급여명세표 모두 지참하시어 농협은행 영업점을 방문해주시기 바랍니다.
② 질문 : 타행에서 입금된 급여이체의 경우 인정금액이 얼마인가요?
　 답변 : 입금 건당 100만 원 이상이면 인정됩니다.
③ 질문 : 급여이체일을 전산등록하였는데 실적이 불인정되는 경우도 있나요?
　 답변 : 토요일을 포함한 공휴일에 이체 시 실적이 불인정됩니다.
④ 질문 : 인터넷뱅킹 입금의 경우도 "급여코드"로 입금된 급여여야 인정되나요?
　 답변 : 인터넷뱅킹의 경우는 급여코드를 부여받지 않아도 인정됩니다.
⑤ 질문 : 농협에서 입금된 급여이체 금액이 60만 원인데 실적으로 인정될 수 있을까요?
　 답변 : 네, 월 누계금액 30만 원 이상이면 실적으로 인정될 수 있습니다.

농협중앙회는 여론조사 전문기관과 ___㉠___ (으)로 '농협의 변화에 대한 국민의식 조사'를 실시하였다. 이번 조사는 '농업인이 행복한 국민의 농협'이라는 비전 수립과 함께 추진하고 있는 농협의 변화와 혁신 노력(협동조합 정체성 회복, 농가소득 증대 등)에 대한 농업인과 도시민의 인식 정도를 ___㉡___ (으)로 파악하기 위함이었다.

설문조사는 성별, 연령, 지역, 경지 규모(농업인) 등을 고려하여 표본을 추출한 후, 도시민 1,513명(온라인 조사), 농업인 502명(일대일 면접 조사)을 대상으로 3월 20일부터 4월 13일까지 실시하였다. 조사결과의 신뢰수준은 95% 이며, 표본오차는 도시민 ±2.52%p, 농업인 ±4.37%p였다.

설문조사 결과, 농업인의 70.7%, 도시민의 50.0%가 '농협이 농업인과 국민을 위한 조직으로 변화하고 있다.'고 인식하고 있는 것으로 나타났다. 농업인의 경우, 조사기관, 조사시기, 표본 등은 다르지만, 전년도에 조사한 결과에 비해 농협의 변화에 대한 긍정적 응답(전년도 59.9%)이 증가한 것으로 나타났다.

또한 농업인을 대상으로 농협의 '농가소득 증대 노력'에 대한 평가를 실시한 결과, 67.5%가 '농협이 과거에 비해 농가소득을 증대시키는 데 많은 도움을 주고 있다.'고 응답했다. 농협의 '농업·농촌 가치 확산' 역할과 '농촌 지역사회 공헌' 역할에 대해서는 농업인의 81.3%, 도시민의 61.8%가 '농협이 현재 농업·농촌 가치 확산에 기여하고 있다.'고 응답하였으며, 농업인의 81.9%, 도시민의 65.3%가 '농협이 현재 농촌 지역사회 발전에 ___㉢___ 하고 있다.'고 응답하였다.

한편, 농협의 중요한 역할로 농업인은 '농가소득 증대'를, 도시민은 '안전 먹거리 공급'을 가장 많이 꼽았으며, '국민의 농협' 구현을 위해 노력이 필요한 사항으로는 농업인과 도시민 모두 '농업인 삶의 질 향상을 위한 노력'을 가장 많이 선택하였다.

농협중앙회 회장은 "이번 설문조사 결과는 지난 2년간 농협의 임직원들이 농심(農心)을 가슴에 품고 노력한 결과라고 생각한다."면서, "여기에 만족하지 않고 300만 농업인에게 사랑받고, 5천만 국민들에게 신뢰받는 '농업인이 행복한 국민의 농협' 실현을 위해 ___㉣___ 의 힘을 기울이겠다."고 말했다.

설문조사를 담당한 연구원은 "농업인들의 긍정적 응답이 전반적으로 높게 나타난 점에 비추어볼 때, 농협이 지난 2년간 농업인들을 위해 많은 노력을 기울인 것으로 보인다."고 평가하면서, "다만, 아직 도시민의 절반은 농협의 변화를 ___㉤___ 하지 못하고 있는 만큼, 농협의 지속가능한 발전을 위해서는 도시민의 긍정적 인식 확산을 위한 노력도 다양하게 추진할 필요가 있다."고 밝혔다.

20 다음 중 ㉠~㉤에 들어갈 단어가 바르게 연결된 것은?

① ㉠ - 공통

② ㉡ - 주관적

③ ㉢ - 공모

④ ㉣ - 혼연

⑤ ㉤ - 체감

21 다음 중 윗글을 이해한 내용으로 적절하지 않은 것은?

① '농협이 농업인과 국민을 위한 조직으로 변화하고 있다.'고 인식하는 농업인의 비율은 도시민의 비율보다 높다.

② 설문조사 대상자 수에서 농업인은 도시민의 수에 $\frac{1}{3}$에도 못 미쳐서 조사결과 도시민보다 표본오차가 크다.

③ 도시민과 농업인 모두 60% 이상이 '농협이 현재 농업·농촌 가치 확산에 기여하고 있다.'고 응답하였다.

④ 농협의 변화에 대한 국민 인식을 개선하기 위해서는 농민보다 도시민의 인식 변화를 위해 좀 더 노력해야 할 필요가 있다.

⑤ 농업인과 도시민 모두 '농업인 삶의 질 향상을 위한 노력'이 농협의 가장 중요한 역할이라고 생각하고 있다.

22 다음 중 윗글의 결론으로 가장 적절한 것은?

① 농협의 변화에 대한 국민의식이 긍정적이므로 지금처럼 유지하기 위해 노력해야 한다.

② 농협이 농업·농촌의 가치 확산에 힘쓴다면 긍정적인 국민의식을 만들 수 있다.

③ 농협의 변화에 대한 긍정적 인식이 높아지고 있지만, 조금 더 노력할 필요가 있다.

④ 농협의 변화에 대한 국민의식을 더욱 증가시켜 100% 만족으로 만들어야 한다.

⑤ 농협의 변화에 대한 국민의식이 점차 증가하고 있으므로 농협의 수익은 증가할 것이다.

※ 다음 글을 읽고 이어지는 질문에 답하시오. [23~25]

K지역농협은 2024년 3월 11일 '흙의 날' 기념식을 농협은행 대강당에서 개최한다고 밝혔다. 농림축산식품부가 주최하고 농협·농촌진흥청·농민신문사·한국토양비료학회가 주관하는 이번 행사는 오전에 기념식이 진행되며, 오후에는 '건강한 흙·건강한 농촌 가꾸기'라는 주제의 학술 심포지엄과 토양 형성과정 전시, 화분 분갈이 체험행사 등이 열릴 예정이다.

(가) 심포지엄이 진행되는 동안에는 토양 형성과정 전시회와 화분 분갈이 체험행사 등도 진행하여 소중한 흙의 의미를 공유하는 시간을 마련했다. 이번 전시회에서는 토양의 형성과정과 토양 환경보전 성과를 담은 영상물, 토양의 기능을 보여주는 모형, 건강한 농촌마을 특성화 도모를 위한 마을 경관 및 공간 계획, 기타 관련 자료 등을 전시하고, 적정 비료사용을 위한 토양 분석과정도 시연할 예정이다.

(나) 다음으로 심포지엄에서는 건강한 흙을 보전하기 위한 관리전략과 이를 통한 건강한 농촌 가꾸기의 실천사례 등을 발표하고, 소비자, 농업인, 언론인, 학계, 정부 등 각계의 전문가들이 참여하여 발표내용에 대한 종합토론을 진행한다. 심포지엄 발표는 A대학교 교수의 '건강한 흙 가꾸기를 위한 합리적 양분 관리전략', 지역농업네트워크협동조합 연합회 회장의 '지속가능한 농업농촌과 그린뉴딜', 지역활성화센터 이사의 '주민 스스로 흙과 물을 보호하는 농업활동의 실천, 농업환경보전 프로그램', 환경기업 대표의 '흙 – 건강 – 생명을 품은 전원일기' 순서로 진행된다.

(다) 이날 오전의 기념식은 흙을 가꾸기 위해 노력한 유공자에 대한 표창과 핸드프린팅 퍼포먼스, 선언문 선포 등으로 진행된다. 유공자 20명에게 농림축산식품부 장관 표창이 수여되며, 농협중앙회장, 농업인 대표 등 9명의 점토 흙 핸드프린팅 퍼포먼스를 통해 흙을 잘 가꾸고 보전하겠다는 결의를 다진다. 또한 농업인 대표의 흙 가꾸기 선언문 선포를 통해 건강한 흙을 후손에게 물려주어 항구적인 농업발전을 도모하겠다는 의지도 표명할 예정이다.

(라) '흙의 날'(매년 3월 11일)은 흙의 소중함과 보전의 필요성을 알리기 위해 2015년 법정기념일로 제정되었으며, 2024년 아홉 번째를 맞이하는 기념일이다.

23 다음 중 '흙의 날'에 대한 설명으로 적절하지 않은 것은?

① '흙의 날'은 매년 3월 11일이다.
② '흙의 날'은 흙의 소중함을 알리기 위해 제정되었다.
③ '흙의 날'은 2024년에 아홉 번째 기념일을 맞았다.
④ '흙의 날'은 2015년 법정공휴일로 제정되었다.
⑤ '흙의 날' 행사에서는 기념식, 심포지엄, 전시회 및 체험행사 등이 열린다.

24 다음 (가) ~ (라) 문단을 논리적 순서대로 바르게 나열한 것은?

① (가) – (나) – (다) – (라) 　② (가) – (다) – (나) – (라)
③ (다) – (라) – (가) – (나) 　④ (라) – (나) – (가) – (다)
⑤ (라) – (다) – (나) – (가)

25 K지역농협에 근무 중인 귀하는 '건강한 흙 · 건강한 농촌 가꾸기' 학술 심포지엄에 대한 안내 자료를 작성하려고 한다. 다음 중 심포지엄 발표 순서를 바르게 나타낸 것은?

①

순서	제목	발표자
1	지속가능한 농업농촌과 그린뉴딜	지역농업네트워크협동조합 연합회 회장
2	흙 – 건강 – 생명을 품은 전원일기	환경기업 대표
3	건강한 흙 가꾸기를 위한 합리적 양분 관리전략	A대학교 교수
4	주민 스스로 흙과 물을 보호하는 농업활동의 실천, 농업환경보전 프로그램	지역활성화센터 이사

②

순서	제목	발표자
1	주민 스스로 흙과 물을 보호하는 농업활동의 실천, 농업환경보전 프로그램	지역활성화센터 이사
2	흙 – 건강 – 생명을 품은 전원일기	환경기업 대표
3	건강한 흙 가꾸기를 위한 합리적 양분 관리전략	A대학교 교수
4	지속가능한 농업농촌과 그린뉴딜	지역농업네트워크협동조합 연합회 회장

③

순서	제목	발표자
1	건강한 흙 가꾸기를 위한 합리적 양분 관리전략	A대학교 교수
2	지속가능한 농업농촌과 그린뉴딜	환경기업 대표
3	흙 – 건강 – 생명을 품은 전원일기	지역농업네트워크협동조합 연합회 회장
4	주민 스스로 흙과 물을 보호하는 농업활동의 실천, 농업환경보전 프로그램	지역활성화센터 이사

④

순서	제목	발표자
1	건강한 흙 가꾸기를 위한 합리적 양분 관리전략	A대학교 교수
2	지속가능한 농업농촌과 그린뉴딜	지역농업네트워크협동조합 연합회 회장
3	주민 스스로 흙과 물을 보호하는 농업활동의 실천, 농업환경보전 프로그램	지역활성화센터 이사
4	흙 – 건강 – 생명을 품은 전원일기	환경기업 대표

⑤

순서	제목	발표자
1	지속가능한 농업농촌과 그린뉴딜	지역농업네트워크협동조합 연합회 회장
2	주민 스스로 흙과 물을 보호하는 농업활동의 실천, 농업환경보전 프로그램	지역활성화센터 이사
3	건강한 흙 가꾸기를 위한 합리적 양분 관리전략	환경기업 대표
4	흙 – 건강 – 생명을 품은 전원일기	A대학교 교수

26

	( )	18	35	52	69

① 0   ② 1
③ 2   ④ 3
⑤ 4

27

9	10	13	18	( )	34	45

① 19   ② 20
③ 25   ④ 28
⑤ 32

28

Z	( )	P	K	F	A

① W   ② X
③ V   ④ U
⑤ F

29

캐	해	새	채	매	애	( )

① 매   ② 배
③ 대   ④ 래
⑤ 개

30 K지역농협은 올해 하반기 공채를 통해 신입사원을 뽑았다. 그러나 상반기 퇴직자로 인해 신입사원을 뽑았음에도 남자 직원은 전년 대비 5% 감소했고, 여자 직원은 전년 대비 10% 증가했다. K지역농협의 전체 직원 수는 전년 대비 4명 증가한 284명이라고 할 때, 올해의 남자 직원 수는 몇 명인가?

① 120명 ② 132명
③ 152명 ④ 156명
⑤ 160명

31 어떤 일을 소미가 혼자 하면 12일, 정훈이와 다영 둘이서 하면 4일이 걸린다. 이 일을 소미, 정훈, 다영이가 다 같이 하면 며칠이 걸리겠는가?

① 2일 ② 3일
③ 4일 ④ 5일
⑤ 6일

32 귤 상자 2개에 각각 귤이 들어있다고 한다. 한 상자당 귤이 안 익었을 확률이 10%, 썩었을 확률이 15%이고 나머지는 잘 익은 귤일 때, 두 사람이 각각 다른 상자에서 귤을 꺼낼 때 한 사람은 잘 익은 귤을 꺼내고, 다른 한 사람은 썩거나 안 익은 귤을 꺼낼 확률은 몇 %인가?

① 31.5% ② 33.5%
③ 35.5% ④ 37.5%
⑤ 39.5%

33 N물류회사는 서로 같은 98개의 컨테이너를 자사 창고에 나눠 보관하려고 한다. 창고는 총 10개가 있으며 각 창고에는 10개의 컨테이너를 저장할 수 있다고 한다. 이때 보관할 수 있는 경우의 수는?

① 52가지 ② 53가지
③ 54가지 ④ 55가지
⑤ 56가지

34 소연이는 가격이 500원, 700원, 900원인 세 종류의 음료수를 선택할 수 있는 자판기에서 현금 28,000원을 남김없이 사용하여 40개의 음료수를 사려고 한다. 세 종류의 음료수를 각각 두 개 이상씩 산다고 할 때, 가격이 500원인 음료수의 최대 개수는 얼마인가?(단, 자판기에는 각 음료수가 충분히 들어 있다)

① 15개 ② 16개
③ 17개 ④ 18개
⑤ 19개

35 다음은 N은행의 송금 관련 수수료에 대한 내용이다. 송금 수수료가 가장 큰 사람은 누구인가?

〈N은행 송금 관련 수수료〉

자동화 기기	N은행 간	현금인출	영업시간 외	22:00 ~ 24:00	600원 ※ 5만 원 이하 인출 시 또는 당일 중 동일계좌에서 2회째 인출 시 250원
				24:00 ~ 익일 06:00	
				평일 : 18:10 ~ 22:00 / 06:00 ~ 08:30	
				토요일 : 14:00 ~ 22:00 / 06:00 ~ 08:30	
				공휴일 : 06:00 ~ 22:00	
	타행 간	현금인출	영업시간 중	당일(0 ~ 24시) 중, 동일계좌에서 2회째 인출 시부터 마감 전 550원, 마감 후 800원	800원
			영업시간 외		1,100원
		계좌이체	영업시간 중 평일 : 8:30 ~ 17:00 토요일 : 8:30 ~ 14:00	10만 원 이하	600원
				10만 원 초과	1,100원
			영업시간 외 평일 : 17:00 ~ 익일 영업 08:30 토요일 : 14:00 ~ 익일 영업 08:30	10만 원 이하	850원
				10만 원 초과	1,100원
창구송금	N은행 간			–	면제
	타행 간			10만 원 이하	600원
				100만 원 이하	3,000원
				100만 원 초과	4,000원
기타	공인인증서 발급			개인 은행용	무료
				개인 범용	5,400원 (부가세 포함)
				기업 은행용	5,400원 (부가세 포함)
				기업 범용	115,000원 (부가세 포함)
	SMS통지 서비스			월 정액형 (계좌의 휴대폰 1개당)	월 800원
				건별 부과형	건당 30원
	전화승인 서비스			월 정액형	월 600원
				건별 부과형	건당 80원

※ 만 18세 미만 또는 만 65세 이상 고객께는 창구송금 수수료 50% 및 CD / ATM 수수료 50% 면제
※ 감면장애인, 소년소녀가장, 기초생활수급권자, 국가유공자(본인), 독립유공자(유족 및 가족 포함)는 영업점에 내점하여 증명서 확인 등록 시 각종 수수료 전액 면제

① N은행에서 A은행으로 영업시간 내 창구로 10만 원을 송금하였고 10분 후 동일 은행에서 B은행으로 10만 원을 송금한 회사원(단, 모두 다 마감 전에 이루어졌음)
② 공인인증서(개인 범용)를 발급받고 당일 전화승인 서비스를 5건 이용한 국가유공자의 손자
③ 월 정액형으로 SMS통지 서비스를 이용하고 A은행 ATM에서 3만 원을 인출한 13세 학생
④ 창구를 통해 N은행에서 C은행으로 20만 원을 보낸 80세 할머니
⑤ 사전에 증명서 확인 등록을 하고, 토요일에 B은행에서 N은행계좌의 20만 원을 인출한 독립유공자의 자녀

〈산업별 취업자 수〉

(단위 : 천 명)

연도	총계	농·림·어업		광공업		사회간접자본 및 기타·서비스업				
		소계	농림업	소계	제조업	소계	건설업	도소매·음식·숙박업	전기·운수·통신·금융업	사업·개인·공공서비스 및 기타
2014년	21,156	2,243	2,162	4,311	4,294	14,602	1,582	5,966	2,074	4,979
2015년	21,572	2,148	2,065	4,285	4,267	15,139	1,585	5,874	2,141	5,540
2016년	22,169	2,069	1,999	4,259	4,241	15,841	1,746	5,998	2,157	5,940
2017년	22,139	1,950	1,877	4,222	4,205	15,967	1,816	5,852	2,160	6,139
2018년	22,558	1,825	1,749	4,306	4,290	16,427	1,820	5,862	2,187	6,558
2019년	22,855	1,815	1,747	4,251	4,234	16,789	1,814	5,806	2,246	6,923
2020년	23,151	1,785	1,721	4,185	4,167	17,181	1,835	5,762	2,333	7,251
2021년	23,432	1,726	1,670	4,137	4,119	17,569	1,850	5,726	7,600	2,393
2022년	23,577	1,686	–	3,985	3,963	17,906	1,812	5,675	2,786	7,633

36 다음 중 위 자료에 대한 내용으로 옳지 않은 것은?

① 2014년에 '도소매·음식·숙박업'에 종사하는 사람의 수는 총 취업자 수의 30% 미만이다.

② 2014 ~ 2022년 '농·림·어업'의 취업자 수는 꾸준히 감소하고 있다.

③ '사회간접자본 및 기타·서비스업'에서 2014년에 비해 2022년 취업자 수의 변동이 가장 큰 분야는 '사업·개인·공공서비스 및 기타'이다.

④ '사회간접자본 및 기타·서비스업'에서 2014년에 비해 2021년 취업자 수의 증감률이 50% 이상인 분야는 2곳이다.

⑤ 2014 ~ 2022년 '건설업'의 취업자 수는 꾸준히 증가하고 있다.

37 다음 중 위 자료에 대한 해석으로 옳은 것을 모두 고르면?

> ㉠ 2017년 '어업'의 취업자 수는 73천 명이다.
> ㉡ 2021년 취업자 수가 가장 많은 분야는 '전기·운수·통신·금융업'이다.
> ㉢ 2022년 이후 '농림업'의 종사자는 계속 줄어들 것이지만, '어업' 종사자는 현상을 유지하거나 늘어난다고 볼 수 있다.

① ㉠   ② ㉡

③ ㉠, ㉡   ④ ㉠, ㉢

⑤ ㉠, ㉡, ㉢

※ 다음은 N스크린(스마트폰, VOD, PC)의 영향력을 파악하기 위한 방송사별 통합시청점유율과 기존시청점유율에 대한 자료이다. 이어지는 질문에 답하시오. [38~39]

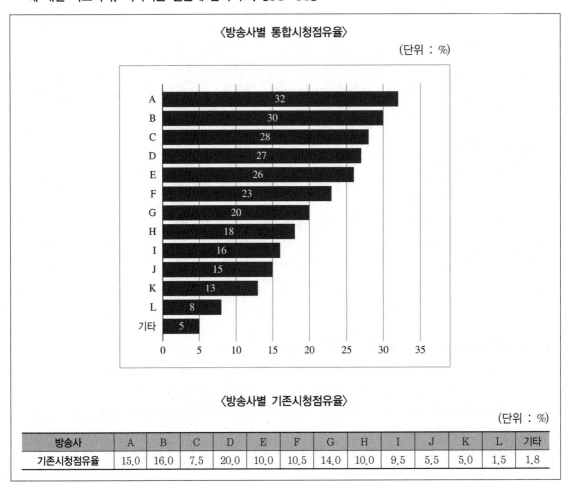

〈방송사별 통합시청점유율〉

(단위 : %)

방송사	A	B	C	D	E	F	G	H	I	J	K	L	기타
기존시청점유율	15.0	16.0	7.5	20.0	10.0	10.5	14.0	10.0	9.5	5.5	5.0	1.5	1.8

〈방송사별 기존시청점유율〉

38 다음 중 방송사별 시청점유율에 대한 설명으로 옳지 않은 것은?

① 기존시청점유율이 가장 높은 방송사는 D이다.

② 기존시청점유율이 다섯 번째로 높은 방송사는 F이다.

③ 통합시청점유율 순위와 기존시청점유율 순위가 같은 방송사는 B, J, K이다.

④ 기타를 제외한 통합시청점유율과 기존시청점유율의 차이가 가장 작은 방송사는 G이다.

⑤ 기타를 제외한 통합시청점유율과 기존시청점유율의 차이가 가장 큰 방송사는 A이다.

39 다음은 N스크린 영향력의 범위를 표시한 그래프이다. (가) ~ (마)의 범위에 포함될 방송국을 바르게 짝지은 것은?

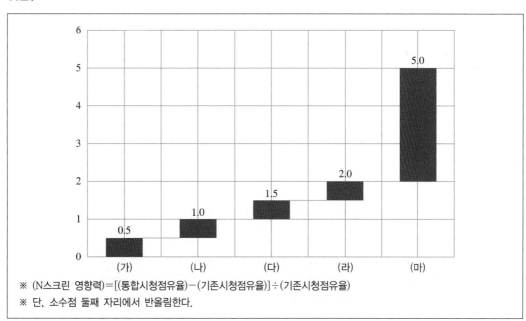

※ (N스크린 영향력)＝[(통합시청점유율)－(기존시청점유율)]÷(기존시청점유율)

※ 단, 소수점 둘째 자리에서 반올림한다.

① (가)＝A　　　　　　　　　② (나)＝C

③ (다)＝F　　　　　　　　　④ (라)＝H

⑤ (마)＝K

※ 다음은 국내 경지 면적 및 수리답률 추이에 대한 자료이다. 이어지는 질문에 답하시오. **[40~41]**

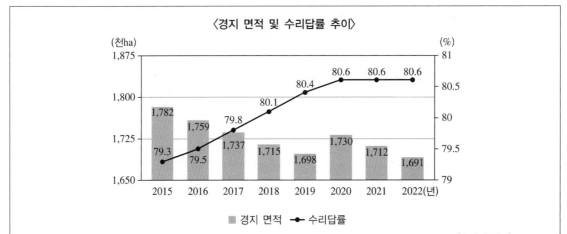

〈경지 면적 및 수리답률 추이〉

※ 수리답률 : 전체 논 면적 중 수리시설을 통해 농업용수 공급을 받는 면적의 비율로, $[수리답률(\%)] = \dfrac{(수리답\ 면적)}{(논\ 면적)} \times 100$임

〈항목별 경지 면적의 추이〉

(단위 : 천ha)

구분	2015년	2016년	2017년	2018년	2019년	2020년	2021년	2022년
논	1,070	1,046	1,010	984	960	966	964	934
밭	712	713	727	731	738	764	748	757

40 위 자료에 따른 2022년 우리나라의 수리답 면적은 약 몇 ha인가?

① 약 753,000ha
② 약 758,000ha
③ 약 763,000ha
④ 약 768,000ha
⑤ 약 772,000ha

41 위 자료에 대한 〈보기〉의 설명 중 옳은 것을 모두 고르면?

─〈보기〉─
ㄱ. 2015 ~ 2019년 전체 경지 면적에서 밭이 차지하는 비율은 계속 증가하고 있다.
ㄴ. 논 면적이 2015 ~ 2022년 논 전체 평균 면적보다 줄어든 것은 2018년부터이다.
ㄷ. 전체 논 면적 중 수리시설로 농업용수를 공급받지 않는 면적만 줄어들고 있다.

① ㄱ
② ㄴ
③ ㄱ, ㄴ
④ ㄴ, ㄷ
⑤ ㄱ, ㄴ, ㄷ

42 다음은 N은행의 금융상품 재구매 실적에 대하여 1,000명의 고객을 대상으로 정리한 자료이다. 이를 바탕으로 한 직원들의 대화 내용으로 적절하지 않은 것은?

〈금융상품 재구매 실적〉

(단위 : 명)

구분		2차 판매				
		예금	적금	보험	펀드	비구매
1차 판매	예금	115	58	27	116	24
	적금	128	64	16	48	64
	보험	5	4	3	3	135
	펀드	38	53	10	57	32

우리 은행에서 교차판매하고 있는 금융상품을 구매한 고객 1,000명을 대상으로 조사한 자료입니다. 회의를 진행하는 목적은 2차 판매율을 높이는 방안을 마련하는 데 있습니다. 자료를 보고 자유롭게 의견을 제시해 주시면 감사하겠습니다.

① A : 1차에서 예금을 구매한 고객 중 펀드로 재구매한 고객이 약 34.12%로 다른 품목에 비해 2차 판매율이 높은데, 이는 목돈을 마련한 후 예금보다 높은 이익을 얻고자 하는 경향이 반영된 것 같습니다.

② B : 1차에서 적금을 구매한 고객이 2차에서 예금을 구매하는 경우가 그 반대의 경우보다 많습니다. 즉, 적금으로 목돈을 모아 예금으로 불려가는 재테크 방법을 선호하는 것 같습니다.

③ C : 1차와 동일한 품목으로 2차 구매하는 경우 중에서 보험 실적이 가장 낮습니다. 아마도 가입기간이 장기간이기 때문에 다시 보험에 가입하는 것을 꺼리는 것 같습니다.

④ D : 전반적으로 예금에 가입하는 고객이 많습니다. 고객에게 보다 적합한 상품을 제공할 수 있도록 다양한 분석이 필요합니다.

⑤ E : 2차 판매가 이루어지지 않은 경우가 전체의 약 $\frac{1}{5}$ 을 차지하고 있습니다. 만약 그 고객이 타사의 상품을 구매한 것이라고 본다면 본사의 큰 잠재손실이 될 것입니다.

※ 다음은 N은행의 신용대출별 금리 현황 및 우대 안내 자료이다. 이어지는 질문에 답하시오. **[43~44]**

〈N은행 신용대출별 금리 현황〉

1. 신용등급별 금리

(단위 : 연이율, %)

구분		신용등급별 금리					
		1 ~ 3등급	4등급	5등급	6등급	7 ~ 10등급	평균금리
N은행	대출금리	3.74	4.14	5.19	7.38	8.44	6.17
	기준금리	1.74	1.79	1.77	1.78	1.72	1.74
	가산금리	2.00	2.35	3.42	5.60	6.72	4.43

※ 기준금리는 6개월마다 공시가 적용되며, 가산금리는 최초 계약기간 또는 6개월 중 짧은 기간에 해당하는 금리로 정한다.

2. 우대금리 : 최고 연 1.5%p 우대
   ① 당행 우량 고객 : 0.2%p
   ② 카드사용 우대(매월 N카드 사용액 30만 원 이상, 체크 / 신용카드 합산 가능) : 최대 0.3%
      - 최근 3개월간 30만 원 이상(연 0.1%p), 60만 원 이상(연 0.2%p), 90만 원 이상(연 0.3%p)의 이용실적이 있는 경우
   ③ 타행 대출상환 조건 : 0.3%p
   ④ 한도대출 사용률 40% 초과 : 0.3%p
   ⑤ 급여(연금)이체 실적 우대 : 100만 원 단위로 연 0.1%p 가산, 최대 0.3%p
   ⑥ 자동이체 거래실적 우대(3건 이상) : 연 0.1%p(아파트관리비 / 지로 / 금융결제원CMS / 펌뱅킹)

3. 최종금리 : 고객별 최종금리는 고객별 신용등급에 따라 산출된 기준금리와 가산금리, 우대금리에 따라 차등 적용
   ※ (최종금리)=(기준금리)+(가산금리)-(우대금리)=(대출금리)-(우대금리)

43 다음 중 N은행 신용대출 관련 자료를 잘못 이해한 사람은 누구인가?

① A : 1년으로 계약기간을 잡았다면 적어도 1번 이상은 금리 조정이 있겠군.
② B : 다른 금리가 일정하여도 기준금리가 오른다면 최종금리도 같이 상승하겠군.
③ C : 등급이 낮아질수록 대출금리와 가산금리 모두 반드시 증가하는군.
④ D : 실적에 따라 5등급의 대출자가 4등급보다 더 낮은 금리로 돈을 빌릴 수 있겠군.
⑤ E : 각각의 평균금리는 해당 행의 5개 숫자를 모두 더하여 5로 나눈 것이겠군.

44 다음은 갑 ~ 무 5명의 신용등급 및 우대금리 적용사항에 대한 자료이다. 모두 대출금과 계약기간이 동일하고 같은 상환 방식으로 상환한다고 할 때, 지불해야 할 상환액이 가장 많은 순으로 바르게 나열한 것은?

〈신용등급 및 우대금리 적용사항〉

구분	신용등급	우대금리 적용사항
갑	2	• M카드 사용액이 30만 원이다.
을	6	• 급여 200만 원을 매달 N은행으로 이체하고 있다. • 최근 3개월간 N카드 사용액이 매월 40만 원이다. • N은행 우량 고객이다.
병	4	• 총대출액 한도의 40%를 초과한다. • N은행 우량 고객이다. • 최근 3개월간 N카드 사용액이 매월 60만 원이다.
정	7	• 최근 3개월간 N카드 사용액이 매월 100만 원이다. • 아파트관리비와 펌뱅킹을 자동이체로 내고 있다. • 타행 대출상환 조건을 만족한다.
무	5	• N은행 우량 고객이다. • 급여 300만 원을 매달 N은행으로 이체하고 있다 • 총대출액 한도의 40%를 초과한다. • 타행 대출상환 조건을 만족한다.

① 정> 갑> 을> 병> 무　　　　② 정> 갑> 을> 무> 병
③ 정> 갑> 무> 을> 병　　　　④ 정> 을> 갑> 무> 병
⑤ 정> 을> 무> 갑> 병

45 다음 중 (가) ~ (다)에 들어갈 용어로 적절한 것은?

(가) ▶	객관적 실제의 반영이며, 그것을 전달할 수 있도록 기호화한 것	▶	고객의 주소, 성별, 이름, 나이, 스마트폰 기종 등
(나) ▶	(가)를 특정한 목적과 문제해결에 도움이 되도록 가공한 것	▶	• 중년층의 스마트폰 기종 • 중년층의 스마트폰 활용 횟수
(다) ▶	(나)를 집적하고 체계화하여 장래의 일반적인 사항에 대비해 보편성을 갖도록 한 것	▶	• 스마트폰 디자인에 대한 중년층의 취향 • 중년층을 주요 타깃으로 신종 스마트폰 개발

	(가)	(나)	(다)
①	자료	지식	정보
②	정보	자료	지식
③	지식	자료	정보
④	자료	정보	지식
⑤	지식	정보	자료

46 A~E 5명이 순서대로 퀴즈게임을 해서 벌칙받을 사람 1명을 선정하고자 한다. 다음의 게임 규칙과 결과에 근거할 때, 항상 옳은 것을 〈보기〉에서 모두 고르면?

- 규칙
  - A → B → C → D → E 순서대로 퀴즈를 1개씩 푼다.
  - A~E 모두 한 번씩 퀴즈를 풀고 나면 한 라운드가 끝난다.
  - 퀴즈 2개를 맞힌 사람은 벌칙에서 제외되고, 다음 라운드부터는 게임에 참여하지 않는다.
  - 라운드를 반복하여 맨 마지막까지 남는 한 사람이 벌칙을 받는다.
  - 벌칙을 받을 사람이 결정되면 라운드 중이라도 더 이상 퀴즈를 출제하지 않는다.
  - 게임 중 동일한 문제는 출제하지 않는다.
- 결과
  3라운드에서 A는 참가자 중 처음으로 벌칙에서 제외되었고, 4라운드에서는 오직 B만 벌칙에서 제외되었으며, 벌칙을 받을 사람은 5라운드에서 결정되었다.

〈보기〉
㉠ 5라운드까지 참가자들이 정답을 맞힌 퀴즈는 총 9개이다.
㉡ 게임이 종료될 때까지 총 22개의 퀴즈가 출제되었다면, E는 5라운드에서 퀴즈의 정답을 맞혔다.
㉢ 게임이 종료될 때까지 총 21개의 퀴즈가 출제되었다면, 퀴즈를 푸는 순서가 벌칙을 받을 사람 선정에 영향을 미친 것으로 볼 수 있다.

① ㉠
② ㉡
③ ㉠, ㉢
④ ㉡, ㉢
⑤ ㉠, ㉡, ㉢

47 다음 예시를 통해 알 수 있는 창의적 사고 개발 방법은 무엇인가?

'신차 출시'라는 같은 주제에 대해서 판매방법, 판매대상 등의 힌트를 통해 사고 방향을 미리 정해서 발상한다. 이때 판매방법이라는 힌트에 대해서는 '신규 해외 수출 지역을 물색한다.'라는 아이디어를 떠올릴 수 있을 것이다.

① 자유 연상법
② 강제 연상법
③ 비교 발상법
④ 비교 연상법
⑤ 자유 발상법

48 N사에서는 신입사원 연수를 위해 4명의 여성 신입사원(A ~ D)과 5명의 남성 신입사원(E ~ I)을 3개 조로 나누려고 한다. 다음의 〈조건〉을 모두 만족하게 조를 나눌 때 가장 적절한 것은?

---〈조건〉---

- 인원수가 동일하도록 조를 나누어야 한다.
- 여성만 있는 조나 남성만 있는 조가 있어서는 안 된다.
- A와 E는 다른 조에 속해야 한다.
- B와 D는 같은 조에 속해야 한다.
- C와 F가 같은 조라면, G는 H와 같은 조여야 한다.
- I는 A 또는 D 둘 중 한 명과는 같은 조여야 한다.
- H는 여성이 한 명 있는 조에 속해야 한다.

① (B, C, D), (A, F, H), (E, G, I)
② (B, D), (A, C, F, I), (E, G, H)
③ (A, E, I), (B, D, G), (C, F, H)
④ (B, D, I), (C, E, F), (A, G, H)
⑤ (B, E, I), (C, D, G), (A, F, H)

49 다음 중 문제해결과정이 순서대로 바르게 나열된 것은?

㉠ 문제 인식	㉡ 실행 및 평가
㉢ 원인 분석	㉣ 문제 도출
㉤ 해결안 개발	

① ㉠ - ㉡ - ㉢ - ㉣ - ㉤
② ㉠ - ㉣ - ㉢ - ㉤ - ㉡
③ ㉡ - ㉢ - ㉣ - ㉤ - ㉠
④ ㉣ - ㉠ - ㉢ - ㉤ - ㉡
⑤ ㉣ - ㉢ - ㉤ - ㉡ - ㉠

50 다음은 보험금 청구 절차 안내문이다. 이를 토대로 N손해보험 고객지원센터에 접수된 고객들의 질문에 답변할 때, 적절하지 않은 것은?

<보험금 청구 절차 안내문>

단계	구분	내용
Step 1	사고 접수 및 보험금 청구	피보험자, 가해자, 피해자가 사고발생 통보 및 보험금 청구를 합니다. 접수는 가까운 영업점에 관련 서류를 제출합니다.
Step 2	보상팀 및 보상 담당자 지정	보상처리 담당자가 지정되어 고객님께 담당자의 성명, 연락처를 SMS로 전송해 드립니다. 자세한 보상 관련 문의사항은 보상처리 담당자에게 문의하시면 됩니다.
Step 3	손해사정사법인 (현장확인자)	보험금 지급 여부 결정을 위해 사고현장조사를 합니다. (병원 공인된 손해사정법인에게 조사업무를 위탁할 수 있음)
Step 4	보험금 심사 (심사자)	보험금 지급 여부를 심사합니다.
Step 5	보험금 심사팀	보험금 지급 여부가 결정되면 피보험자 예금통장에 보험금이 입금됩니다.

※ 3만 원 초과 10만 원 이하 소액 통원의료비를 청구할 경우, 보험금 청구서와 병원영수증, 질병분류기호(질병명)가 기재된 처방전만으로 접수가 가능합니다.
※ 의료기관에서 환자가 요구할 경우 처방전 발급 시 질병분류기호(질병명)가 기재된 처방전 2부 발급이 가능합니다.
※ 온라인 접수 절차는 N손해보험 홈페이지에서 확인하실 수 있습니다.

① Q : 자전거를 타다가 팔을 다쳐서 병원비가 56,000원이 나왔습니다. 보험금을 청구하려고 하는데 제출할 서류는 어떻게 되나요?
　A : 고객님의 의료비는 10만 원이 넘지 않는 관계로 보험금 청구서와 병원영수증, 진단서 세 가지가 필요합니다.

② Q : 사고를 낸 당사자도 보험금을 청구할 수 있나요?
　A : 네, 고객님. 사고의 가해자와 피해자 모두 보험금을 청구하실 수 있습니다.

③ Q : 사고 접수는 인터넷으로도 가능한가요?
　A : 네, 가능합니다. 자세한 접수 절차는 N손해보험 홈페이지에서 확인하실 수 있습니다.

④ Q : 질병분류기호가 기재된 처방전은 어떻게 발급하나요?
　A : 처방전 발급 시, 해당 의료기관에 질병분류기호를 포함해달라고 요청하시면 됩니다.

⑤ Q : 보험금은 언제쯤 지급받을 수 있을까요?
　A : 보험금은 사고가 접수된 후에 사고현장을 조사하여 보험금 지급 여부를 심사한 다음 지급됩니다. 고객님마다 개인차가 있을 수 있으니 보다 정확한 사항은 보상처리 담당자에게 문의 바랍니다.

51 다음은 중소기업창업 지원법 시행령의 일부이다. 이에 따른 창업에 해당하는 것을 〈보기〉에서 모두 고르면?

제2조(창업의 범위)
창업은 다음 각 호의 어느 하나에 해당하지 않는 것으로서 중소기업을 새로 설립하여 사업을 개시하는 것을 말한다.
1. 타인으로부터 사업을 승계하여 승계 전의 사업과 같은 종류의 사업을 계속하는 경우
2. 개인사업자인 중소기업자가 법인으로 전환하거나 법인의 조직변경 등 기업형태를 변경하여 변경 전의 사업과 같은 종류의 사업을 계속하는 경우
3. 폐업 후 사업을 개시하여 폐업 전의 사업과 같은 종류의 사업을 계속하는 경우

─────〈보기〉─────
㉠ A전자와 B전자를 합병하여 C주식회사를 설립한 후 동종의 사업을 계속하는 경우
㉡ 폐업한 A건설을 인수하여 이전의 사업을 다시 시작하는 경우
㉢ 물류회사를 상속받았지만, 사업성이 없어 커피 프랜차이즈를 새로 설립하여 사업을 시작하는 경우

① ㉠
② ㉡
③ ㉢
④ ㉠, ㉡
⑤ ㉡, ㉢

52 다음 중 문제해결을 위해 갖춰야 할 기본요소에 대한 설명으로 적절하지 않은 것은?

① 기존과 다른 방식으로 사고하기 위해 의식적인 노력을 기울인다.
② 문제해결에 관한 외부 강의 등을 수강하며 문제해결을 위한 새로운 스킬을 습득한다.
③ 조직의 기능단위 수준에서 현 문제점을 분석하고 해결안을 도출하기 위해 노력한다.
④ 해결하기 어려운 문제에 당면하더라도 이를 통해 스스로를 더욱 발전시키겠다는 태도로 임한다.
⑤ 담당 업무에 대한 풍부한 지식과 경험을 통해서 해결하고자 하는 문제에 대한 지식을 갖추고자 노력한다.

53 다음은 불만고객 응대를 위한 8단계 프로세스이다. 제시된 프로세스를 참고하여 고객 상담을 하고 있는 상담사가 '감사와 공감 표시' 단계에서 언급해야 할 발언으로 적절한 것은?

〈불만고객 응대를 위한 8단계 프로세스〉

경청 ⇒ 감사와 공감 표시 ⇒ 사과 ⇒ 해결약속 ⇒ 정보파악 ⇒ 신속처리 ⇒ 처리확인 및 사과 ⇒ 피드백

① 고객님, 혹시 어떤 부분이 불편하셨는지 구체적으로 말씀해주시면 감사하겠습니다.
② 이렇게 전화 주셔서 너무 감사합니다. 비도 오고 날도 추운데 고생 많으셨겠습니다.
③ 고객님이 말씀하신 내용이 어떤 내용인지 정확히 확인한 후 바로 도움을 드리도록 하겠습니다.
④ 내용을 확인하는 데 약 1분 정도 시간이 소요될 수 있는 점 양해 부탁드립니다.
⑤ 고객님, 불편하신 점 처리 완료했습니다. 처리 과정 및 서비스 만족도 설문해 주시면 감사하겠습니다.

※ 다음은 N은행에서 일하는 A씨가 해외 출장을 앞두고 찾아본 항공사의 목적지별 초과수하물 규정에 대한 자료이다. 이어지는 질문에 답하시오. [54~55]

〈미주 출발 · 도착 초과수하물 규정〉

무료 허용량
• 기내수하물 : 12kg(초과 불가능)
• 위탁수하물 : 각 20kg, 최대 2개

구분	위탁수하물 1개 초과 시	21 ~ 34kg	35 ~ 45kg	45kg 초과
초과요금	개당 20만 원	15만 원	20만 원	불가능

〈유럽 출발 · 도착 초과수하물 규정〉

무료 허용량
• 기내수하물 : 8kg(초과 불가능)
• 위탁수하물 : 23kg, 최대 1개

구분	위탁수하물 1개 초과 시	24 ~ 34kg	35 ~ 45kg	45kg 초과
초과요금	개당 15만 원	15만 원	23만 원	불가능

54 미국으로 출장을 가는 A씨 가방의 무게는 기내용 1kg짜리 1개와 위탁용 각각 3kg, 4kg짜리 2개이다. 가방 무게를 제외한 짐의 총 무게는 60kg일 때, 가장 저렴한 가격으로 짐을 보내려면 어떻게 나누어야 하는가? (단, 짐은 1kg 단위로 나누고 가방의 용량은 고려하지 않는다)

	기내용 1kg	위탁용 3kg	위탁용 4kg
①	10kg	33kg	17kg
②	10kg	18kg	32kg
③	11kg	29kg	20kg
④	11kg	33kg	16kg
⑤	11kg	18kg	31kg

55 A씨의 출장지가 미국에서 유럽으로 바뀌었다. 수하물의 총 무게와 가방 무게가 변함이 없다고 한다면 유럽으로 보내는 수하물 요금과 미국으로 보내는 수하물 요금의 차이는 얼마인가?(단, 둘 다 최저요금으로 산정한다)

① 10만 원　　　　　　　　　② 13만 원
③ 15만 원　　　　　　　　　④ 18만 원
⑤ 20만 원

※ 다음은 N공공기관 청렴감사팀에서 제작한 부패신고자 보호·보상 안내 팸플릿이다. 이어지는 질문에 답하시오. [56~57]

〈부패신고자 보호·보상 안내〉

가. 부패신고 보상금
- 신고 보상금을 최대 30억 원까지 받을 수 있습니다.
- 부패신고로 인하여 직접적인 공공기관 수입의 회복이나 증대 또는 비용의 절감 등이 있는 경우 지급합니다.

보상대상가액		지급기준
1억 원 이하		보상대상가액의 30%
1억 원 초과 5억 원 이하		3천만 원+1억 원 초과금액의 20%
5억 원 초과 20억 원 이하	→	1억 1천만 원+5억 원 초과금액의 14%
20억 원 초과 40억 원 이하		3억 2천만 원+20억 원 초과금액의 8%
40억 원 초과		4억 8천만 원+40억 원 초과금액의 4%

※ 보상대상가액 : 직접적인 공공기관 수입의 회복이나 증대 또는 비용의 절감을 가져오거나 그에 관한 법률관계가 확정된 금액

나. 부패신고 포상금
- 신고 포상금은 최대 2억 원까지 받을 수 있습니다.
- 부패신고로 인하여 직접적인 수입회복 등이 없더라도 공익의 증진 등을 가져온 경우 지급합니다.

다. 신분보장
- 신고를 이유로 어떠한 불이익이나 차별을 받지 않습니다.
- 부패신고자에게 불이익을 주면 과태료나 징계처분 등을 받게 됩니다.
- 부패신고를 한 이유로 신분상 불이익, 근무조건상 차별, 경제적·행정적 불이익을 당하였거나 당할 우려가 있는 경우에는 원상회복·전직·징계보류·효력유지 등 적절한 조치가 이루어집니다.

라. 비밀보장
- 신고자의 비밀이 보장됩니다.
- 누구든지 부패신고자의 동의 없이 그 신분을 밝히거나 암시할 수 없습니다.
- 신고자의 동의 없이 신분을 공개하면 징계 또는 형사 처벌을 받게 됩니다.

마. 신변보호
- 부패신고를 한 이유로 신고자 자신과 친족 등 신변에 불안이 있는 경우 보호를 받을 수 있습니다.
- 신변보호의 종류
  - 일정기간 특정시설에서 보호
  - 일정기간 신변 경호
  - 출석·귀가 시 동행
  - 주거에 대한 주기적 순찰
  - 기타 신변안전에 필요한 조치

바. 책임감면
- 부패신고를 함으로써 그와 관련된 자신의 범죄가 발견된 경우 징계 또는 형을 감형·면제받을 수 있습니다.
- 부패신고를 한 경우에는 직무상 비밀준수의 의무를 위반하지 않은 것으로 봅니다.

사. 위반자 처벌
- 부패신고자의 인적사항 등을 공개한 자에게는 3년 이하의 징역 또는 3천만 원 이하의 벌금이 부과됩니다.
- 부패신고를 이유로 신분상 불이익이나 근무조건상의 차별 등을 한 자에게는 1천만 원 이하의 과태료가 부과됩니다.
- 불이익 처분을 한 자가 위원회의 조치요구를 이행하지 않았을 때는 1년 이하의 징역 또는 1천만 원 이하의 벌금이 부과됩니다.

56 다음 중 팸플릿을 읽고 이해한 내용으로 적절한 것은?

① 부패신고는 비밀준수의 의무에 위배되지 않는 선에서 해야 한다.
② 부패신고자의 신분은 감사팀을 제외하고 누구도 밝힐 수 없다.
③ 포상금은 공익의 증진을 가져온 경우에 지급될 수 있다.
④ 부패신고를 이유로 불이익을 줄 경우 1년 이하의 징역이 부과된다.
⑤ 신고 포상금은 최대 30억 원까지 지급받을 수 있다.

57 팸플릿의 내용을 기반으로 부패신고 보상금을 계산할 때, 보상대상가액별로 부패신고 보상금이 옳은 것은?
(단, 백만 원 이하는 반올림한다)

	보상대상가액		부패신고 보상금
①	17억 2천만 원	→	3억 3천만 원
②	38억 8천만 원	→	6억 1천만 원
③	3억 7천만 원	→	8천만 원
④	752억 원	→	33억 3천만 원
⑤	5억 3천만 원	→	1억 3천만 원

※ 다음은 달걀을 생산하고 있는 A농산의 생산 공정을 나타낸 자료이다. 생산 공정에서의 혁신으로 비용을 절감하고 생산성을 높이려고 할 때, 이어지는 질문에 답하시오. [58~60]

〈달걀의 생산 공정〉

세척 → 원란 검사 → 1차 Test → 혈반 검사 → 2차 Test → 포장

〈단계별 불량률〉

단계	1회 공정당 불량률(%)
1차 Test	40
2차 Test	10

〈비용개선 이후 단계별 투입비용〉

구분	달걀 1단위 생산 비용(원)	
	개선 전	개선 후
세척	10	8
원란 검사	25	20
1차 Test	20	20
혈반 검사	30	20
2차 Test	20	10
포장	15	10

58 A농산의 하루 달걀 출고 예정량은 270개이다. 달걀을 생산하는 과정에서 불량으로 취급되는 달걀을 제외하고 정상품을 270개 만들어내기 위해서 A농산이 생산 공정 처음에 투입해야 하는 달걀의 개수는?

① 450개
② 480개
③ 500개
④ 520개
⑤ 530개

59 비용개선을 위한 혁신 이후에 달걀 1단위를 만들어내는 총비용은 얼마나 감소하였는가?

① 26원
② 28원
③ 30원
④ 32원
⑤ 34원

60 A농산의 생산 공정 혁신으로 기존의 생산 공정과 비교하여 달걀 1단위의 생산 비용을 비교할 때 총비용의 감소율은?(단, 불량품은 발생하지 않는다고 가정하며, 소수점 첫째 자리에서 반올림한다)

① 25%
② 26%
③ 27%
④ 28%
⑤ 29%

61 다음 대화의 빈칸에 들어갈 정부장의 조언으로 적절하지 않은 것은?

> 정부장 : 김대리, 시간을 충분히 주었다고 생각했는데 진행 상황이 생각보다 늦네요. 이유가 뭐죠?
> 김대리 : 아, 부장님. 죄송합니다. 저, 그게… 저는 최대한 노력한다고 하는데 항상 시간이 모자랍니다. 업무 능력이 부족해서인 것 같습니다.
> 정부장 : 능력은 충분해요. 노력을 하는데도 시간이 부족하다면 내 생각에는 계획을 세울 필요가 있을 것 같네요. 시간을 쓰는 데도 계획이 있어야 하는데 시간 계획을 세울 때는 _____

① 목표를 구체적으로 세워야 합니다.
② 행동을 중심으로 세워야 합니다.
③ 현실적으로 가능해야 합니다.
④ 최대한 완벽한 계획을 세울 수 있도록 충분한 시간을 가져야 합니다.
⑤ 측정이 가능한 척도도 같이 세우는 것이 좋습니다.

62 다음 (가) ~ (다)는 시간계획을 할 때 명심해야 하는 사항들이다. 이에 대한 〈보기〉의 설명 A ~ C를 바르게 연결한 것은?

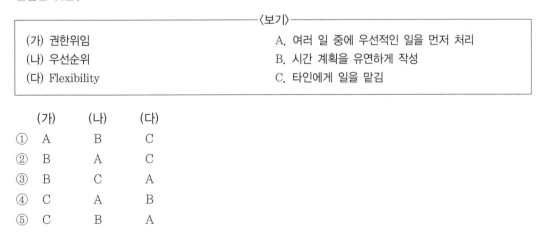

┌──────────────〈보기〉──────────────┐
│ (가) 권한위임   A. 여러 일 중에 우선적인 일을 먼저 처리 │
│ (나) 우선순위   B. 시간 계획을 유연하게 작성 │
│ (다) Flexibility   C. 타인에게 일을 맡김 │
└─────────────────────────────────┘

	(가)	(나)	(다)
①	A	B	C
②	B	A	C
③	B	C	A
④	C	A	B
⑤	C	B	A

63 K기업은 해외지사에서 근무 중인 직원들 중 업무성과가 우수한 직원을 선발하여 국내로 초청하고자 한다. 다음 자료를 토대로 각국 직원들이 국내에 도착하는 순서를 고르면?

〈각국 해외지사 직원들의 비행 스케줄〉

출발지	출발지 기준 이륙시각	비행시간 (출발지 → 대한민국)
독일(뮌헨)	2024년 9월 6일(금) 오후 04:20	11시간 30분
인도(뉴델리)	2024년 9월 6일(금) 오후 10:10	8시간 30분
미국(뉴욕)	2024년 9월 6일(금) 오전 07:40	14시간

〈동일 시점에서의 각국의 현지시각〉

국가(도시)	현지시각
대한민국(서울)	2024년 9월 6일(금) 오전 06:20
독일(뮌헨)	2024년 9월 5일(목) 오후 11:20
인도(뉴델리)	2024년 9월 6일(금) 오전 03:50
미국(뉴욕)	2024년 9월 5일(목) 오후 05:20

① 인도 - 독일 - 미국
② 인도 - 미국 - 독일
③ 미국 - 독일 - 인도
④ 미국 - 인도 - 독일
⑤ 독일 - 뉴욕 - 인도

64 다음 중 물적자원관리 과정에 대한 설명으로 옳지 않은 것은?

① 물품의 정리 및 보관 시 물품을 앞으로 계속 사용할 것인지 아닌지를 구분해야 한다.
② 유사성의 원칙은 유사품을 같은 장소에 보관하는 것을 말하며, 이는 보관한 물품을 보다 쉽고 빠르게 찾을 수 있도록 하기 위해서 필요하다.
③ 물품이 특성에 맞는 보관 장소를 선정해야 하므로, 종이류와 유리 등은 그 재질의 차이로 인해서 보관 장소의 차이를 두는 것이 바람직하다.
④ 물품의 정리 시 회전대응 보관의 원칙은 입출하의 빈도가 높은 품목을 출입구 가까운 곳에 보관하는 것을 말한다.
⑤ 물품의 무게와 부피에 따라서 보관 장소를 달리해야 하며, 무게가 무겁거나 부피가 큰 것은 별도로 취급하여 개별 물품의 훼손이 생기지 않게 보관한다.

65 다음에서 설명하는 것은 무엇인가?

> 문자나 숫자를 흑과 백의 막대모양 기호로 조합한 것으로, 컴퓨터가 판독하기 쉽고 데이터를 빠르게 입력하기 위하여 쓰인다. 이것은 광학식 마크판독장치로 자동판독되어 입력된다. 세계상품코드(UPC; Universal Product Code)를 따르는 상품의 종류를 나타내거나, 슈퍼마켓 등에서 매출정보의 관리(POS; Point Of Sales system) 등에 이용된다. 가격은 별도로 표시되며 도서 분류, 신분증명서 등에도 이용된다.

① RFID   ② 바코드
③ NFC   ④ 유심
⑤ QR코드

66 다음은 조직의 체제를 구성하는 요소들에 대한 O / × 퀴즈이다. 옳은 것은 총 몇 개인가?

> • 조직목표는 조직이 달성하려는 장래의 상태이다. (　　)
> • 조직구조는 조직 내 부문 사이에 형성된 관계로 조직 구성원들의 공유된 생활양식이나 가치이다. (　　)
> • 조직도는 조직 구성원들의 임무, 수행과업, 일하는 장소를 알아보는 데 유용하다. (　　)
> • 조직의 규칙과 규정은 조직 구성원들의 행동범위를 정하고 일관성을 부여하는 역할을 한다. (　　)

① 1개   ② 2개
③ 3개   ④ 4개
⑤ 없음

67 다음 중 농협이 하는 일 가운데 경제 부문에 속하지 않는 것은?

① 규모화·전문화를 통한 농산물 산지유통 혁신
② 조합원·고객의 실익증진을 위한 각종 사업 추진
③ 혁신적 물류체계 구축으로 농산물 도매유통 선도
④ 안전 농식품 공급으로 국민 건강에 기여
⑤ 영농에 필요한 자재를 저렴하고 안정적으로 공급

68 완전히 다른 문화환경이나 새로운 사회환경을 접함으로써 감정의 불안을 느끼거나 무엇을 어떻게 해야하는지 모르는 판단의 부재 상태에 놓일 수 있는데, 이를 문화충격이라고 한다. 다음 중 문화충격을 예방하기 위한 방법으로 적절하지 않은 것은?

① 다른 문화환경에 대한 개방적인 태도를 갖도록 한다.
② 자신이 속한 문화를 기준으로 다른 문화를 평가하지 않도록 한다.
③ 새롭고 다른 것을 경험하는 데 적극적인 자세를 취하도록 한다.
④ 새로운 사회환경 적응을 위해서 자신의 정체성은 포기하도록 한다.
⑤ 다른 문화에 대한 정보를 미리 습득하도록 한다.

69 다음 제시문에서 설명하는 의사결정 방법은?

> 조직에서 의사결정을 하는 대표적인 방법에는 여러 명이 한 가지 문제를 놓고 아이디어를 비판 없이 제시하여 그중에서 최선책을 찾아내는 방법이 있다. 다른 사람이 아이디어를 제시할 때 비판하지 않고, 아이디어를 최대한 많이 공유하고 이를 결합하여 해결책을 마련하는 것이다.

① 만장일치   ② 다수결
③ 브레인스토밍   ④ 의사결정나무
⑤ 델파이 기법

70 N사원은 총무팀에서 근무하고 있으며, 각 부서의 비품 조달을 담당하고 있다. E팀장은 4분기 비품 보급 계획을 수립하라는 지시를 하였으며, N사원은 비품수요 조사 및 보급 계획을 세워 보고하였다. 보고서를 읽어 본 E팀장은 업무 지도 차원에서 지적을 하였는데, 다음 중 N사원이 받아들이기에 적절하지 않은 것은?

① 각 부서에서 어떤 비품을 얼마큼 필요한지를 정확하게 조사했어야지.
② 부서에서 필요한 수량을 말했으면 그것보다는 조금 더 여유 있게 준비했어야지.
③ 비품목록에 없는 것을 요청했다면 비품 보급 계획에서 제외했어야지.
④ 비품 구매비용이 예산을 초과하는지를 검토했어야지.
⑤ 정확한 비품 관리를 위해 비품관리대장을 꼼꼼히 작성했어야지.

2권

제2회
지역농협 6급
필기시험

직무능력평가
(70문항/70분 유형)

www.sdedu.co.kr

〈문항 수 및 시험시간〉

영역	문항 수	시험시간	비고	모바일 OMR 답안분석
의사소통능력 수리능력 문제해결능력 자원관리능력 조직이해능력	70문항	70분	5지선다	

제2회 모의고사

문항 수 : 70문항
시험시간 : 70분

※ 다음 제시된 단어의 대응 관계로 볼 때 빈칸에 들어가기에 알맞은 것끼리 짝지어진 것을 고르시오. [1~3]

01

열 : 스티로폼 = ( ) : 고무

① 온도
② 보온
③ 보냉
④ 전기
⑤ 온돌

02

응분 : 과분 = 겸양하다 : ( )

① 강직하다
② 너그럽다
③ 쩨쩨하다
④ 겸손하다
⑤ 젠체하다

03

( ) : 한옥 = 음식 : 김치

① 건물
② 한식
③ 콜라
④ 식혜
⑤ 명절

※ 다음 짝지어진 단어 사이의 관계가 나머지와 다른 하나를 고르시오. **[4~5]**

04
① 꽃 – 나무 – 식물
② 남자 – 여자 – 사람
③ 노랑 – 파랑 – 초록
④ 숟가락 – 젓가락 – 수저
⑤ 손가락 – 손바닥 – 손

05
① 씨앗 – 싹 – 잎
② 물 – 수증기 – 얼음
③ 알 – 올챙이 – 개구리
④ 애벌레 – 번데기 – 나비
⑤ 알 – 병아리 – 닭

※ 다음 제시된 세 단어로 연상할 수 있는 단어를 고르시오. **[6~8]**

06

휴전   파주   회담

① 군사도시
② 출판
③ 전쟁
④ 정상
⑤ 판문점

07

충돌   접촉   정전기

① 갈등
② 사고
③ 사건
④ 마찰
⑤ 복사

08

방황   성장   반항

① 방랑
② 사춘기
③ 경제
④ 모순
⑤ 판소리

09 다음 중 밑줄 친 단어의 맞춤법이 잘못된 것은?

① 우리는 첨단산업을 <u>개발하고</u> 육성해야 한다.
② 기술자가 없어서 고가의 장비를 <u>썩이고</u> 있다.
③ 생선 장수들이 좌판을 <u>벌이고</u> 손님을 맞아들였다.
④ 메모지를 벽에 덕지덕지 <u>붙여</u> 놓아 지저분해 보인다.
⑤ 언제인지 모르게 그 아이가 자신을 <u>맞먹고</u> 있다는 걸 느꼈다.

10 다음 글의 주제로 가장 적절한 것은?

> One of the most important aspects of human communication is that past experiences will affect your behavior. Even when you start to discuss some event with your friends, you may soon discover there are differences in your perceptions. What you think boring your friends may find exciting; what you consider pointless they may find meaningful. The messages you receive may be the same for each of you. Yet, each person experiences a variety of feelings and sensations, because each has a unique personality and background. Each of you brings different backgrounds to the event and, as a result, each attributes different meanings to the shared experience.

① 진정한 의사소통은 솔직한 표현을 통해 이루어진다.
② 친구 간의 견해 차이는 대화를 통해 해결할 수 있다.
③ 상호 개성 존중을 통해 원활한 의사소통이 이루어진다.
④ 과거의 경험에 따라 동일한 상황을 다르게 인식한다.
⑤ 경험을 공유하는 것은 친구가 되는 좋은 방법이다.

11 다음은 '우리말 사용'에 대한 글을 쓰기 위해 작성한 개요이다. 다음 개요의 수정 · 보완 및 자료 제시 방안으로 적절하지 않은 것은?

---

1. 서론 ·· ㉠
2. 우리말의 오용 원인
   (1) 개인적 측면 ·· ㉡
       − 우리말에 대한 사랑과 긍지 부족
   (2) 사회적 측면
       가. 우리말의 소중함에 대한 교육 부족
       나. 바른 우리말 교육 자료의 부족
       다. 대중매체가 미치는 부정적 영향에 대한 인식 부족 ················ ㉢
3. 우리말을 가꾸는 방법
   (1) 개인적 차원
       가. 우리말에 대한 이해와 적극적인 관심
       나. 외국어의 무분별한 사용 지양
   (2) 사회적 차원
       가. 우리말 사용 ·································· ㉣
       나. 우리말 연구 기관에 대한 정책적 지원
       다. 대중매체에 사용되는 우리말의 순화
4. 결론 : [   ] ····················· ㉤

---

① ㉠ : 우리말을 잘못 사용하고 있는 사례들을 제시하여 우리말 오용 실태를 나타낸다.

② ㉡ : '3 − (1) − 나'를 고려하여 '외국어의 무분별한 사용'을 하위 항목으로 추가한다.

③ ㉢ : 영화의 한 장면을 모방하여 범죄를 저지른 비행 청소년들의 사례를 활용한다.

④ ㉣ : 내용을 구체화하기 위해 '바른 우리말 사용 교육 프로그램 개발'로 수정한다.

⑤ ㉤ : 개요의 흐름을 고려하여 결론을 '우리말을 사랑하고 가꾸기 위한 개인적 · 사회적 노력 제고'로 작성한다.

12 다음은 N은행의 공정거래 자율준수프로그램 운영수칙이다. 이에 대한 설명으로 적절한 것은?

제5조(자율준수담당자의 역할)

① 자율준수담당자의 역할은 각 부점 준법감시담당자가 수행한다.

② 자율준수담당자는 자율준수관리자 및 소속 부점장을 보좌하며 다음 각 호의 자율준수업무를 담당한다.

    1. 부점 업무와 관련한 경쟁법규의 변경에 따른 내규의 정비 상태 및 일상 업무에 관한 사전심사 이행 여부 점검(본점부서에 한한다)

    2. 준법감시체크리스트에 의거 부점 업무수행 관련 경쟁법규 위반행위 여부 점검

    3. 경쟁법규 및 자율준수제도 관련 소속부점 직원 교육 및 상담

    4. 경쟁법규 위반사항 발견 시 보고

    5. 제1호 내지 제4호 관련 내용의 기록, 유지

③ 자율준수담당자는 제2항 제1호 내지 제4호의 이행결과를 자율준수관리자에게 보고하여야 한다.

제6조(임직원의 의무)

① 임직원은 담당 업무를 수행함에 있어 경쟁법규를 성실히 준수하여야 한다.

② 임직원은 담당 업무를 수행함에 있어 경쟁법규 위반사항을 발견한 경우에는 지체 없이 이를 자율준수관리자에게 통보 또는 보고하여야 하며, 이와 관련된 절차, 보고자 등의 보호는 내부고발제도 운영지침에 따른다.

③ 부점장은 업무수행과 관련하여 경쟁법규 위반 가능성이 있다고 판단될 경우에는 자율준수관리자의 자문을 받아 처리하여야 한다.

제7조(자율준수편람)

① 자율준수관리자는 경쟁법규 자율준수를 위한 매뉴얼인 자율준수편람을 제작, 배포하여야 한다.

② 경쟁법규의 변경이 있을 때에는 동 변경내용을 자율준수편람에 반영하여야 한다.

제8조(모니터링 및 결과보고)

① 자율준수관리자는 연간 자율준수 활동계획을 수립하여 은행장에게 보고하여야 한다.

② 자율준수관리자는 다음 각 호에 해당하는 방법에 의하여 자율준수프로그램의 준수 여부를 점검하여야 한다.

    1. 임직원 및 부점의 자율준수실태 등에 대한 점검과 조사

    2. 자율준수관리자의 지시 또는 자문에 의하여 각 부점별로 작성한 각종 체크리스트의 검토 및 확인

    3. 자율준수관리자의 요구에 의하여 제출된 신고서, 보고서, 각종 자료의 검토 및 확인

③ 자율준수관리자는 자율준수프로그램의 준수 여부를 점검한 결과, 위반사항이 발견되는 등 필요한 경우 이사회에 보고하여야 한다. 다만, 위반사항이 경미한 경우 은행장에게 보고할 수 있다.

제9조(교육실시)

① 자율준수관리자는 자율준수담당자 및 경쟁법규 위반 가능성이 높은 분야의 임직원을 대상으로 반기당 2시간 이상 경쟁법규 및 자율준수프로그램 등에 대한 교육을 실시하여야 한다.

② 자율준수관리자는 임직원의 자율준수 의지 제고 및 자율준수프로그램의 원활한 이행을 위하여 필요시 집합, 사이버, 기타 교육자료 제공 등 다양한 방법으로 교육을 실시할 수 있다.

제10조(경쟁법규 위반 임직원에 대한 제재)

① 경쟁법규 위반으로 경쟁당국으로부터 과징금 등 제재를 받은 경우, 당해 위반행위 관련 임직원의 제재에 대하여는 상벌세칙 등 관련 내규에서 정하는 바에 따른다.

② 자율준수관리자는 중대한 경쟁법규 위반사항이 발견된 경우 관련 임직원에 대한 징계 등의 조치를 요구할 수 있다.

③ 자율준수관리자는 경쟁법규 위반사항에 대하여 당해 임직원 및 부점에 시정을 요구할 수 있으며, 경쟁법규 및 자율준수 제도에 대한 교육이수의무를 부과할 수 있다.

제11조(문서관리)

① 자율준수관리자는 은행 전체의 자율준수에 관한 기본 문서들을 분류하고 5년간 보관하여야 한다.

② 자율준수 활동에 관한 모든 문서는 정확하게 기록되고 최신의 정보를 유지하여야 한다.

③ 자율준수담당자는 자율준수 운영 상황에 대한 검사 및 평가가 가능하도록 각 부점 자율준수 이행 관련 자료(교육 및 모니터링 자료 등 포함)를 작성하여 5년간 보관하여야 한다.

① 임직원은 담당 업무 수행 중 경쟁법규 위반사항 발견 시, 지체 없이 자율준수관리자의 자문을 받아 처리하여야 한다.

② 자율준수관리자는 상황에 따라 자율준수편람을 제작하지 않을 수도 있다.

③ 자율준수관리자가 경쟁법규 위반 가능성이 높은 분야에 근무 중인 임직원을 대상으로 반기당 4시간의 교육을 실시하는 것은 세칙에 부합하는 행위이다.

④ 자율준수관리자는 중대한 경쟁법규 위반을 행한 임직원을 징계하고, 관련 규정 교육이수의무를 부과할 수 있다.

⑤ 자율준수관리자는 자율준수 이행 관련 자료를 작성하여 5년간 보관하여야 한다.

13 다음 각 문장의 빈칸에 들어갈 단어를 순서대로 바르게 짝지은 것은?

- 관계 _____을 위하여 노력하다.
- 악법 _____에 힘쓰다.
- 노후 건물을 _____하다.

---

① 개선(改善) – 개정(改正) – 개조(改造)
② 개조(改造) – 개정(改正) – 개선(改善)
③ 개선(改善) – 개조(改造) – 개정(改正)
④ 개조(改造) – 개선(改善) – 개정(改正)
⑤ 개정(改正) – 개조(改造) – 개선(改善)

14 다음 중 밑줄 친 표현과 같은 의미로 쓰인 것은?

기회가 닿으면 연락하겠습니다.

---

① 나는 전류에 닿기라도 한 듯한 충격을 느꼈다.
② 일이 잘못되었다는 소식이 그에게 닿기 전에 해결해야 한다.
③ 그와 인연이 닿지 않아 애를 태웠다.
④ 너의 주장은 결코 이치에 닿지 않는구나.
⑤ 나는 그에게 형편이 닿는 한 도와주겠다고 약속했다.

15 다음 중 제시된 단어와 유사한 의미를 가진 것은?

기대

---

① 기부   ② 부귀
③ 관망   ④ 소망
⑤ 허사

16 다음 글과 가장 밀접하게 관련된 사자성어는?

패스트푸드점 매장에서 종업원을 폭행한 시민 A씨가 경찰에 붙잡혔다. 부산의 한 경찰서는 A씨를 현행범으로 체포해 조사 중이라고 밝혔다. 경찰에 따르면 A씨는 새벽 3시 반쯤 부산의 한 패스트푸드점 매장에서 술에 취해 "내가 2층에 있는데 왜 부르지 않냐."며 여성 종업원을 수차례 밀치고 뺨을 7～8차례 때리는 등 폭행한 혐의를 받고 있다. 보다 못한 매장 매니저가 경찰에 신고해 체포되었으며, A씨는 "기분이 나빠서 때렸다."고 진술한 것으로 알려졌다. 경찰은 A씨를 상대로 폭행 경위를 조사한 뒤 신병을 처리할 예정이다. 지난해 11월 울산의 다른 패스트푸드점 매장에서도 손님이 햄버거를 직원에게 던지는 등 손님의 갑질 행태가 끊이지 않고 있다.

① 견마지심
② 빙청옥결
③ 소탐대실
④ 호승지벽
⑤ 방약무인

17 다음 문장을 논리적 순서대로 바르게 나열한 것은?

(가) 예후가 좋지 못한 암으로 여겨져 왔던 식도암도 정기적 내시경검사로 조기에 발견하여 수술 등 적절한 치료를 받을 경우 치료 성공률을 높일 수 있는 것으로 밝혀졌다.

(나) 이처럼 조기에 발견해 수술을 받을수록 치료 효과가 높음에도 불구하고 실제로 S병원에서 식도암 수술을 받은 환자 중 초기에 수술을 받은 환자는 25%에 불과했으며, 어느 정도 식도암이 진행된 경우 60%가 수술을 받은 것으로 조사됐다.

(다) 식도암을 치료하기 위해서는 50세 이상의 남자라면 매년 정기적으로 내시경검사, 식도조영술, CT 촬영 등 검사를 통해 식도암을 조기에 발견하는 것이 중요하다.

(라) 서구화된 식습관으로 인해 식도암은 남성 중 6번째로 많이 발생하고 있으며, 전체 인구 10만 명당 3명이 사망하는 것으로 나타났다.

(마) S병원 교수팀이 식도암 진단 후 수술을 받은 808명을 대상으로 추적 조사한 결과, 발견 당시 초기에 치료할 경우 생존율이 높았지만, 반대로 말기에 치료할 경우 치료 성공률과 생존율 모두 크게 떨어지는 것으로 나타났다고 밝혔다.

① (가) – (나) – (다) – (라) – (마)
② (다) – (나) – (라) – (마) – (가)
③ (다) – (라) – (나) – (마) – (가)
④ (라) – (가) – (마) – (나) – (다)
⑤ (라) – (다) – (마) – (나) – (가)

농협, 경찰청과 연말 공동봉사활동 실시

"날씨가 추워 생활하기 힘들지 않으세요?"

"장애가 있어 거동도 불편한데 걱정입니다."

서울 남대문 쪽방촌에 있는 비좁은 방, 경찰청장과 농협회장이 김숙자 할머니(69, 가명)의 손을 붙잡고 안부를 물었다. 김 할머니는 귀한 손님들의 방문을 받자 얼굴에 환한 미소가 ㉠ 번졌다. 김 할머니는 "쪽방에서 외롭게 생활하고 있는데 귀하신 분들이 이렇게 직접 찾아와 쌀과 감귤을 선물로 주니 너무 고맙다."고 눈물을 글썽거렸다.

이날 경찰청장과 농협회장은 미로와 같은 좁은 복도를 지나 몇 개 층을 오르내리며 쪽방 어르신들에게 쌀과 감귤을 직접 전달했다. 겨울을 따뜻하게 날 수 있도록 온풍기도 전달했다. 한 사람이 눕기에도 비좁아 보이는 쪽방에서 어렵게 생활하는 어르신들의 모습을 생생하게 지켜본 경찰청장과 농협회장은 "베풀고 살아야겠다는 생각이 절로 ㉡ 들었다."며 "경찰청과 농협이 주기적으로 봉사활동을 펼치겠다."고 밝혔다.

남대문 쪽방촌에는 홀로 사는 어르신 등 760여 명이 거주한다. 주민 대부분 거동이 불편해 국가에서 지원하는 보조금으로 생활하고 있다. 이들 소외계층에게 도움을 주기 위해 경찰청과 농협 공동봉사단원 40여 명은 쌀 10kg들이 300포대와 감귤 3kg들이 300상자, 온풍기 100대를 전달했다. 또 쪽방마다 도난방지용 잠금장치도 설치해줬다.

농협재단, 다문화가정 모국 방문 지원

농협재단은 다문화가정이 우리나라 농촌에 안정적으로 정착할 수 있도록 다양한 지원프로그램을 운영하고 있다. 농협재단은 농촌의 유지·발전과 농민 삶의 질을 ㉢ 높이기 위해 2004년 설립된 농촌복지재단이다.

농협재단이 운영 중인 다문화가정 지원프로그램 중 대표적인 것이 2007년부터 펼치고 있는 '농촌 다문화가정 모국 방문 지원 사업'이다. 매년 200여 다문화가정을 선발해 모국을 ㉣ 찾아 갈 수 있도록 왕복항공권과 체재비(70만 원) 등을 지원하고 있다. 지금까지 2,208가정(8,516명)에 고향 방문의 기회를 제공했다.

농협재단은 올해의 경우 '농촌 다문화 청소년캠프'도 ㉤ 열어 농촌지역 다문화 청소년과 도시지역 청소년이 함께 어울리도록 했다. 또 '농촌 다문화가정 가족사진 콘테스트'도 열어 화목한 다문화가정의 사례를 알리고 있다.

농협재단의 사무총장은 "농촌 고령화와 결혼이민여성의 증가로 지역사회에서 다문화가정이 차지하는 역할이 커지고 있다."며 "함께 어울려 살아가는 농촌 공동체를 만들기 위해 다문화가정에 대한 지원을 늘려나갈 계획"이라고 말했다.

18 윗글을 읽고 보인 반응으로 적절하지 않은 것은?

① 지역사회에서 다문화가정의 역할이 점차 확대될 것으로 보여.
② 농협재단은 다문화가정 정착지원을 위해 다양한 프로그램을 진행하고 있어.
③ 농협재단은 다문화가정의 안정적인 농촌 정착을 위해 설립되었어.
④ 농협에서는 농촌에 제한하지 않고 소외계층을 위해 봉사활동을 하고 있네.
⑤ 농협 공동봉사단원들은 쪽방촌에 음식, 온열용품, 잠금장치 등을 제공했어.

19 윗글의 밑줄 친 ㉠ ~ ㉤과 같은 의미로 사용된 것은?

① ㉠ 번졌다 → 곧 재개발이 시작될 것이라는 소문이 <u>번져갔다</u>.
② ㉡ 들었다 → 오랜만에 친구의 소식을 <u>들을</u> 수 있었다.
③ ㉢ 높이기 → 우리나라 저소득층의 소득수준이 <u>높아졌다</u>.
④ ㉣ 찾아 → 어머니는 동네방네 잃어버린 아이를 <u>찾아다녔다</u>.
⑤ ㉤ 열어 → 그는 꾹 다물고 있던 입을 마침내 <u>열었다</u>.

농업, 스마트(Smart) 시대를 열다.

농업이 미래의 성장산업으로 떠오르고 있다. 빅데이터, 인공지능(AI) 등의 정보통신기술(ICT)이 접목되면서 과거에는 상상하지 못했던 다양한 형태로 진화하고 있기 때문이다. 전 구글 회장은 농업과 기술을 결합한 '어그테크(Agtech)'를 미래 유망산업으로 꼽았다. 그렇다면 미래의 농업은 과연 어떤 모습일까? 농업계 안팎에서 ㉠트렌드를 진단하는 전문가들이 제시한 ㉡키워드를 중심으로 미래의 농업을 예측해보자.

미래농업을 이야기하면서 전문가들이 가장 많이 언급한 단어는 '스마트'이다. 농업의 스마트화, 스마트농업, 스마트팜 등 다양한 용어를 사용했지만, 그 내용은 하나이다. 지금까지 생물화학 기반 기술이 농업을 이끌었다면 이제는 ICT 기반 기술이 농업을 이끄는 시대가 될 것이라는 전망이다.

전문가들은 5가지 이유를 들어 스마트농업이 미래를 이끌 것으로 전망했다. 첫째는 비용 절감, 둘째는 농약·비료·용수 등 투입재 제어를 통한 사용량 감소, 셋째는 병충해·홍수·가뭄 등 위험 대비, 넷째는 농업 가치사슬의 확장이다. 스마트농업은 생산·유통·소비를 연결해 무한한 확장 잠재력을 가진다는 것이다. 마지막은 농업인력의 정예화로, 이는 스마트농업을 해야 하는 가장 큰 이유이자 결과이다. 농업인력의 고령화와 농촌 공동화는 미래농업에서 피할 수 없는 현상이며, 스마트농업의 확산은 부모세대의 ㉢노하우가 스마트장치를 매개로 자녀세대에게 효과적으로 전달될 수 있도록 도와 농업인력의 정예화와 빠른 세대교체를 가능하게 할 것이라고 강조했다.

미래의 농산물은 단순한 먹거리가 아닐지도 모른다. 농산물 자체가 하나의 ㉣콘텐츠가 돼 소비될 것이라는 예측도 있다. 한 전문가는 이를 '농산물의 콘텐츠화'라고 이름 붙였다. 현재처럼 농산물의 품질을 보고 구매하는 방식이 아니라 생산과정 전체를 이야기로 이해하고 구매하게 된다는 것이다. 소비자들이 수확된 농산물만 보고 품질이나 안전성을 판단하기가 점점 어려워지고 있으므로 앞으로 소비자들은 농장사진이나 가족사진 등 생산자의 일상을 ㉤SNS 등으로 살펴본 뒤 생산과정이나 생산자에 대한 신뢰를 통해 구매하게 될 것이다.

미래농업은 환경과 기후변화의 영향을 크게 받을 것이다. 따라서 환경오염을 최소화하는 '지속가능한 농업'의 중요성이 커질 전망이다. 전문가들은 화학 농자재를 사용하지 않는 유기농업과 친환경농업이 확대될 것으로 예측한다. 이와 함께 석유자원의 고갈과 환경문제를 동시에 해결할 수 있는 새로운 자원이 농업을 변화시킬 것이라는 관측도 나왔다. 전문가들은 미래의 농업은 석유자원을 대체하는 에너지와 산업 원자재를 공급하는 역할로 그 기능이 확대될 것이라고 예견하고 있다. 감자 같은 녹말작물을 이용한 바이오에탄올, 옥수수·콩 등의 부산물에서 추출한 성분으로 만든 바이오플라스틱 등 다양한 식·의약산업의 소재들이 농업에서 공급될 것이다. 이미 농진청을 비롯한 여러 연구기관이 농업 부산물로부터 에너지를 얻어 다양한 산업의 소재로 활용하는 기술을 개발해 실용화하고 있다.

20 다음 중 윗글을 바르게 이해한 사람은?

① 형진 – 농업의 스마트화에는 단점이 없으므로 무조건 추진해야 한다는 내용이야.

② 광우 – 농업의 발달은 심각한 환경오염을 초래하기 때문에 지속가능한 농업이 중요하다는 거네.

③ 지석 – 농작물을 활용하여 대체 에너지를 생산하고 활용하는 기술은 아직 실용화 단계에는 미치지 못했어.

④ 선수 – 앞으로는 농산물의 품질뿐 아니라 농산물의 생산과정을 살펴보고 구매하게 될 거야.

⑤ 재덕 – 전문가들은 스마트농업의 확산이 농업에서 부모세대의 도태를 가져올 것이라고 경고하고 있어.

21 밑줄 친 ㉠ ~ ㉢을 우리말로 순화하려고 할 때, 적절하지 않은 것은?

① ㉠ 트렌드(Trend)를 → 유행을

② ㉡ 키워드(Keyword)를 → 핵심어를

③ ㉢ 노하우(Know-how)가 → 비법이

④ ㉣ 콘텐츠(Contens)가 → 이야기가

⑤ ㉤ SNS(Social Network Service) → 사회관계망서비스

(가) 개별 서비스를 살펴보면, 112센터 긴급영상 지원은 납치·강도·폭행 등으로 112센터에 신고가 접수되면 도시통합운영센터에서 해당 위치의 CCTV 영상을 현장 경찰관에게 실시간으로 제공하여 현장 대응을 지원하는 서비스다. 112센터 긴급출동 지원은 도시통합운영센터에서 경찰관에게 현장 사진 및 범인 도주경로 등에 대한 정보를 제공하여 현장 도착 전 사전 정보 취득과 신속한 현장 조치를 가능케 하는 서비스이다. 119센터 긴급출동 지원은 화재·구조·구급 등의 상황 발생 시, 소방관들에게 현장에 대한 실시간 영상, 소방차량 진입 관련 교통정보 등을 제공하여 골든타임을 확보할 수 있도록 하는 서비스이다.

(나) 특히, 오산시는 안전 마을 가꾸기, 안전한 어린이 등하굣길 조성 등 시민안전 제고를 위한 다양한 정책을 추진 중이며, 이번 '5대 안전서비스 제공을 통한 스마트도시 시민안전망 구축'으로 시민이 마음 놓고 살 수 있는 안전한 도시 조성에 앞장서고 있다. N공사가 오산시에 구축예정인 시민안전망 서비스는 112센터 긴급영상 지원, 112센터 긴급출동 지원, 119센터 긴급출동 지원, 사회적 약자 지원 및 재난안전상황 긴급대응 지원의 총 5가지 서비스로 구성된다.

(다) N공사는 지난해 7월 20일 국토부 주관으로 국토부 및 지자체 등 6개 기관과 사회적 약자의 긴급 구호를 위해 필요한 정보시스템 구축에 대해 상호 협력을 위한 업무협약을 체결했다. 이러한 업무협약의 후속조치로 작년 11월 오산시, 화성동부경찰서, 오산소방서 및 SK텔레콤과 별도의 업무협약을 체결하여 시민안전망 도입을 추진해왔다.

(라) N공사는 오산세교2지구 스마트도시 정보통신 인프라 구축 설계용역을 통해 5대 안전서비스 시민안전망 구축을 위한 설계를 완료하고 스마트시티 통합플랫폼 입찰을 시행하고 있다. 시민안전망 구축을 통해 도시통합운영센터 및 유관기관에 스마트도시 통합플랫폼 등 관련 인프라를 설치하고, 오산시, 112, 119 등 유관기관과의 연계를 통해 시민안전망 서비스 인프라 기반을 마련할 예정이다. N공사 스마트도시 개발처장은 "이번 시행하는 5대 안전서비스는 개별적으로 운영되던 기존 안전체계의 문제점을 _____ 한 체계적인 시민안전망 구축으로 국민의 생명과 재산보호를 위한 골든타임 확보가 가능하다."며, "시범사업 결과분석 및 피드백을 통한 제도 개선, 지자체와의 상호협의를 통해 향후 N공사가 추진하는 스마트도시를 대상으로 5대 안전서비스 시민안전망 구축을 계속 확대하겠다."고 말했다.

(마) 사회적 약자 지원은 아동·여성·치매환자 등에게 위급상황 발생 시, 도시통합운영센터에서 통신사로부터 위치정보 등을 제공받아 해당 현장 주변 CCTV 영상을 경찰서·소방서에 제공하여 대응케 하는 서비스이다. 재난안전상황 긴급대응 지원은 국가 대형 재난·재해 발생 시 도시통합운영센터에서 재난상황실에 실시간 현장 CCTV 영상 등을 제공하여 신속한 상황파악을 돕고 상황 전파 및 피해복구에 대응하도록 하는 서비스이다.

22 다음 중 (가) ~ (마) 문단을 논리적 순서대로 바르게 나열한 것은?

① (가) - (마) - (라) - (다) - (나) ② (나) - (다) - (가) - (마) - (라)
③ (나) - (라) - (가) - (다) - (마) ④ (다) - (나) - (가) - (마) - (라)
⑤ (다) - (나) - (마) - (라) - (가)

23 다음 중 빈칸에 들어갈 단어로 가장 적절한 것은?

① 보안 ② 보존
③ 보완 ④ 보전
⑤ 보충

채권은 사업에 필요한 자금을 조달하기 위해 발행하는 유가 증권으로, 국채나 회사채 등 발행 주체에 따라 그 종류가 다양하다. 채권의 액면금액, 액면이자율, 만기일 등의 지급 조건은 채권 발행 시 정해지며, 채권 소유자는 매입 후에 정기적으로 이자액을 받고, 만기일에는 마지막 이자액과 액면금액을 지급받는다. 이때 이자액은 액면이자율을 액면 가액에 곱한 것으로 대개 연 단위로 지급된다. 채권은 만기일 전에 거래되기도 하는데, 이때 채권가격은 현재가치, 만기, 지급 불능 위험 등 여러 요인에 따라 결정된다.

채권 투자자는 정기적으로 받게 될 이자액과 액면금액을 각각 현재 시점에서 평가한 값들의 합계인 채권의 현재가치 에서 채권의 매입가격을 뺀 순수익의 크기를 따진다. 채권 보유로 미래에 받을 수 있는 금액을 현재가치로 환산하여 평가할 때는 금리를 반영한다. 가령 금리가 연 10%이고, 내년에 지급받게 될 금액이 110원이라면, 110원의 현재가 치는 100원이다. 즉 금리는 현재가치에 반대 방향으로 영향을 준다. _____ 금리가 상승하면 채권의 현재가치가 하락하게 되고 이에 따라 채권의 가격도 하락하게 되는 결과로 이어진다. 이처럼 수시로 변동되는 시중 금리는 현재 가치의 평가 구조상 채권가격의 변동에 영향을 주는 요인이 된다.

채권의 매입 시점부터 만기일까지의 기간인 만기도 채권의 가격에 영향을 준다. 일반적으로 다른 지급 조건이 동일 하다면 만기가 긴 채권일수록 가격은 금리 변화에 더 민감하므로 가격 변동의 위험이 크다. 채권은 발행된 이후에는 만기가 짧아지므로 만기일이 다가올수록 채권가격은 금리 변화에 덜 민감해진다. 따라서 투자자들은 만기가 긴 채권 일수록 높은 순수익을 기대하므로 액면이자율이 더 높은 채권을 선호한다.

또 액면금액과 이자액을 약정된 일자에 지급할 수 없는 지급 불능 위험도 채권가격에 영향을 준다. 예를 들어 채권을 발행한 기업의 경영 환경이 악화될 경우, 그 기업은 지급 능력이 떨어질 수 있다. 이런 채권에 투자하는 사람들은 위험을 감수해야 하므로 이에 대한 보상을 요구하게 되고, 이에 따라 채권가격은 상대적으로 낮게 형성된다.

한편 채권은 서로 대체가 가능한 금융 자산의 하나이기 때문에, 다른 자산 시장의 상황에 따라 가격에 영향을 받기도 한다. 가령 주식 시장이 호황이어서 주식 투자를 통한 수익이 커지면 상대적으로 채권에 대한 수요가 줄어 채권가격 이 하락할 수도 있다.

24 다음 중 채권가격이 높아지는 조건으로 적절하지 않은 것은?

① 시중금리가 낮아진다.
② 주식 시장이 불황을 겪는다.
③ 채권을 발행한 기업의 경영 환경이 악화된다.
④ 주식 투자를 통한 수익이 작아진다.
⑤ 채권의 현재 가치가 높아진다.

25 다음 중 빈칸에 들어갈 접속사로 적절한 것은?

① 따라서　　　　　　　　② 하지만
③ 또한　　　　　　　　　④ 게다가
⑤ 그러나

26

| | 0 | 3 | 8 | ( ) | 24 | 35 | |

① 12 ② 13
③ 14 ④ 15
⑤ 16

27

| | 17 | 5 | ( ) | 9 | 11 | 13 | 8 | |

① 11 ② 12
③ 13 ④ 14
⑤ 15

28

| | D | C | E | F | F | L | ( ) | X | |

① C ② G
③ J ④ Q
⑤ W

29

| | ㅋ | ㄹ | ( ) | ㅅ | ㅁ | ㅊ | |

① ㄷ ② ㅂ
③ ㅅ ④ ㅇ
⑤ ㅈ

30 K농협 총무부에서는 물품구매예산으로 월 30만 원이 주어진다. 이번 달 예산 중 80%는 사무용품 구매에 사용하고, 남은 예산 중 40%는 서랍장 구매에 사용했다. 남은 예산으로 정가가 500원인 볼펜을 사려고 하며, 온라인 구매 시 정가에서 20% 할인된 가격으로 살 수 있다고 할 때, 최대 몇 개의 볼펜을 살 수 있는가?

① 40개   ② 50개
③ 70개   ④ 80개
⑤ 90개

31 수도관으로 물을 가득 채우는 데 1시간이 걸리는 수영장이 있다. 반면 이 수영장에 가득 찬 물을 배수로로 빼내는 데는 1시간 40분이 걸린다. 만약 텅 빈 수영장에 물을 채우기 시작했는데 배수로로 물이 계속 빠져나가고 있었다면, 수영장에 물을 가득 채우는 데 얼마나 걸리겠는가?

① 2시간 40분   ② 2시간 35분
③ 2시간 30분   ④ 2시간 25분
⑤ 2시간 20분

32 농협 C지점의 입사 지원자 수를 조사한 결과 여자는 작년보다 10% 감소하였으며, 남자는 8% 증가하였다. 작년 총원은 820명이었고, 올해 총원은 작년보다 10명이 감소하였다고 할 때, 작년 여자 지원자 수는 몇 명인가?

① 415명   ② 420명
③ 422명   ④ 430명
⑤ 432명

33 가로가 56cm이고 가로, 세로의 비율이 4 : 3인 타일을 붙여서 정사각형으로 된 타일을 만들었다. 만들어진 타일의 한 변의 길이는 최소 몇 cm인가?

① 120cm   ② 128cm
③ 168cm   ④ 208cm
⑤ 320cm

※ N씨는 매달 30만 원을 적금 상품에 가입하고자 한다. N씨가 현재 가입 가능한 적금 상품에 대한 정보가 다음과 같을 때, 〈조건〉을 참고하여 이어지는 질문에 답하시오. **[34~35]**

〈적금 상품〉

구분	기간	상품	기본금리	우대사항	우대금리
A은행	5년	단리 상품	연 5.0%p	App 가입 시	연 2.0%
		복리 상품	연 2.0%p		연 4.0%
B은행		단리 상품	연 6.0%p	적금 가입 시	연 1.5%
		복리 상품	연 3.0%p		연 2.0%
C은행		단리 상품	연 6.5%p	보험 가입 시	연 0.5%

────〈조건〉────

- $(1.02)^{\frac{1}{12}} \fallingdotseq 1.002$, $(1.03)^{\frac{1}{12}} \fallingdotseq 1.003$, $(1.05)^{\frac{1}{12}} \fallingdotseq 1.004$, $(1.06)^{\frac{1}{12}} \fallingdotseq 1.005$
- $(1.02)^{\frac{61}{12}} \fallingdotseq 1.106$, $(1.03)^{\frac{61}{12}} \fallingdotseq 1.162$, $(1.05)^{\frac{61}{12}} \fallingdotseq 1.281$, $(1.06)^{\frac{61}{12}} \fallingdotseq 1.345$

34 N씨가 별도 상품 가입 없이 예금한다고 할 때, 만기 환급금이 가장 높은 적금 상품은?(단, 십 원 단위에서 반올림한다)

① A은행 단리 상품　　　　　　② A은행 복리 상품
③ B은행 단리 상품　　　　　　④ B은행 복리 상품
⑤ C은행 단리 상품

35 N씨가 우대사항에 해당되는 모든 가입까지 고민하여 예금한다고 할 때, 만기 환급금이 가장 많은 적금 상품과 적은 금액의 차이는?(단, 십 원 단위에서 반올림한다)

① 921,100원　　　　　　② 942,500원
③ 1,031,300원　　　　　　④ 1,124,000원
⑤ 1,200,500원

※ 다음은 수출입 형태별 화물실적 자료이다. 이어지는 질문에 답하시오. **[36~37]**

〈수출입 형태별 화물실적〉

구분		총계		해상		항공	
		건수 (백만 건)	중량 (백만 톤)	건수 (백만 건)	중량 (백만 톤)	건수 (백만 건)	중량 (백만 톤)
2022년	수출	13	285	6	271	7	14
	수입	46	715	12	702	34	13
2023년	수출	15	300	6	282	9	18
	수입	58	726	14	712	44	14

36 2022년과 2023년에 해상을 통해 수입한 화물실적의 총건수와 항공을 통해 수입한 총건수의 차이는?

① 49백만 건   ② 50백만 건
③ 51백만 건   ④ 52백만 건
⑤ 53백만 건

37 다음 자료에 대한 〈보기〉의 설명 중 옳지 않은 것을 모두 고르면?

─〈보기〉─

ㄱ. 2022년 수출 건수 및 수입 건수의 총합은 60백만 건 이상이다.

ㄴ. 해상을 통한 수출 중량은 2022년과 2023년 모두 290백만 톤 미만이다.

ㄷ. 2022년 대비 2023년에 항공을 통한 수출은 건수와 중량 모두 증가하였다.

① ㄱ   ② ㄷ
③ ㄱ, ㄴ   ④ ㄴ, ㄷ
⑤ ㄱ, ㄴ, ㄷ

〈금액별 급여지급 현황〉

(단위 : 건)

구분	노령연금	장애연금	유족연금
0~20만 원 미만	890,880	54	180,191
20~40만 원 미만	1,535,213	31,701	455,228
40~60만 원 미만	620,433	29,125	73,200
60~80만 원 미만	289,370	6,988	18,192
80~100만 원 미만	181,717	1,796	1,627
100만 원 이상	197,980	673	4

38 다음 중 위 자료를 이해한 내용으로 적절하지 않은 것은?(단, 급여는 소수점 둘째 자리에서 반올림한다)

① 각 연금에서 20~40만 원 미만의 급여를 받은 건수가 가장 많다.

② 80~100만 원 미만의 급여를 받은 건수 중 노령연금의 비율은 90% 미만이다.

③ 40~60만 원 미만의 급여를 받은 건수 중 노령연금을 받은 건수가 유족연금을 받은 건수의 약 8.5배이다.

④ 60~80만 원 미만의 급여를 받은 건수 중 유족연금을 받은 건수는 장애연금을 받은 건수의 3배 미만이다.

⑤ 0~20만 원 미만의 급여를 받은 건수 중 노령연금과 유족연금 건수의 차이는 70만 건이 넘는다.

39 80~100만 원 미만 구간의 장애연금 급여를 모두 지급했을 때, 지급 금액은 얼마인가?(단, 금액별 구간에서 100만 원이 포함된다고 가정하고 중앙값으로 계산한다)

① 138,295만 원   ② 143,680만 원

③ 146,430만 원   ④ 161,640만 원

⑤ 179,600만 원

※ 다음은 A국의 쌀 생산과 소비에 대한 자료이다. 이어지는 질문에 답하시오. **[40~41]**

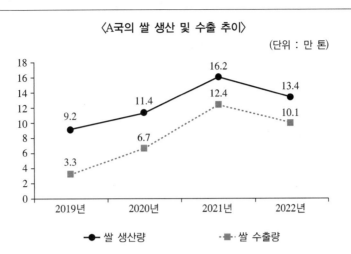

〈A국의 쌀 생산 및 수출 추이〉

(단위 : 만 톤)

〈A국 쌀 소비 추이〉

(단위 : 만 톤, kg)

구분 \ 연도	2019년	2020년	2021년	2022년
쌀 소비량	5.3	4.2	3.0	2.8
1인당 연간 쌀 소비량	30.1	28.0	28.4	22.0

※ A국에서 생산된 쌀은 국내에서 소비되거나 수출되며, 남은 쌀은 다음 연도 국내 소비, 수출을 위해 국내에 비축된다.
※ A국은 다른 나라로부터 쌀이 유입되지 않는다.
※ 2019년 1월 1일의 A국 쌀 비축량은 '0'이다.

40 위 자료를 보고 판단한 내용 중 적절하지 않은 것은?

① A국의 전년 대비 국내 쌀 수출량 증가율은 2020 ~ 2022년 중에서 2020년에 가장 크다.
② 국내 쌀 생산량과 1인당 연간 쌀 소비량은 특별한 상관관계가 없다.
③ 생산량 대비 수출량이 가장 큰 해는 2022년이다.
④ A국의 2021년 1월 1일 쌀 비축량이 0이라면, 2022년 1월 1일의 쌀 비축량은 0.8만 톤 이상이다.
⑤ A국은 2021년도에 생산된 쌀의 75% 이상을 다른 나라로 수출하였다.

41 위 자료에 따른 2020년 A국의 인구는 몇 명인가?

① 150만 명
② 300만 명
③ 900만 명
④ 1,500만 명
⑤ 3,000만 명

※ 다음은 방송통신위원회가 발표한 방송프로그램 및 방송사별 수출현황에 대한 자료이다. 이어지는 질문에 답하시오. [42~43]

〈방송프로그램 수출현황〉

(단위 : 편, 천$)

구분	2019년		2020년		2021년		2022년		2023년	
	편수	금액	편수	금액	편수	금액	편수	금액	편수	금액
총계	29,458	35,559	18,142	70,306	92,264	121,763	25,970	133,917	39,492	150,953
해외교포 방송지원	1,174	2,201	1,193	7,297	6,964	5,841	493	13,260	–	13,309
비디오 / DVD 판매	13,549	5,411	567	6,706	56,433	10,037	1,324	21,813	3,300	31,438
타임블럭, 포맷 판매	–	–	–	–	–	–	–	–	–	12,942
방송프로그램	14,735	27,947	16,382	56,303	28,867	105,885	24,153	98,844	36,192	93,265

〈방송사별 수출현황〉

(단위 : 편, 천$)

구분		2019년		2020년		2021년		2022년		2023년	
		편수	금액	편수	금액	편수	금액	편수	금액	편수	금액
지상파 전체		13,983	27,267	15,317	55,516	21,625	102,626	21,710	95,379	30,603	89,336
	KBS	4,510	10,123	4,858	25,216	6,262	42,652	5,115	38,421	13,015	30,253
	EBS	90	78	22	71	47	86	357	288	548	134
	MBC	5,240	8,932	6,135	14,985	9,090	29,640	9,867	29,542	9,379	28,526
	SBS	4,001	8,041	4,181	15,045	6,226	30,248	6,313	27,093	7,611	30,401
지역민방 · 기타		142	93	121	199	0	0	58	35	50	22
채널사용 사업자		752	681	1,065	787	7,242	2,443	2,443	3,465	5,589	3,929

42 위 자료에 대한 설명으로 옳지 않은 것은?

① 2019년부터 지상파 전체의 수출액은 꾸준히 증가하다가 2022년부터 감소하기 시작했다.
② 채널사용 사업자의 수출액의 증가율이 가장 큰 해는 2021년이다.
③ 지상파 전체의 수출편수는 계속 증가하고 있다.
④ 2019년 대비 2023년의 지상파 수출액 증가율이 가장 큰 것은 EBS이다.
⑤ 비디오 / DVD 판매의 경우 편당 수출액이 가장 높았던 해는 2022년이다.

43 다음 중 지상파 방송사별 편당 수출액을 나타낸 그래프로 적절하지 않은 것은?

① KBS 편당 수출액

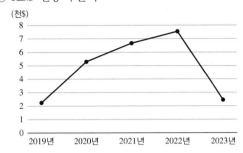

② EBS 편당 수출액

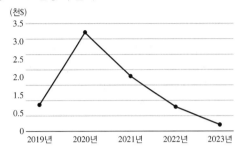

③ MBC 편당 수출액

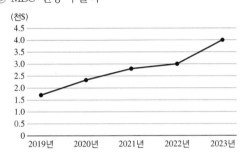

④ SBS 편당 수출액

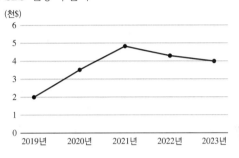

⑤ 지역민방·기타 편당 수출액

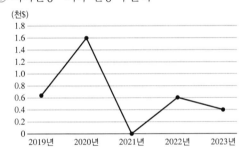

44 Z회사는 최근 새로운 건물로 이사하면서 팀별로 층 배치를 변경하기로 하였다. 층 배치 변경 사항과 현재 층 배치가 다음과 같을 때, 이사 후 층 배치에 대한 설명으로 적절하지 않은 것은?

<〈층 배치 변경 사항〉>

- 인사팀과 생산팀이 위치한 층 사이에 한 팀을 배치합니다.
- 연구팀과 영업팀은 기존보다 아래층으로 배치합니다.
- 총무팀은 6층에 배치합니다.
- 탕비실은 4층에 배치합니다.
- 생산팀은 연구팀보다 높은 층에 배치합니다.
- 전산팀은 2층에 배치합니다.
- 단, 한 층에는 한 개의 팀만 배치합니다.

〈현재 층 배치도〉

층수	부서
7층	전산팀
6층	영업팀
5층	연구팀
4층	탕비실
3층	생산팀
2층	인사팀
1층	총무팀

① 생산팀은 7층에 배치될 수 있다.
② 인사팀은 5층에 배치될 수 있다.
③ 영업팀은 3층에 배치될 수 있다.
④ 생산팀은 3층에 배치될 수 있다.
⑤ 연구팀은 1층에 배치될 수 있다.

45 A ~ E사의 올해 영업이익 결과에 대해 사람들이 이야기하고 있다. 이 중 한 사람만 거짓을 말할 때, 항상 참인 것은?(단, 영업이익은 올랐거나 내렸다)

- 철수 : A사는 영업이익이 올랐다.
- 영희 : B사는 D사보다 영업이익이 더 올랐다.
- 수인 : E사의 영업이익이 내렸고, C사 영업이익도 내려갔다.
- 희재 : E사는 영업이익은 올랐다.
- 연미 : A사는 D사보다 영업이익이 덜 올랐다.

① E사는 영업이익이 올랐다.
② D사는 E사보다 영업이익이 덜 올랐다.
③ C사의 영업이익이 내려갔다.
④ B사는 A사보다 영업이익이 더 올랐다.
⑤ E사는 B사보다 영업이익이 덜 올랐다.

46 업무상 중국 베이징 회의에 참석한 김대리는 자사 공장이 있는 다롄에도 시찰을 다녀오라는 급한 연락을 받았다. 김대리가 선택할 수 있는 교통수단이 다음과 같을 때, 어떤 교통편을 선택하겠는가?(단, 김대리의 기준이 가장 낮은 대안을 선택한다)

교통편명	교통수단	시간	요금
CZ3650	비행기	2	500,000원
MU2744	비행기	3	200,000원
G820	고속열차	5	120,000원
Z391	고속열차	7	100,000원
D42	고속열차	8	70,000원

※ (김대리의 기준)=(시간)×1,000,000×0.6+(요금)×0.8

① CZ3650　　　　　　　　② MU2744
③ G820　　　　　　　　④ Z391
⑤ D42

47 다음 중 논리적 사고를 위한 요소가 아닌 것은?

① 생각하는 습관　　　　　② 상대 논리의 구조화
③ 설득　　　　　　　　④ 추상적인 생각
⑤ 타인에 대한 이해

48 W씨는 3명의 친구와 함께 취업과 관련된 교육을 수강하고자 한다. W씨는 첫 번째 친구와 함께 A, C강의를 수강하고, 두 번째 친구는 B강의를, 세 번째 친구는 A, B, C 세 강의를 모두 수강하려고 한다. 네 사람이 결제해야 할 총액으로 적절한 것은?

교육 강의 금액	비고
• A강의 : 5만 원 • B강의 : 7만 원 • C강의 : 8만 원	• 두 강의를 동시 수강할 경우, 　금액의 10% 할인 • 세 강의를 모두 수강할 경우, 　금액의 20% 할인

① 530,000원　　　　　　　　　　　② 464,000원

③ 453,000원　　　　　　　　　　　④ 421,700원

⑤ 410,000원

49 다음으로부터 추론한 내용으로 옳은 것을 〈보기〉에서 모두 고르면?

6명의 선수 A, B, C, D, E, F가 참가하는 어떤 게임은 다음 조건을 만족한다고 한다. 이 게임에서 선수 X가 선수 Y에게 우세하면 선수 Y는 선수 X에게 열세인 것으로 본다.
• A, B, C 각각은 D, E, F 중 정확히 2명에게만 우세하다.
• D, E, F 각각은 A, B, C 중 정확히 2명에게만 열세이다.
• A는 D와 E에게 우세하다.

---〈보기〉---
㉠ C는 E에게 우세하다.
㉡ F는 B와 C에게 열세이다.
㉢ B가 E에게 우세하면 C는 D에게 우세하다.

① ㉠　　　　　　　　　　　　　　② ㉡

③ ㉢　　　　　　　　　　　　　　④ ㉠, ㉢

⑤ ㉡, ㉢

50 다음과 같은 주의사항을 가진 문제구조를 파악하는 방법은?

〈주의사항〉

• 전체 과제를 명확히 해야 한다.
• 분해해가는 가지의 수준을 맞춰야 한다.
• 원인이 중복되거나 누락되지 않고 각각의 합이 전체를 포함해야 한다.

---

① Logic Tree
② SWOT 분석
③ 3C 분석
④ 심층면접 분석
⑤ 사업환경 분석

---

51 귀하가 근무하고 있는 농협에서 '시간관리 매트릭스'에 대한 교육이 이루어졌다. '시간관리 매트릭스'는 효율적으로 시간관리를 할 수 있도록 중요한 일과 중요하지 않은 일의 우선순위를 나누는 분류 방법이다. 교육 담당자는 강의를 마친 후 사원들이 강의 내용을 잘 이해했는지 알아보기 위해 간단한 퀴즈를 실시했다. 다음 중 강의를 들은 귀하가 작성해야 할 답안으로 적절한 것은?

2024. 08. 26 실시
근무지 : 하나로마트
문제 1. 다음의 시간관리 매트릭스에 따라 제시된 업무 ⓐ ~ ⓒ의 중요도를 파악하여 각 업무를 알맞게 구분하세요.

〈시간관리 매트릭스〉

구분	긴급한 일	긴급하지 않은 일
중요한 일	제1사분면	제2사분면
중요하지 않은 일	제3사분면	제4사분면

A씨는 하나로마트 고객지원팀 사원이다. A씨는 ⓐ 다음 주에 상부에 보고할 내용을 마무리 하는 도중 고객으로부터 '상품을 먹은 후 두드러기가 나서 일상생활이 힘들 정도다.'라는 ⓑ 불만 접수를 받았다. 고객은 오늘 내로 해결할 방법을 알려달라는 강한 불만을 제기했다. 아직 업무는 다 끝내지 못한 상태고, 오늘 저녁에 ⓒ 친구와 약속이 있다. 약속 시간까지는 2시간 정도 남은 상태이다.
※ 각 사분면의 좌표의 위치는 우선 순위 정도에 고려하지 않는다.

	제1사분면	제2사분면	제3사분면	제4사분면
①	ⓐ	ⓒ	ⓑ	—
②	ⓑ	ⓐ	—	ⓒ
③	ⓑ, ⓒ	—	—	ⓐ
④	—	ⓐ	ⓒ	ⓑ
⑤	—	ⓐ, ⓒ	ⓑ	—

※ B지역의 농협에서는 정부의 녹색성장 정책에 따르기 위해 직원들의 출퇴근길 자전거 타기를 권장하기로 하였다. 자전거 타기를 활성화하기 위해 자전거의 운동효과를 인트라넷에 게시한 후, 직원들의 수요를 조사하여 1달 후부터 직원이 원하는 자전거를 대여해 주기로 하였다. 이어지는 질문에 답하시오. [52~53]

〈자전거 운동효과〉

자전거 종류	모델명	가격	바퀴 수	보조바퀴 여부
일반 자전거	S - mae72	110,000원	2개	없음
	S - dae66	99,000원		
연습용 자전거	S - HWS	78,000원	2개	있음
	S - WTJ	80,000원		
외발 자전거	S - 4532	145,000원	1개	없음
	S - 8653	130,000원		

※ 운동량은 자전거 주행 거리에 비례한다.
※ 같은 거리를 주행하여도 자전거에 운전자 외에 한 명이 더 타면 운전자의 운동량은 두 배가 된다.
※ 보조바퀴가 달린 자전거를 타면 같은 거리를 주행하여도 운동량이 일반 자전거의 80%밖에 되지 않는다.
※ 바퀴가 1개인 자전거를 타면 같은 거리를 주행하여도 운동량이 일반 자전거보다 50% 더 많다.
※ 자전거 가격이 더 높을수록 신체 피로도가 낮다.
※ 이외의 다른 조건은 모두 동일하다.

52 기업문화팀에 근무하는 귀하는 자전거 타기 제도를 정립하기 위한 회의에 참석하였다. 직원들이 제시할 수 있는 의견으로 옳지 않은 것은?

① 직원사전조사에 따르면 운동량을 중요시하는 직원이 피로도를 중요시하는 직원 다음으로 많으므로 외발 자전거를 연습용 자전거보다 많이 구매해야 합니다.

② 피로도와 운동량을 동일하게 중요시하는 직원이 많으므로 S - 4532 모델보다는 S - 8653 모델을 구매하는 것이 좋을 것 같습니다.

③ 일반 자전거를 선호하는 직원들은 피로도는 상관없다고 응답하였으므로 S - dae66 모델을 S - mae72 모델보다 많이 구매해도 좋을 것 같습니다.

④ 이번 기회를 통해 자전거 타는 방법을 배우고 싶어 하는 직원들도 있으므로 보조바퀴가 달린 S - HWS 모델과 S - WTJ 모델을 구매하는 것도 좋을 것 같습니다.

⑤ 사용할 수 있는 예산에는 한계가 있으므로 직원들이 피로도를 중요시한다고 하여 모두 비싼 자전거로만 구매하기는 어려울 것 같습니다.

53 출퇴근길 자전거 타기에 더 많은 직원이 관심을 갖도록 하루에 가장 많은 운동량으로 출근한 직원을 뽑아 상품을 주기로 하였다. 다섯 명의 후보 중 운동량이 많은 순서대로 나열한 것은?

〈후보〉

- 갑 : 1.4km의 거리를 뒷자리에 한 명을 태우고 일반 자전거로 주행하였다.
- 을 : 1.2km의 거리를 뒷자리에 한 명을 태우고 연습용 자전거로 주행하였다.
- 병 : 2km의 거리를 혼자 외발 자전거로 주행하였다.
- 정 : 2km의 거리를 혼자 연습용 자전거로 주행한 후에 이어서 1km의 거리를 혼자 외발 자전거로 주행하였다.
- 무 : 0.8km의 거리를 뒷자리에 한 명을 태우고 연습용 자전거로 주행한 후에 이어서 1.2km의 거리를 혼자 일반 자전거로 주행하였다.

① 병 > 정 > 갑 > 무 > 을
② 병 > 정 > 갑 > 을 > 무
③ 정 > 병 > 무 > 갑 > 을
④ 정 > 병 > 갑 > 무 > 을
⑤ 정 > 무 > 갑 > 병 > 을

54 다음 대화 내용에서 ⊙과 ⓒ에 들어갈 문제해결절차를 바르게 나열한 것은?

강대리 : 팀장님. 아무래도 저희 시스템에 문제가 좀 있는 것 같습니다.
최팀장 : 갑자기 그게 무슨 소린가?
강대리 : ＿＿＿＿＿⊙＿＿＿＿＿
최팀장 : 그런 현상이 자꾸 발생한다면 큰 문제가 될 텐데, 왜 그런 현상이 나타나는 거지?
강대리 : ＿＿＿＿＿ⓒ＿＿＿＿＿

	⊙	ⓒ
①	문제 인식	문제 도출
②	문제 도출	원인 분석
③	원인 분석	실행 및 평가
④	해결안 개발	실행 및 평가
⑤	문제 도출	해결안 개발

※ A건설회사에서는 B시에 건물을 신축하고 있다. 이어지는 질문에 답하시오. **[55~56]**

B시에서는 친환경 건축물 인증제도를 시행하고 있다. 이는 건축물의 설계, 시공 등의 건설과정이 쾌적한 거주환경과 자연환경에 미치는 영향을 점수로 평가하여 인증하는 제도로, 건축물에 다음과 같이 인증등급을 부여한다.

〈평가점수별 인증등급〉

평가점수	인증등급
80점 이상	최우수
70 ~ 80점 미만	우수
60 ~ 70점 미만	우량
50 ~ 60점 미만	일반

또한 친환경 건축물 최우수, 우수 등급이면서 건축물 에너지효율 1등급 또는 2등급을 추가로 취득한 경우, 다음과 같은 취·등록세액 감면 혜택을 받게 된다.

〈취·등록세액 감면 비율〉

구분	최우수 등급	우수 등급
에너지효율 1등급	12%	8%
에너지효율 2등급	8%	4%

55 다음 상황에 근거할 때 〈보기〉에서 옳은 것을 모두 고르면?

〈상황〉

- A건설회사가 신축하고 있는 건물의 예상되는 친환경 건축물 평가점수는 63점이고 에너지효율은 3등급이다.
- 친환경 건축물 평가점수를 1점 높이기 위해서는 1,000만 원, 에너지효율을 한 등급 높이기 위해서는 2,000만 원의 추가 투자비용이 든다.
- 신축 건물의 감면 전 취·등록세 예상액은 총 20억 원이다.
- A건설회사는 경제적 이익을 극대화하고자 한다.
- ※ (경제적 이익 또는 손실)=(취·등록세 감면액)-(추가 투자액)
- ※ 기타 비용과 이익은 고려하지 않는다.

〈보기〉

ⓐ 추가 투자함으로써 경제적 이익을 얻을 수 있는 최소 투자금액은 1억 1,000만 원이다.
ⓑ 친환경 건축물 우수 등급, 에너지효율 1등급을 받기 위해 추가 투자할 때 경제적 이익이 가장 크다.
ⓒ 에너지효율 2등급을 받기 위해 추가 투자하는 것이 3등급을 받는 것보다 A건설회사에 경제적으로 더 이익이다.

① ⓐ
② ⓒ
③ ⓐ, ⓑ
④ ⓑ, ⓒ
⑤ ⓐ, ⓑ, ⓒ

56 A건설회사의 직원들이 신축 건물에 대해 이야기를 나누고 있다. 다음 중 옳지 않은 말을 한 사람은?

① 갑 : 현재 우리회사 신축 건물의 등급은 우량 등급이야.

② 을 : 신축 건물 예상평가결과 취·등록세액 감면 혜택을 받을 수 있어.

③ 병 : 경제적 이익을 위해 추가 투자를 해서 에너지효율을 높일 필요가 있어.

④ 정 : 얼마만큼의 투자가 필요한지 계획하는 것은 예산 관리의 일환이야.

⑤ 무 : 추가 투자에 예산을 배정하기에 앞서 우선순위를 결정해야 해.

57 문제 해결을 위해 개인에게 요구되는 기본 요소를 다섯 가지로 나누어 볼 때, 다음 사례에서 A씨에게 부족한 기본 요소는 무엇인가?

> 스마트폰 어플을 개발하는 A씨는 관련 지식을 바탕으로 다양한 어플을 만들기 위해 노력하고 있지만, 큰 성공을 거두지는 못하고 있다. A씨는 처음에 사용자 맞춤형 정보를 제공하는 어플을 개발하여 사용자들의 관심을 끌었으나, 사람들의 관심은 오래가지 못했다. 결국 A씨가 개발한 어플은 광고성 정보만 제공하는 플랫폼으로 전락하고 말았다. 광고비로 많은 수익을 얻은 경쟁사의 어플을 따라잡기 위해 처음 개발할 때의 목적과 비전을 쉽게 포기해 버렸기 때문이다. A씨가 최초의 비전을 끝까지 추구하지 못하고 중간에 경로를 변경해 실패한 사례는 이외에도 많았다. A씨는 자신이 유연하고 변화에 개방된 자세를 견지하고 있다고 생각했지만, 사실은 자신의 아이디어에 대한 확신과 계속해서 추진할 수 있는 자세가 부족한 것이었다.

① 문제 해결자의 도전 의식과 끈기

② 문제 해결 방법에 대한 지식

③ 문제 관련 지식에 대한 가용성

④ 체계적인 교육훈련

⑤ 문제에 대한 체계적인 접근

※ N대리는 봄을 맞아 가족들과 1박 2일로 가평펜션에 여행을 가기로 하였다. 다음은 가평에 가기 위한 대중교통수단별 운행 요금 및 소요 시간과 자가용 이용 시 현황에 대한 자료이다. 이어지는 질문에 답하시오. **[58~60]**

〈대중교통수단별 운행 요금 및 소요 시간〉

구분	운행 요금			소요 시간		
	수원역 ~ 서울역	서울역 ~ 청량리역	청량리역 ~ 가평역	수원역 ~ 서울역	서울역 ~ 청량리역	청량리역 ~ 가평역
기차	2,700원	–	4,800원	32분	–	38분
버스	2,500원	1,200원	3,000원	1시간 16분	40분	2시간 44분
지하철	1,850원	1,250원	2,150원	1시간 03분	18분	1시간 17분

※ 운행요금은 어른 요금 기준이다.

〈자가용 이용 시 현황〉

구분	통행료	소요 시간	거리
A길	4,500원	1시간 49분	98.28km
B길	4,400원	1시간 50분	97.08km
C길	6,600원	1시간 49분	102.35km

※ 거리에 따른 주유비는 124원/km이다.

──────〈조건〉──────

- N대리 가족은 어른 2명, 아이 2명이다.
- 아이 2명은 각각 만 12세, 만 4세이다.
- 어린이 기차 요금(만 13세 미만)은 어른 요금의 50% 할인 적용하고, 만 4세 미만은 무료이다.
- 어린이 버스 요금(만 13세 미만)은 어른 요금의 20% 금액이고, 만 5세 미만은 무료이다.
- 어린이 지하철 요금(만 6 ~ 12세)은 어른 요금의 40%이며, 만 6세 미만은 무료이다.

58 수원역 가까이에 사는 N대리는 가족과 함께 여행준비를 하고 있다. 이번 주 주말에 가평펜션에 가기 위해 대중교통편을 여러 방면으로 생각해보고 있다. 수원역에서 가평까지 소요 시간에 상관없이 기차를 반드시 세 구간 중 한 구간만 이용한다고 할 때, 다음 중 최소비용으로 가는 방법과 그 비용은 얼마인가?

	교통수단	비용
①	지하철 → 지하철 → 기차	15,850원
②	버스 → 지하철 → 기차	15,800원
③	지하철 → 버스 → 기차	16,060원
④	기차 → 버스 → 지하철	15,900원
⑤	기차 → 지하철 → 버스	17,700원

59 N대리는 수원역에서 가평역까지 기차를 반드시 한 번만 이용하기로 결정했다. 가평역까지 총 소요 시간을 2시간 20분 이내로 잡을 때, 다음 중 최소비용으로 가는 교통수단 순서는 무엇인가?(단, 환승시간은 무시한다)

① 지하철 → 지하철 → 기차
② 버스 → 지하철 → 기차
③ 지하철 → 버스 → 기차
④ 기차 → 버스 → 지하철
⑤ 기차 → 지하철 → 버스

60 N대리는 가족과 상의 후 자가용으로 편하게 가평까지 가기로 하였다. 가는 길이 A ~ C길 세 가지가 있을 때, 최대비용과 최소비용의 차이는 얼마인가?(단, 비용은 통행료 및 총주유비이며, 계산 값은 일의 자리에서 반올림한다)

① 2,750원
② 2,800원
③ 2,850원
④ 2,900원
⑤ 3,000원

61 다음 중 시간 관리에 대해 바르게 이해한 사람은?

> 윤아 : 시간이 촉박하면 넉넉할 때보다 오히려 집중이 더 잘되는 것 같아.
> 태현 : 시간 관리는 꼼꼼히 하면 너무 부담이 되니까 간단히 일정 체크만 해도 충분해.
> 지현 : 시간 관리가 중요하다고 해도, 막상 계획대로 진행하면 손해가 더 많았어.
> 성훈 : 창의적인 일을 할 때는 오히려 시간을 관리하는 것이 방해될 것 같아. 관리와 창의는 상대되는 개념이니까.

① 윤아　　　　　　　　　　　② 태현
③ 지현　　　　　　　　　　　④ 성훈
⑤ 없음

62 업무를 하는 데 있어 수행시간이 많이 소요되는 것은 업무 과정 중에 시간을 낭비하는 요인이 있을 수 있다는 것을 의미한다. 다음 중 시간 낭비요인으로 옳지 않은 것은?

① 편리성 추구　　　　　　　　② 계획적인 행동
③ 노하우 부족　　　　　　　　④ 자원에 대한 인식 부재
⑤ 경험 및 학습 부족

63 다음은 예산의 항목을 파악하는 데 효과적인 방법을 설명한 것이다. 빈칸에 들어갈 단어로 적절한 것은?

> 직장인이 효과적으로 예산을 수립하기 위해서는 필요한 과업 및 활동 구명, 우선순위 결정 예산 배정의 단계를 거쳐야 한다. 또한 _____을/를 활용하여 과업을 구명하고 예산을 매치시킴으로써 효과적으로 예산을 수립할 수 있다.

① 과업세부도　　　　　　　　② 지출내역서
③ 로직트리　　　　　　　　　④ 간트차트
⑤ 플로차트

64 다음 중 자원관리 단계에 대한 설명으로 적절하지 않은 것은?

① 필요한 자원의 종류 확인 – 일반적으로 '시간, 예산, 물적자원, 인적자원'으로 구분하여 파악한다.

② 필요한 자원의 양 확인 – 필요한 자원이 얼마만큼 필요한지 구체적으로 파악한다.

③ 이용 가능한 자원 수집 – 필요한 양보다 여유 있게 자원을 확보한다.

④ 자원활용계획 수립 – 활동에 투입되는 자원의 희소성을 고려하여 계획을 수립한다.

⑤ 계획에 따른 수행 – 계획대로 업무를 추진한다.

65 다음 밑줄 친 '5대 핵심가치'의 내용으로 옳지 않은 것은?

> 농협은 '농업이 대우받고 농촌이 희망이며 농업인이 존경받는 함께하는 100년 농협'이란 슬로건을 내걸고 새로운 100년을 향한 위대한 농협으로 도약하겠다는 비전을 발표했다. 농업인과 국민, 농촌과 도시, 농축협과 중앙회, 임직원 등 협력을 통해 '농토피아'를 구현하겠다는 의지를 다졌다. 이를 위해 농협은 5대 핵심가치를 마련했다.

① 농업인과 소비자가 함께 웃는 유통 대변화

② 미래 성장 동력을 창출하는 디지털 혁신

③ 경쟁력 있는 농업, 잘사는 기업인

④ 지역과 함께 만드는 살고 싶은 농촌

⑤ 정체성이 살아있는 든든한 농협

66 다음 경영의 4요소에 대한 〈보기〉의 설명 중 옳은 것을 모두 고르면?

――――――〈보기〉――――――

ㄱ. 조직의 목적을 달성하기 위해 경영자가 수립하는 것으로 더욱 구체적인 방법과 과정이 담겨 있다.

ㄴ. 조직에서 일하는 구성원으로 경영은 이들의 직무수행에 기초하여 이루어지기 때문에 이것의 배치 및 활용이 중요하다.

ㄷ. 생산자가 상품 또는 서비스를 소비자에게 유통하는 데 관련된 모든 체계적 경영 활동이다.

ㄹ. 특정의 경제적 실체에 관하여 이해관계를 이루는 사람들에게 합리적인 경제적 의사결정을 하는 데 유용한 재무적 정보를 제공하기 위한 일련의 과정 또는 체계이다.

ㅁ. 경영하는 데 사용할 수 있는 돈으로 이것이 충분히 확보되는 정도에 따라 경영의 방향과 범위가 정해지게 된다.

ㅂ. 조직이 변화하는 환경에 적응하기 위하여 경영활동을 체계화하는 것으로, 목표달성을 위한 수단이다.

① ㄱ, ㄴ, ㄷ, ㄹ

② ㄱ, ㄴ, ㄷ, ㅁ

③ ㄱ, ㄴ, ㅁ, ㅂ

④ ㄷ, ㄹ, ㅁ, ㅂ

⑤ ㄴ, ㄷ, ㅁ, ㅂ

67 다음 중 수직적 계층조직에서 승진을 하면 할수록 무능력하게 되는 현상을 무엇이라고 하는가?

① 피터의 법칙　　　　　　　　　　② 샐리의 법칙
③ 무어의 법칙　　　　　　　　　　④ 머피의 법칙
⑤ 파킨스의 법칙

68 언어적 커뮤니케이션과 달리 상대국의 문화적 배경의 생활양식, 행동규범, 가치관 등을 이해하여 서로 다른 문화적 배경을 지닌 사람과 소통하는 것을 비언어적 커뮤니케이션이라고 한다. 다음 사례 중 비언어적 커뮤니케이션을 위한 행동으로 적절하지 않은 것은?

① 스페인에서는 악수할 때 손을 강하게 잡을수록 반갑다는 의미를 가지고 있다. 따라서 스페인 사람과 첫 협상 시에는 강하게 악수하여 반가움을 표현하는 것이 적절하다.

② 이탈리아에서는 연회 시 소금이나 후추 등이 다른 사람 손을 거치면 좋지 않다는 풍습이 있다. 따라서 이탈리아의 연회 참가 시 소금과 후추가 필요할 때는 웨이터를 부르도록 한다.

③ 일본에서 칼은 관계의 단절을 의미한다. 따라서 일본인에게 선물할 때 칼은 피하는 것이 좋다.

④ 중국에서는 상대방이 선물을 권할 때 선뜻 받기보다, 세 번 정도 거절하는 것이 예의라고 생각한다. 따라서 중국인에게 선물할 때 세 번 거절당하더라도 한 번 더 권하는 것이 좋다.

⑤ 키르키즈스탄에서는 왼손을 더러운 것으로 느끼는 풍습이 있다. 따라서 키르키즈스탄인에게 명함을 건넬 경우에는 반드시 오른손으로 주도록 한다.

69 A팀장은 급하게 해외 출장을 떠나면서 B대리에게 다음과 같은 메모를 남겨두었다. B대리가 가장 먼저 처리해야 할 일은 무엇인가?

> B대리, 지금 급하게 해외 출장을 가야 해서 오늘 처리해야 하는 것들 메모 남겨요.
> 오후 2시에 거래처와 미팅 있는 거 알고 있죠? 오전 내로 거래처에 전화해서 다음 주 중으로 다시 미팅 날짜 잡아줘요. 그리고 오늘 신입사원들과 점심 식사하기로 한 거 난 참석하지 못하니까 다른 직원들이 참석해서 신입사원들 고충도 좀 들어주고 해요. 식당은 지난번 갔었던 한정식집이 좋겠네요. 점심 때 많이 붐비니까 오전 10시까지 예약전화하는 것도 잊지 말아요. 식비는 법인카드로 처리하도록 하고, 오후 5시에 진행할 회의 PPT는 거의 다 준비되었다고 알고 있는데 나한테 바로 메일로 보내줘요. 확인하고 피드백할게요. 아, 그전에 내가 중요한 자료를 안 가지고 왔어요. 그것부터 메일로 보내줘요. 고마워요.

① 메일로 A팀장이 요청한 자료를 보낸다.
② 거래처에 미팅일자 변경 전화를 한다.
③ 메일로 회의 PPT를 보낸다.
④ 점심 예약전화를 한다.
⑤ 회의 자료를 준비한다.

70 귀하는 농협의 공개채용 과정을 우수한 성적으로 통과한 신입행원으로, 최근 귀하의 거주지 근처에 위치한 ○○지점에 발령받아 OJT 과정을 수행하고 있다. 귀하의 교육을 담당하고 있는 직속 선배인 A대리로부터 예금의 신규거래 절차에 대해서 배우게 되었다. 다음은 귀하가 A대리로부터 배운 학습 내용과 절차를 도식화한 자료이다. (C)에 들어갈 내용으로 가장 적절한 것은?

- 고객정보를 전산에 등록하거나 변경한다.
- 신규거래 시 필요한 서류를 징구하여 확인한다.
- 고객유형을 파악하여 유형별 실명확인 방법에 따라 실명을 확인한다.
- 작성한 통장이나 증서에 고객의 인감 또는 서명날인을 받는다.
- 신규거래되는 예금의 통장이나 증서를 작성한다.

[1단계] 예금신규거래 신청서 작성 방법을 안내하고 작성된 신청서를 받아 확인한다.	→	[2단계] (A)	→	[3단계] (B)	→	[4단계] (C)

↓

[8단계] 책임자의 검인을 받는다.	←	[7단계] (E)	←	[6단계] (D)	←	[5단계] 수납자금을 확인한다.

---

① 고객정보를 전산에 등록하거나 변경한다.
② 신규거래되는 예금의 통장이나 증서를 작성한다.
③ 작성한 통장이나 증서에 고객의 인감 또는 서명날인을 받는다.
④ 신규거래 시 필요한 서류를 징구하여 확인한다.
⑤ 실명을 확인한다.

3권

제3회
지역농협 6급
필기시험

직무능력평가
(60문항/70분 유형)

www.sdedu.co.kr

〈문항 수 및 시험시간〉

영역	문항 수	시험시간	비고	모바일 OMR 답안분석
의사소통능력 수리능력 문제해결능력 자원관리능력 조직이해능력	60문항	70분	4지선다	

제3회 모의고사

문항 수 : 60문항
시험시간 : 70분

01 다음 상황에 어울리는 사자성어로 적절하지 않은 것은?

> P선수는 2023년 항저우 아시안게임에서 전 종목 결승 진출 실패라는 참혹한 성적표를 받고, 언론으로부터 많은 비난을 받았다. 그러나 그는 많은 시련을 겪으면서도 포기하지 않고 노력하여, 파리 올림픽에서 3개의 금메달을 획득하고 화려하게 귀국했다.

① 절치부심(切齒腐心)
② 와신상담(臥薪嘗膽)
③ 금의환향(錦衣還鄕)
④ 수구초심(首丘初心)

※ 다음 중 제시된 단어들의 관계와 유사한 관계로 짝지어진 것을 고르시오. [2~3]

02

밀봉 – 밀폐

① 매립 – 굴착
② 허비 – 절용
③ 승진 – 좌천
④ 모범 – 귀감

03

개선 – 개악

① 규칙 – 방칙
② 질서 – 혼돈
③ 최선 – 극선
④ 간극 – 간격

04 다음 제시문의 내용을 가장 잘 설명하는 속담은?

> 말을 마치지 못하여서 구름이 걷히니 호승이 간 곳이 없고, 좌우를 돌아보니 팔 낭자가 또한 간 곳이 없는지
> 라 정히 경황(驚惶)하여 하더니, 그런 높은 대와 많은 집이 일시에 없어지고 제 몸이 한 작은 암자 중의 한
> 포단 위에 앉았으되, 향로(香爐)에 불이 이미 사라지고, 지는 달이 창에 이미 비치었더라.

① 공든 탑이 무너지랴.
② 산 까마귀 염불한다.
③ 열흘 붉은 꽃이 없다.
④ 고양이가 쥐 생각해 준다.

05 다음 중 밑줄 친 부분의 띄어쓰기가 옳은 것은?

① 토마토는 <u>손 쉽게 가꿀 수 있는</u> 채소이다.
② 농협이 <u>발 빠르게 지원에 나서</u> 주목받고 있다.
③ 겨울한파에 <u>언마음이 따뜻하게 녹았으면</u> 좋겠다.
④ 협동의 <u>깃발 아래 한 데 뭉치자.</u>

06 다음 대화에서 빈칸에 들어갈 말로 가장 적절한 것은?

> A : Could you tell me the time?
> B : I'm sorry. My watch _____.

① rectify oneself
② is out of order
③ cure itself automatically
④ be improved

07 '고령화 사회에 대비하자.'라는 주제로 글을 쓰기 위해 개요를 작성하였다가 수정하였다. 다음 중 수정한 이유로 가장 적절한 것은?

〈수정 전〉
Ⅰ. 서론 : 고령화 사회로의 진입
Ⅱ. 본론
    1. 고령화 사회의 실태
        (1) 인구 증가율 마이너스
        (2) 초고속 고령화 사회로의 진입
    2. 고령화 사회의 문제점
        (1) 사회 비용 증가
        (2) 인구 감소로 인한 문제 발생
    3. 고령화 사회 해결 방안
        (1) 노인 일자리 제공
        (2) 국민연금제도의 개편
        (3) 법과 제도의 개선
Ⅲ. 결론 : 고령화 사회 대비 강조

〈수정 후〉
Ⅰ. 서론 : 고령화 사회의 심각성
Ⅱ. 본론
    1. 고령화 사회의 실태
        (1) 인구 증가율 마이너스
        (2) 초고속 고령화 사회로의 진입
    2. 고령화 사회의 문제점
        (1) 의료·복지 비용 증가
        (2) 노동력 공급 감소
        (3) 노동 생산성 저하
    3. 고령화 사회 해결 방안
        (1) 노인 일자리 제공
        (2) 국민연금제도의 개편
        (3) 법과 제도의 개선
Ⅲ. 결론 : 고령화 사회 대비 촉구

① 문제 상황을 보는 관점이 다양함을 드러내기 위해
② 문제 상황을 구체화하여 주제의 설득력을 높이기 위해
③ 문제 해결과정에 발생할 불필요한 논쟁을 피하기 위해
④ 논의 대상의 범위를 보다 구체적으로 한정하기 위해

근대적 공론장의 형성을 중시하는 연구자들은 아렌트와 하버마스의 공론장 이론을 적용하여 한국적 근대 공론장의 원형을 찾는다. 이들은 유럽에서 18 ~ 19세기에 신문, 잡지 등이 시민들의 대화와 토론에 의거한 부르주아 공론장을 형성하였다는 사실에 착안하여 『독립신문』이 근대적 공론장의 역할을 하였다고 주장한다. 또한 만민공동회라는 새로운 정치권력이 만들어낸 근대적 공론장을 통해, 공화정의 근간인 의회와 한국 최초의 근대적 헌법이 등장하는 결정적 계기가 마련되었다고 인식한다.

그런데 공론장의 형성을 근대 이행의 절대적 특징으로 이해하는 태도는 근대 이행의 다른 길들에 대한 불신과 과소평가로 이어지기도 한다. 당시 사회의 개혁을 위해서는 갑신정변과 같은 소수 엘리트 주도의 혁명이나 동학농민운동과 같은 민중봉기가 아니라, 만민공동회와 같은 다수 인민에 의한 합리적인 토론과 공론에 의거한 민주적 개혁이 올바른 길이라고 주장하는 것이 대표적 예이다. 나아가 이러한 태도는 당시 고종이 만민공동회의 주장을 수용하여 입헌군주제나 공화제를 채택했더라면 국권 박탈이라는 비극만은 면할 수 있었으리라는 비약으로 이어진다.

이러한 생각의 배경에는 개인의 자각에 근거한 공론장과 평화적 토론을 통한 공론의 형성, 그리고 공론을 정치에 실현시킬 제도적 장치가 마련되어 있는 체제가 바로 '근대'라는 확고한 인식이 자리 잡고 있다. 그들은 시민세력으로 성장할 가능성을 지닌 인민들의 행위가 근대적 정치를 표현하고 있었다는 점만 중시하고, 공론 형성의 주체인 시민이 아직 형성되지 못한 시대 상황은 특수한 것으로 평가한다. 또한 근대적 정치행위가 실패한 것은 인민들의 한계가 아니라, 전제황실 권력의 탄압이나 개혁파 지도자 내부의 권력투쟁 때문이라고 설명한다.

이러한 인식으로는 농민들을 중심으로 한 반봉건 민중운동의 지향점, 그리고 토지문제 해결을 통한 근대 이행이라는 고전적 과제에 답할 수가 없다. 또한 근대적 공론장에 기반한 근대국가가 수립되었을지라도 제국주의 열강들의 위협을 극복할 수 있었겠는지, 그 극복이 농민들의 지지 없이 가능했을지에 대한 문제의식은 들어설 여지가 없게 된다. 더 큰 문제는 이런 인식이 농민운동을 근대 이행을 방해하는 역사의 반역으로 왜곡할 소지가 있다는 것이다. 이러한 의문들이 적극적으로 해명되지 않는다면 근대 공론장 이론은 설득력을 갖기 어려울 것이다.

① 『독립신문』은 근대적 공론장의 역할을 하지 못했다.
② 농민운동이 한국의 근대 이행을 방해했다고 볼 수 없다.
③ 제국주의 열강의 위협이 한국의 근대 공론장 형성을 가속화하였다.
④ 고종이 만민공동회의 주장을 채택하였다면 국권박탈의 비극은 없었을 것이다.

09 다음 중 (가) ~ (라) 문단을 논리적인 순서대로 바르게 나열한 것은?

(가) 둘째 날은 팜 스테이 최우수마을로 선정된 경기 연천군의 새 둥지 마을을 방문하여 농협에서 중점적으로 추진하고 있는 '깨끗하고 아름다운 농촌 마을 가꾸기 운동'에 동참하고자 꽃 심기와 임진강 환경정화 활동에 구슬땀을 흘렸다. 이 밖에 도농 교류가 지속적으로 확대되기를 기원하는 소망 등(燈) 만들기 행사와 연천에서 생산된 보리를 재료로 웰빙 보리 개떡 만들기 체험을 하며 농업의 소중함을 깨달았다.

(나) '에너지와 여성' 단체의 회장은 연수 소감 발표에서 "이번 연수는 소비자 입장에서 우리 농산물의 소중함을 이해하고, 도농 교류의 참된 의미를 느끼는 뜻깊은 시간이었다."고 말했다. 도농협동연수원 원장은 "도농 어울림 과정은 도시 소비자와 농업인 간의 만남과 소통을 통해 농산물 직거래 기반을 구축하는 연수 과정이란 점에서 의미가 매우 크다."면서 "이번 연수를 통해 도농 간 교류가 더욱 활발해졌으면 한다."고 강조했다.

(다) 도시민과 농업인은 연수 첫째 날 '공공재로서 농업·농촌의 가치 이해' 강의를 시작으로 주변에서 쉽게 구할 수 있는 우리 농산물의 우수성에 대한 '음식 속에 해답이 있다.'는 특강을 통해 우리 농산물의 우수성에 공감했다. 특히, 농심 토크 시간에는 안성 인처골마을의 농업인으로부터 10년 전 귀농하면서 겪었던 농촌 정착과정에서의 경험담과 시행착오 속에서 성공한 '유기농 포도의 재배와 효능'에 대한 설명을 듣고 우리 농산물의 소중함을 재인식하고, 현장에서 직거래에 대한 상담을 진행하기도 했다.

(라) 농협의 도농협동연수원은 팜 스테이 마을에 대한 정보 제공과 생산농산물 소개를 통해 농가소득 증대를 위한 '도농 협동 CEO 리더 어울림 과정'을 이틀간 개최했다. 이날 연수에는 팜 스테이 운영 농업인 40명과 도농협동 국민운동 MOU 단체인 '에너지와 여성'의 도시소비자 40명 등 80여 명이 함께 참여하여 농업·농촌의 가치 이해, 농심(農心) 토크, 농촌 마을 가꾸기 등을 진행했다.

① (가) – (나) – (다) – (라)
② (나) – (다) – (가) – (라)
③ (다) – (가) – (라) – (나)
④ (라) – (다) – (가) – (나)

농협, 영농지원 사전준비 및 농업인 일손 지원 ㉠ 강행 추진

농협은 3월 14일 농협은행 서대문 본관에서 도지역본부장(경기, 강원, 충북, 충남, 전북, 전남, 경북, 경남, 제주)이 참석한 가운데 화상회의를 개최하고, 지역별 「농업인 영농지원 및 일손돕기 추진태세」를 점검하였다.

이날 회의는 본격적인 영농철을 맞아 적기·적소의 농업인 ㉡ 소원과 각종 사업의 선제적 추진을 통해 농가의 소득 증대에 도움을 주고자 개최되었다.

농협은 지난 2월 「영농시기별 농업인 적시·적기 영농지원 추진계획」을 수립하고 파종기 – 생육기 – 수확기 등 농작물 생육 주기에 따른 농업인 영농지원사업을 집중적으로 ㉢ 추진하고 있으며, 이를 위해 100만 명 일손돕기를 실시하고 지자체 협력사업 예산과 밭작물 농기계 등을 적극적으로 지원하고 있다.

이날 농협 회장은 지역 본부장들에게 "지역별 농촌 일손 부족 ㉣ 감소를 위해 농작업 전문 인력으로 구성된 영농작업반 100개소를 설치하고 밭작물 농작업 대행을 확대해야 하며, 농업기술센터와 농협의 협연을 통한 신소득·특화작목 도입 및 적기 토양개량사업 등에 대한 적극적인 참여를 통해 농가소득 증대에 우리가 모두 힘을 합쳐야 할 것"이라고 당부하였다.

또한 사업별 담당 부서장에게도 "지역에서 영농지원 사업을 추진하는 데 차질이 없도록 본부에서 구체적이고 실제적인 지원을 할 것"이라고 말하며, 농업인 영농지원을 위한 전사적 추진을 강조했다.

10 다음 중 윗글의 내용으로 적절하지 않은 것은?

① 농협은행 서대문 본관에서 진행된 화상회의에는 9개 도지역본부장이 참석하였다.

② 농협 회장은 사업별 담당 부서장에게 적기 토양개량사업에 적극적으로 참여할 것을 당부했다.

③ 농협의 이번 화상회의는 농가의 소득 증대에 도움을 주고자 개최되었다.

④ 농협은 농작물 생육 주기에 따른 농업인 영농지원사업을 위해 적극적으로 지원하고 있다.

11 윗글의 밑줄 친 ㉠ ~ ㉣ 중 어휘의 쓰임이 적절한 것은?

① ㉠ – 강행   ② ㉡ – 소원
③ ㉢ – 추진   ④ ㉣ – 감소

※ 다음은 농업협동조합법의 일부 내용이다. 이어지는 질문에 답하시오. [12~13]

제19조(조합원의 자격)

① 조합원은 지역농협의 구역에 주소, 거소(居所)나 사업장이 있는 농업인이어야 하며, 둘 이상의 지역농협에 가입할 수 없다.

② '농어업경영체 육성 및 지원에 관한 법률' 제16조 및 제19조에 따른 영농조합법인과 농업회사법인으로서 그 주된 사무소를 지역농협의 구역에 두고 농업을 경영하는 법인은 지역농협의 조합원이 될 수 있다.

③ 특별시 또는 광역시의 자치구를 구역의 전부 또는 일부로 하는 품목조합은 해당 자치구를 구역으로 하는 지역농협의 조합원이 될 수 있다.

④ 제1항에 따른 농업인의 범위는 대통령령으로 정한다.

제20조(준조합원)

① 지역농협은 정관으로 정하는 바에 따라 지역농협의 구역에 주소나 거소를 둔 자로서 그 지역농협의 사업을 이용함이 적당하다고 인정되는 자를 준조합원으로 할 수 있다.

② 지역농협은 준조합원에 대하여 정관으로 정하는 바에 따라 가입금과 경비를 부담하게 할 수 있다.

③ 준조합원은 정관으로 정하는 바에 따라 지역농협의 사업을 이용할 권리를 가진다.

제21조(출자)

① 조합원은 정관으로 정하는 좌수 이상을 출자하여야 한다.

② 출자 1좌의 금액은 균일하게 정하여야 한다.

③ 출자 1좌의 금액은 정관으로 정한다.

④ 조합원의 출자액은 질권(質權)의 목적이 될 수 없다.

⑤ 조합원은 출자의 납입 시 지역농협에 대한 채권과 상계(相計)할 수 없다.

---

12 다음 중 농업협동조합법의 내용으로 적절한 것은?

① 지역농협의 구역에 주소를 둔 자는 누구나 조합원이 될 수 있다.

② 지역농협은 준조합원에 대해 가입금과 경비를 부담하게 할 수 없다.

③ 조합원은 둘 이상의 지역농협에 가입할 수 없다.

④ 조합원은 출자의 납입 시 지역농협에 대한 채권과 상계할 수 있다.

13 다음 중 ◇◇자치구를 구역으로 하는 ○○지역농협의 조합원이 될 수 있는 경우는?

① 주된 사무소를 ○○지역농협의 구역에 두고 있는 산림조합법인 A

② ◇◇자치구를 구역의 일부로 하는 품목조합 B

③ ○○지역농협의 구역에 지사를 두고 농업을 경영하는 농업회사법인 C

④ △△지역농협의 조합원이면서 주소가 △△지역농협의 구역에 있는 농업인 D

※ 일정한 규칙으로 수나 문자를 나열할 때, 빈칸에 들어갈 알맞은 것을 고르시오. [14~15]

14

6	4	4	21	5	32	19	( )	10

① 18 ② 16

③ 14 ④ 12

15

ㄹ	5	六	ㅠ	( )	11	ㅊ	N

① ㅠ ② P

③ ㅎ ④ 九

16 A고객은 N은행 정기예금을 만기 납입했다. 〈조건〉이 다음과 같을 때 A고객이 받을 이자의 금액은?(단, 천의 자리에서 반올림한다)

〈조건〉

- 상품명 : N은행 정기예금
- 가입자 : 본인
- 계약기간 : 24개월(만기)
- 저축방법 : 거치식
- 저축금액 : 2,000만 원
- 이자지급방식 : 만기일시지급, 단리식
- 기본금리 : 연 0.5%
- 우대금리 : 거치금액 1,000만 원 이상 시 0.3%p

① 320,000원 ② 325,000원

③ 328,500원 ④ 330,000원

17 수돗가에 서로 각기 다른 물의 양이 나오는 수도꼭지 A, B, C가 있다. 비어있는 양동이에 물을 완전히 채우기 위해 A, B, C 수도꼭지 모두 틀었더니 10분이 걸렸고, B와 C만으로 채우면 30분이 걸렸다. A수도꼭지에서 1분당 물이 나오는 양은 B수도꼭지의 8배였다고 할 때, C수도꼭지만으로 양동이를 가득 채우는데 걸리는 시간은 몇 분인가?

① 20분　　　　　　　　　　　　　② 25분
③ 30분　　　　　　　　　　　　　④ 40분

18 사회초년생인 A씨는 집을 구매하기 위해 매년 말에 1,000만 원씩 저축을 하였다. 그런데 가입 후 6년 초에 사정이 생겨 저축한 돈을 모두 찾으려고 한다. A씨가 가입한 저축 상품이 연이율 8%에 단리로 계산된다면 A씨가 일시에 받을 수 있는 금액은 얼마인가?

① 5,200만 원　　　　　　　　　　② 5,400만 원
③ 5,800만 원　　　　　　　　　　④ 6,400만 원

19 농도 12%인 소금물 600g에서 소금물을 조금 퍼내고, 그 양만큼의 물을 다시 부었다. 그리고 여기에 농도 4%인 소금물을 더 넣어 농도 5.5%의 소금물 800g을 만들었다면, 처음에 퍼낸 소금물의 양은 얼마인가?

① 100g　　　　　　　　　　　　　② 200g
③ 300g　　　　　　　　　　　　　④ 400g

20 6개월 전, 자산관리사 A씨는 20,000,000원의 원금을 가지고 자금 운용을 시작하여 현재 누적 수익률이 4%가 되었다. 6개월 후 누적 수익률이 원금의 10%가 되려면, 6개월 동안의 누적 수익률은 몇 %가 되어야 하는가?(단, 누적 수익률은 원금을 대상으로 계산된 이자만을 고려한다)

① 4%　　　　　　　　　　　　　　② 5%
③ 6%　　　　　　　　　　　　　　④ 12%

21 다음은 은행별 해외송금 수수료를 비교한 자료이다. A씨가 1년간 해외유학 중인 아들에게 보낸 해외송금 내역이 아래와 같을 때 A씨가 부담한 해외송금 수수료는 얼마인가?(단, 해외송금 수수료 계산 시 해외송금 건마다 전신료는 별도로 포함한다)

〈은행별 해외송금 수수료〉

은행명	해외송금 수수료					전신료
	$500 미만	$500 이상 ~ $2,000 미만	$2,000 이상 ~ $5,000 미만	$5,000 이상 ~ $10,000 미만	$10,000 이상	
A은행	15,000원	20,000원	25,000원	30,000원	35,000원	10,000원
B은행	12,000원	17,000원	22,000원	27,000원		7,000원
C은행	18,000원		23,000원	28,000원		8,000원
D은행	12,000원	14,000원	19,000원	24,000원	29,000원	7,500원
E은행	14,500원		19,500원	27,500원	32,500원	7,000원

〈해외송금 내역〉

날짜	해외송금 금액	이용 은행
2023.02.03.	$720	D은행
2023.03.06.	$5,200	A은행
2023.04.04.	$2,500	B은행
2023.04.27.	$1,300	A은행
2023.05.15.	$2,300	C은행
2023.06.09.	$1,520	D은행
2023.07.11.	$5,500	E은행
2023.08.20.	$800	D은행
2023.09.04.	$1,320	A은행
2023.10.24.	$2,300	D은행
2023.12.12.	$800	D은행

① 263,000원
② 276,000원
③ 287,000원
④ 307,000원

※ 다음은 주식상품별 5개월 동안의 거래량 및 건별 금액에 대한 자료이다. 이어지는 질문에 답하시오. **[22~23]**

〈월별 주식상품총괄 현황〉

(단위 : 건, 백만 원)

구분		2024.01.	2024.02.	2024.03.
주식선물	거래량	60,917,053	48,352,889	57,706,000
	계약금액	33,046,749	27,682,097	32,468,677
	미결제약정	3,492,154	3,570,454	4,556,923
주식콜옵션	거래량	669,188	874,205	1,373,697
	거래대금	5,810	5,986	9,317
	미결제약정	149,927	162,078	165,391
주식풋옵션	거래량	676,138	880,034	1,373,108
	거래대금	4,861	5,559	9,446
	미결제약정	216,788	203,015	192,650
주식옵션 소계	거래량	1,345,326	1,754,239	2,746,805
	거래대금	10,671	11,545	18,763
	미결제약정	366,715	365,093	358,041

구분		2024.04.	2024.05.
주식선물	거래량	62,961,677	64,551,839
	계약금액	35,294,244	34,755,058
	미결제약정	4,511,084	4,556,223
주식콜옵션	거래량	1,123,637	962,122
	거래대금	8,650	6,816
	미결제약정	181,357	271,590
주식풋옵션	거래량	1,129,457	859,210
	거래대금	8,445	6,398
	미결제약정	226,254	261,261
주식옵션 소계	거래량	2,253,094	1,821,332
	거래대금	17,095	13,214
	미결제약정	407,611	532,851

※ (주식옵션 소계)=(주식콜옵션)+(주식풋옵션)

〈2023년 12월 주식상품총괄 현황〉

(단위 : 건, 백만 원)

구분	거래량	계약금액 또는 거래대금	미결제약정
주식선물	41,642,569	24,138,554	3,071,025
주식콜옵션	595,241	4,845	128,863
주식풋옵션	544,811	5,557	162,886

22 다음 〈보기〉 중 위 자료에 대한 설명으로 옳은 것을 모두 고르면?(단, 비율은 소수점 둘째 자리에서 반올림한다)

〈보기〉

㉠ 2024년 1월부터 3월까지 주식선물 거래량은 주식옵션 총 거래량보다 30배 미만이다.

㉡ 2024년 4월 주식콜옵션의 거래량 중 미결제약정 건수의 비율은 주식풋옵션의 거래량 중 미결제약정의 비율보다 4.5%p 이상 낮다.

㉢ 2023년 12월 주식옵션의 총 거래대금은 주식선물 계약금액의 1% 미만이다.

㉣ 2024년 1~5월 중 주식풋옵션 거래대금이 가장 높은 달의 주식콜옵션 미결제약정 대비 주식선물 미결제약정 값은 30 미만이다.

① ㉠, ㉡

② ㉡, ㉢

③ ㉢, ㉣

④ ㉡, ㉢, ㉣

23 다음 보고서에 밑줄 친 ㉠~㉣ 중 옳지 않은 것은 모두 몇 개인가?

〈보고서〉

2024년 1월 주식선물 거래량은 6천만 건을 넘었고, 2월과 3월은 하락했다. 4월부터 거래량이 다시 회복하여 6천만 건을 초과하였고, 계약금액도 증가해 ㉠ 주식선물의 거래량과 계약금액의 증감추이가 서로 비례한 것을 알 수 있다. 반면 주식선물의 ㉡ 미결제약정은 3월부터 450만 건을 넘어 5월까지 증가 추세에 있다. ㉢ 주식콜옵션과 주식풋옵션은 주식선물보다 거래량과 거래대금은 낮지만, 작년 12월부터 올해 3월까지 꾸준히 증가했다. 주식풋옵션의 경우 4월부터 5월까지 거래대금이 감소하면서 미결제약정 건수가 증가하는 것을 볼 수 있고, 같은 기간에 주식옵션 전체 거래대금과 미결제약정 건수도 반비례관계로 정의된다. 또한 ㉣ 조사기간 동안 주식선물의 거래량과 미결제약정 건수도 반비례하는 것을 알 수 있다.

① 1개

② 2개

③ 3개

④ 4개

24 다음은 월별 장병내일준비적금 가입 현황에 대한 표이다. 이 자료를 바르게 나타내지 않은 그래프는?

<장병내일준비적금 가입 현황>

구분	2023년			2024년			합계
	10월	11월	12월	1월	2월	3월	
가입자 수(명)	18,127	30,196	24,190	16,225	18,906	15,394	123,038
가입계좌 수(개)	23,315	39,828	32,118	22,526	25,735	20,617	164,139
가입금액(백만 원)	4,361	7,480	5,944	4,189	4,803	3,923	30,700

① 2023년 10월~2024년 3월 동안 적금 가입자 수와 가입금액 현황

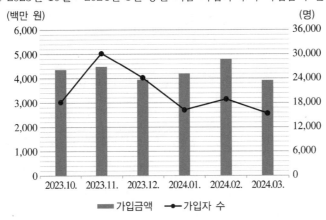

② 2023년 10월~2024년 3월 동안 적금 가입자 수와 가입계좌 수 현황

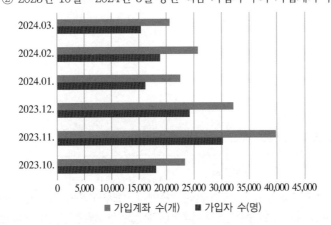

③ 2023년 10월~2024년 3월 동안 적금 가입계좌 수와 가입금액 현황

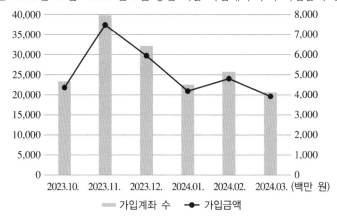

④ 2023년 10월~12월 동안 적금 가입자 수, 가입계좌 수, 가입금액 현황

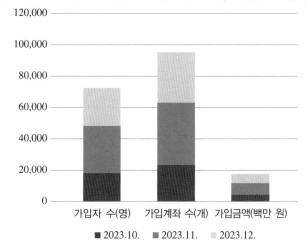

※ 다음은 국가별 활동 의사 수에 대한 자료이다. 이어지는 질문에 답하시오. [25~26]

〈활동 의사 수〉

(단위 : 천 명)

구분	2014년	2015년	2016년	2017년	2018년	2019년	2020년	2021년	2022년
캐나다	2.1	2.1	2.1	2.1	2.1	2.1	2.1	2.1	2.2
덴마크	–	2.5	2.7	2.7	2.8	2.9	3.0	3.1	3.2
프랑스	3.1	3.3	3.3	3.3	3.4	3.4	3.4	3.4	3.4
독일	–	3.1	3.3	3.3	3.3	3.4	3.4	3.4	3.5
그리스	3.4	3.9	4.3	4.4	4.6	4.8	4.9	5.0	5.4
헝가리	2.8	3.0	3.1	3.2	3.2	3.3	3.3	2.8	3.0
이탈리아	–	3.9	4.1	4.3	4.4	4.1	4.2	3.8	3.7
일본	1.7	–	1.9	–	2.0	–	2.0	–	2.1
한국	0.8	1.1	1.3	1.4	1.5	1.6	1.6	1.6	1.7
멕시코	1.0	1.7	1.6	1.5	1.5	1.6	1.7	1.8	1.9
네덜란드	2.5	–	3.2	3.3	3.4	3.5	3.6	3.7	3.8
뉴질랜드	1.9	2.1	2.2	2.2	2.1	2.2	2.2	2.1	2.3
노르웨이	–	2.8	2.9	3.0	3.4	3.4	3.5	3.7	3.8
미국	–	2.2	2.3	2.4	2.3	2.4	2.4	2.4	2.4

※ '–'은 활동 의사 수가 1천 명 이하임을 나타냄

25 다음 〈보기〉 중 자료를 보고 판단한 내용으로 적절하지 않은 것을 모두 고르면?

─〈보기〉─
㉠ 2017년의 활동 의사 수는 그리스가 한국의 4배 이상이다.
㉡ 2016년 대비 2022년 활동 의사 수가 감소한 나라는 없다.
㉢ 2022년 활동 의사 수가 가장 많은 나라의 활동 의사 수는 가장 적은 나라의 3배 이상이다.

① ㉠
② ㉡
③ ㉠, ㉡
④ ㉠, ㉢

26 다음 중 자료에 대한 설명으로 옳은 것은?

① 네덜란드의 2021년 활동 의사 수는 같은 해 활동 의사 수가 가장 많은 나라에 비해 1.7천 명 적다.
② 활동 의사 수를 의료서비스 지수로 볼 때, 가장 열악한 의료서비스 지수를 보인 나라는 멕시코이다.
③ 그리스의 활동 의사 수는 미국보다 매년 두 배 이상 높은 수치를 보인다.
④ 2020년 활동 의사 수가 가장 적은 나라는 한국이며, 가장 많은 나라는 그리스이다.

27 다음 중 문제해결능력에서 구분하는 문제의 유형이 아닌 것은?

① 발생형 문제　　　　　　　　　　② 탐색형 문제
③ 미래 문제　　　　　　　　　　　④ 과거 문제

28 다음 중 예산관리에 대한 설명으로 옳지 않은 것은?

① 무조건 비용을 적게 들이는 것이 좋다.
② 개발 실제 비용보다 개발 책정 비용이 더 크면 경쟁력 손실을 입는다.
③ 정해진 예산을 효율적으로 사용하여 최대한의 성과를 내기 위해 필요하다.
④ 예산관리는 예산통제, 비용산정, 예산편성 등을 포함한다.

29 전통적인 회식비 분담 방식은 회식비 총액을 인원수로 나누는 것이다. 하지만 최근에는 자신이 주문한 만큼 부담하는 거래내역 방식을 사용하기도 한다. 다음 중 전통적인 방식에 비해 거래내역 방식으로 회식비를 분담할 때 부담이 적어지는 사람은 누구인가?

〈주문내역〉

구분	메인요리	샐러드	디저트
A사원	12,000원	−	3,000원
B주임	15,000원	5,000원	3,000원, 5,000원
C대리	13,000원	5,000원	7,000원
D과장	15,000원	3,000원	6,000원, 5,000원

① A사원　　　　　　　　　　　　② B주임
③ C사원　　　　　　　　　　　　④ D과장

30 다음은 중국에 진출한 프랜차이즈 커피전문점에 대해 SWOT 분석을 한 것이다. (가), (나), (다), (라)에 들어갈 전략으로 올바르게 나열된 것은?

S(Strength)	W(Weakness)
• 풍부한 원두커피의 맛 • 독특한 인테리어 • 브랜드 파워 • 높은 고객 충성도	• 중국 내 낮은 인지도 • 높은 시설비 • 비싼 임대료
O(Opportunity)	T(Threat)
• 중국 경제 급성장 • 서구문화에 대한 관심 • 외국인 집중 • 경쟁업체 진출 미비	• 중국의 차 문화 • 유명 상표 위조 • 커피 구매 인구의 감소

(가)	(나)
• 브랜드가 가진 미국 고유문화 고수 • 독특하고 차별화된 인테리어 유지 • 공격적 점포 확장	• 외국인 많은 곳에 점포 개설 • 본사 직영으로 인테리어 작업 진행
(다)	(라)
• 고품질 커피로 상위 소수고객에 집중	• 녹차 향 커피 • 개발 상표 도용 감시

	(가)	(나)	(다)	(라)
①	SO전략	ST전략	WO전략	WT전략
②	WT전략	ST전략	WO전략	SO전략
③	SO전략	WO전략	ST전략	WT전략
④	ST전략	WO전략	ST전략	WT전략

31 다음은 N은행의 홈페이지에 올라온 추석 연휴 금융거래 일시 중단 내용에 대한 내용이다. 이를 보고 대화한 사람 중 옳은 내용을 말한 사람은 누구인가?

구분	주요 내용	중단 기간
은행업무	• (일시중단) N은행계좌를 이용하는 모든 금융거래 　– 자동화기기(CD / ATM)를 이용한 입금, 출금, 계좌이체 및 조회 불가 　– 인터넷뱅킹, 스마트뱅킹, 텔레뱅킹 등 계좌이체 및 조회 불가 　– 타 금융기관을 이용한 N은행계좌 입금, 출금, 계좌이체 및 조회 불가 　– 현금카드 이용 불가	2024. 9. 13(금) 00시 ～ 2024. 9. 16(월) 24시
카드업무	• (정상운영) 신용카드 승인 가능 　– 신용카드를 이용한 물품 구매, 대금 결제 등 승인 　　※ 온라인 결제 및 N은행카드 모바일 간편결제 등 신용카드 거래는 2024. 9. 14(토) 16시 ～ 2024. 9. 15(일) 02시까지 일시 제한	
	• (일시중단) 체크카드 이용 불가 　– 체크카드를 이용한 승인 거래 이용 불가 　　※ 단, 면세유 구매전용 체크카드는 2024. 9. 13(금)부터 이용 불가	2024. 9. 14(토) 00시 ～ 2024. 9. 16(월) 24시
	• (일시중단) 신용카드 승인 외 부수 업무 제한 　– 장 / 단기카드대출(카드론, 현금서비스), N은행카드 포인트 사용 등 부수 업무 전반	2024. 9. 13(금) 00시 ～ 2024. 9. 16(월) 24시

① 진태 : 14일에 시장을 보러 가려고 했는데, N은행의 신용카드를 사용할 수 없다니 그냥 현금을 가지고 가야겠어.

② 정희 : 신용카드는 이용이 중단되지 않으니까, 15일에 그동안 N은행 신용카드로 쌓아놓았던 포인트를 사용해서 설 선물을 살 거야.

③ 연주 : K마트 홈페이지에서 14일 하루 동안 N은행카드 모바일 간편결제를 이용해 물건을 구매하면 특별 세일을 한다고 하니, 반드시 오후 4시 전에 주문해서 결제해야겠네.

④ 민철 : N은행의 업무만 안 되는 거니까 13일에 타 은행으로부터 이체된 것은 입금확인이 가능할 거야.

32 N카페에서는 디저트로 빵, 케이크, 마카롱, 쿠키를 판매하고 있다. 최근 각 지점에서 디저트를 섭취하고 땅콩 알레르기가 발생했다는 컴플레인이 제기되었다. 해당 디저트에는 모두 땅콩이 들어가지 않으며, 땅콩을 사용한 제품과 인접 시설에서 제조하고 있다. 다음 자료를 참고할 때, 반드시 옳지 않은 것은?

- 땅콩 알레르기 유발 원인이 된 디저트는 빵, 케이크, 마카롱, 쿠키 중 하나이다.
- 각 지점에서 땅콩 알레르기가 있는 손님이 섭취한 디저트와 알레르기 유무는 아래와 같다.

A지점	빵과 케이크를 먹고, 마카롱과 쿠키를 먹지 않은 경우, 알레르기가 발생했다.
B지점	빵과 마카롱을 먹고, 케이크와 쿠키를 먹지 않은 경우, 알레르기가 발생하지 않았다.
C지점	빵과 쿠키를 먹고, 케이크와 마카롱을 먹지 않은 경우, 알레르기가 발생했다.
D지점	케이크와 마카롱을 먹고, 빵과 쿠키를 먹지 않은 경우, 알레르기가 발생했다.
E지점	케이크와 쿠키를 먹고, 빵과 마카롱을 먹지 않은 경우, 알레르기가 발생하지 않았다.
F지점	마카롱과 쿠키를 먹고, 빵과 케이크를 먹지 않은 경우, 알레르기가 발생하지 않았다.

① A, B, D지점의 사례만을 고려하면, 케이크가 알레르기의 원인이다.
② A, C, E지점의 사례만을 고려하면, 빵이 알레르기의 원인이다.
③ B, D, F지점의 사례만을 고려하면, 케이크가 알레르기의 원인이다.
④ C, D, F지점의 사례만을 고려하면, 마카롱이 알레르기의 원인이다.

33 ○○공사는 지하철 미세먼지 정화설비 A ~ F 중 일부를 도입하고자 한다. 설비들의 호환성에 따른 도입규칙이 다음과 같을 때, ○○공사에서 도입할 설비만으로 묶인 것은?

〈호환성에 따른 도입규칙〉

- A는 반드시 도입한다.
- B를 도입하지 않으면 D를 도입한다.
- E를 도입하면 A를 도입하지 않는다.
- F, E, B 중 적어도 두 개는 반드시 도입한다.
- E을 도입하지 않고, F를 도입하면 C는 도입하지 않는다.
- 최대한 많은 설비를 도입한다.

① A, C, E
② A, C, F
③ A, B, C, E
④ A, B, D, F

34 다음은 ○○구청의 민원사무처리규정 일부이다. 이를 참고하여 A, B, C씨가 요청한 민원이 처리·완료되는 시점을 각각 바르게 구한 것은?

■ 민원사무처리기본표(일부)

(단위 : 일, 원)

소관별	민원명	처리기간	수수료
공통	진정, 단순질의, 건의	7	없음
	법정질의	14	없음
주민복지	가족, 종중, 법인묘지 설치허가	7 ~ 30	없음
	개인묘지 설치(변경)신고	5	없음
	납골시설(납골묘, 납골탑) 설치신고	7 ~ 21	없음
종합민원실	토지(임야)대장등본	즉시	500
	지적(임야)도등본	즉시	700
	토지이용계획확인서	1	1,000
	등록사항 정정	3	없음
	토지거래계약허가	15	없음
	부동산중개사무소 등록	7	개인 : 20,000 / 법인 : 3,000
	토지(임야)분할측량	7	별도

■ 민원사무처리기간 산정방식(1일 근무시간은 8시간으로 한다)
- 민원사무처리기간을 "즉시"로 정한 경우
  - 정당한 사유가 없으면 접수 후 3근무시간 내에 처리하여야 한다.
- 민원사무처리기간을 "5일" 이하로 정한 경우
  - 민원접수 시각부터 "시간" 단위로 계산한다.
  - 토요일과 공휴일은 산입하지 않는다.
- 민원사무처리기간을 "6일" 이상으로 정한 경우
  - 초일을 산입하여 "일" 단위로 계산한다.
  - 토요일은 산입하되, 공휴일은 산입하지 않는다.
- 신청서의 보완이 필요한 기간은 처리기간에 포함되지 않는다.

〈4월 29일(금) 민원실 민원접수 현황〉

- 오전 10시 / A씨 / 부동산중개사무소 개점으로 인한 등록신청서 제출
- 오후 12시 / B씨 / 토지의 소유권을 이전하는 계약을 체결하고자 허가서 제출
- 오후 14시 / C씨 / 토지대장에서 잘못된 부분이 있어 정정요청서 제출

※ 공휴일 : 5/5 어린이날, 5/6 임시공휴일, 5/14 석가탄신일

	A씨	B씨	C씨
①	5/9(월)	5/19(목)	5/4(수) 14시
②	5/10(화)	5/23(월)	5/4(수) 14시
③	5/9(월)	5/23(월)	5/10(월) 14시
④	5/10(화)	5/19(목)	5/3(화) 14시

〈사회통합프로그램 소개〉

Ⅰ. 과정 및 이수시간(2024년 8월 현재)

구분	0단계	1단계	2단계	3단계	4단계	5단계
과정	한국어와 한국문화					한국사회의 이해
	기초	초급1	초급2	중급1	중급2	
이수시간	15시간	100시간	100시간	100시간	100시간	50시간
사전평가	구술 3점 미만 (필기점수 무관)	3 ~ 20점	21 ~ 40점	41 ~ 60점	61 ~ 80점	81 ~ 100점

Ⅱ. 사전평가

1. 평가 대상 : 사회통합프로그램 참여 신청자는 모두 응시해야 함
2. 평가 내용 : 한국어능력 등 기본소양 정도
3. 평가 장소 : 관할 출입국에서 지정하는 별도 장소
4. 평가 방법 : 필기시험(45) 및 구술시험(5) 등 총 50문항
   가. 필기시험(45문항, 90점)
       - 문항 수는 총 45문항으로 객관식(43), 단답형 주관식(2)
       - 시험시간은 총 50분
       - 답안지는 OMR카드를 사용함
   나. 구술시험(5문항, 10점)
       - 문항 수는 총 5문항으로 읽기, 이해하기, 대화하기, 듣고 말하기 등으로 구성
       - 시험시간은 총 10분
   ※ 사전평가일로부터 6개월 이내에 교육에 참여하지 않은 경우 해당 평가는 무효가 되며, 다시 사전 평가에 응시하여 단계배정을 다시 받아야만 교육 참여가능 → 이 경우에는 재시험 기회가 추가로 부여되지 않음(평가 결과에 불만이 있더라도 재시험을 신청할 수 없음)
   ※ 사회통합프로그램의 '0단계(한국어와 한국문화 기초)'부터 참여하기를 희망하는 경우에 한해 사전평가를 면제받을 수 있음 → 사전평가를 면제받고자 할 경우에는 사회통합프로그램 참여신청 화면의 '사전평가 응시여부'에 '아니오'를 체크해야 함

Ⅲ. 참여 시 참고사항

1. 참여 도중 출산, 치료, 가사 등 불가피한 사유로 30일 이상 계속 참여가 불가능할 경우 참여자는 사유발생일로부터 15일 이내에 사회통합정보망(마이페이지)을 통해 이수정지 신청을 해야 함 → 이 경우 사유 종료 후 과거 이수사항 및 이수시간이 계속 승계되어 해당 과정에 참여할 수 있으며, 이수정지 후 2년 이상 재등록하지 않을 경우 직권제적 대상이 되므로, 계속 참여 의사가 있는 경우에는 2년 이내에 재등록해야 함
2. 참여 도중 30일 이상 무단으로 결석할 경우 제적 조치하고, 이 경우에는 해당 단계에서 이미 이수한 사항은 모두 무효 처리함

35 다음 〈보기〉 중 2024년 8월에 같은 강의를 듣는 사람끼리 바르게 짝지은 것은?

┌─────────────────〈보기〉─────────────────┐
　ⓐ 사전평가에서 구술 10점, 필기 30점을 받은 A씨
　ⓑ 사전평가에서 구술 2점, 필기 40점을 받은 B씨
　ⓒ 1년 전 초급1 과정을 30시간 들은 후 이수정지 신청을 한 후 재등록한 C씨
　ⓓ 사전평가에 응시하지 않겠다고 의사를 표시한 후 참여를 신청한 D씨
└───┘

① ㉠, ㉡　　　　　　　　　　　　　② ㉠, ㉢

③ ㉡, ㉢　　　　　　　　　　　　　④ ㉡, ㉣

36 A사원은 온라인 상담게시판에 올라와 있는 한 고객의 상담문의를 읽었다. 문의내용에 따라 고객이 다음 단계에 이수해야 할 과정과 이수시간을 바르게 나열한 것은?

고객 상담 게시판
[1:1 상담요청] 제목 : 이수과목 관련 문의드립니다.　　　　　　　　　　　　　2024 - 08 - 01
안녕하세요. 2023년 1월에 한국어와 한국문화 초급2 과정을 수료한 후, 중급1 과정 30시간을 듣다가 출산 때문에 이수정지 신청을 했었습니다. 다음 달부터 다시 프로그램에 참여하고자 하는데, 어떤 과정을 몇 시간 더 들어야 하나요? 답변 부탁드립니다.

	과정	이수시간
①	기초	15시간
②	초급2	70시간
③	초급2	100시간
④	중급1	70시간

〈적금 상품별 세부사항〉

구분	상품내용	기본금리	우대금리	기간	중도해지 시 적용금리
처음적금	사회초년생을 대상으로 하는 적금(만 20 ~ 29세)	3.8%	• 자사 예금통장 있을 시 0.5%p • 월 급여통장 보유 1.3%p • 자동이체 건당 0.2%p(최대 3건) • 자사 주택청약 보유 1.2%p	2년 이상	기본금리
가족적금	등본상 가족이 본인포함 2명 이상인 사람을 대상으로 하는 적금(부모, 배우자, 자녀 관계만 해당)	2.4%	• 등본상 가족이 자사 상품 이용 시 1인당 1.1%p (최대 4명) • 자사 예금통장 있을 시 0.8%p • 자동이체 건당 0.2%p(최대 5건) • 자사 주택청약 보유 2.1%p	3년 이상	기본금리
생활적금	오랜 기간 유지 시 높은 이자를 제공해주는 적금	4.4%	• 자사 예금통장 있을 시 0.5%p • 자동이체 건당 0.3%p(최대 3건) • 적금 기간별 우대금리 　－ 10년 이상 12년 미만 0.8%p 　－ 12년 이상 15년 미만 1.5%p 　－ 15년 이상 20년 미만 2.1%p 　－ 20년 이상 3.3%p	10년 이상	• 3년 미만 1.3% • 5년 미만 2.1% • 10년 미만 3.3% • 10년 이상 기본금리 및 우대금리 모두 적용
든든적금	1인 가구 대상으로 하는 적금	3.5%	• 자사 예금통장 있을 시 1.1%p • 자동이체 건당 0.2%p(최대 2건)	3년 이상	2.5% 적용

37 다음은 ○○농협에 방문한 고객과 대화하는 내용이다. 직원이 해당 고객에게 추천해 줄 상품은?

> 직원 : 안녕하세요, 무슨 일로 오셨나요?
> 고객 : 안녕하세요, 적금을 하나 가입하고 싶어서 왔어요.
> 직원 : 저희 적금 상품에 대해서 알고 계신 것이 있으신가요?
> 고객 : 아니요 딱히 없어요. 부모님 권유로 월급 받는 예금통장 하나랑 주택청약 하나만 가지고 있다가 어느 정도는 저축해야겠다는 생각에 오게 되었어요.
> 직원 : 그러시군요. 상품 추천을 위해 간단한 정보 여쭤볼게요. 혹시 나이가 어떻게 되시나요?
> 고객 : 아 저는 만 30세예요. 늦었지만 이제 막 독립해서 혼자 살고 있어요.
> 직원 : 그럼 혹시 공과금이라든지 하는 자동이체도 저희 농협에서 하고 있나요?
> 고객 : 음, 현재는 공과금만 하고 있는데, 학자금대출과 핸드폰요금도 곧 여기로 바꿀 예정이에요.
> 직원 : 혹시 생각하시는 적금 기간이 있으신가요?
> 고객 : 10년 정도 생각중이에요.
> 직원 : 그렇다면 이 적금 상품이 고객님께 가장 높은 이율이 적용될 것 같아요.

① 처음적금
② 가족적금
③ 생활적금
④ 든든적금

38 37번의 고객이 적금 기간이 4년이 남았을 때 개인사정으로 중도해지를 하게 되었다면, 이 고객에게 적용되는 금리는 몇 %인가?

① 1.3%

② 2.1%

③ 3.3%

④ 4.4%

39 A농협에서 지난주 월요일부터 금요일까지 행사를 위해 매일 회의실을 대여했다. 회의실은 501 ~ 505호까지 마주보는 회의실 없이 차례대로 위치해 있으며, 하루에 하나 이상의 회의실을 대여할 수 있지만, 전날 대여한 회의실은 다음날 바로 대여할 수 없다. 또한 바로 붙어있는 회의실들은 동시에 대여할 수 없지만, 월요일에는 예외적으로 붙어있는 두 개의 회의실을 대여했다. 다음의 자료를 토대로 수요일에 2개의 회의실을 대여했다고 할 때, 대여한 회의실은 몇 호인가?

〈회의실 사용 현황〉

구분	월요일	화요일	수요일	목요일	금요일
회의실	501호	504호		505호	

① 501호, 502호

② 501호, 503호

③ 502호, 503호

④ 504호, 505호

40 다음 빈칸에 들어갈 용어를 바르게 연결한 것은?

> ___A___ 은/는 제품 또는 서비스를 창출하기 위해 소비된 비용으로 재료비, 시설비 등이 있으며, ___B___ 은/는 과제를 수행하기 위해 소비된 비용 중 ___A___ 을/를 제외한 비용으로 보험료, 광고비, 통신비 등이 있다.

	A	B		A	B
①	소모비용	생산비용	②	간접비용	책정비용
③	직접비용	간접비용	④	생산비용	실제비용

41 다음은 ○○농협 직원들의 이번 주 추가 근무 계획표이다. 하루에 2명 이상 추가 근무를 할 수 없고, 직원들은 각자 일주일에 6시간을 초과하여 추가 근무를 할 수 없다. 추가 근무 일정을 수정해야 하는 사람은 누구인가?

〈이번 주 추가 근무 일정〉

성명	추가 근무 일정	성명	추가 근무 일정
유진실	금요일 3시간	민윤기	월요일 2시간
김은선	월요일 6시간	김남준	일요일 4시간, 화요일 3시간
이영희	토요일 4시간	전정국	토요일 6시간
최유화	목요일 1시간	정호석	화요일 4시간, 금요일 1시간
김석진	화요일 5시간	김태형	수요일 6시간
박지민	수요일 3시간, 일요일 2시간	박시혁	목요일 1시간

① 김은선
② 김석진
③ 박지민
④ 김남준

42 N조선소는 6척의 선박 건조를 수주하였다. 오늘을 포함하여 30일 이내에 모든 선박을 건조하여야 하나, 인력 부족으로 기간 내에 완료하지 못할 것으로 판단하였다. 완료하지 못할 선박은 다른 조선소에 하청을 줄 예정이다. N조선소의 하루 최대투입가능 근로자 수가 100명이라고 할 때, N조선소가 벌어들일 수 있는 최대 수익은?

상품(선박)	소요기간	1일 필요 근로자 수	수익
A	5일	20명	15억
B	10일	30명	20억
C	10일	50명	40억
D	15일	40명	35억
E	15일	60명	45억
F	20일	70명	85억

※ 1일 필요 근로자 수 이상의 근로자가 투입되더라도 선박당 건조 소요기간은 변하지 않는다.
※ 각 근로자는 자신이 투입된 선박의 건조가 끝나야만 다른 선박의 건조에 투입될 수 있다.
※ 필요 근로자 수가 100% 충원되지 않는 경우 작업을 진행할 수가 없다.

① 135억 원
② 140억 원
③ 155억 원
④ 160억 원

43 N회사는 승진을 위해 의무이수 교육기준을 만족해야 한다. E사원이 올해 경영교육 15시간, OA교육 20시간, 사무영어교육 30시간을 이수했을 때 다음과 같은 조건으로 계산한 점수를 인사고과에 반영한다면 E사원의 의무이수 교육점수는 몇 점이 부족한가?

〈의무이수 교육기준〉

경영	OA	사무영어
30점	20점	20점

※ 한 시간당 1점으로 환산한다.
※ 초과교육 이수자료를 제출하면 시간당 0.5점씩 경영점수로 환산할 수 있다.

① 5점
② 7점
③ 10점
④ 15점

44 다음 물적자원관리 과정 중 같은 단계의 특성끼리 연결된 것은?

① 반복 작업 방지, 물품활용의 편리성
② 통일성의 원칙, 물품의 형상
③ 물품의 소재, 물품활용의 편리성
④ 물품의 소재, 유사성의 원칙

※ 다음은 이번 달 ○○농협의 업무일정이다. 이어지는 질문에 답하시오. **[45~46]**

<표>

구분	업무별 필요기간	선결업무
A업무	3일	없음
B업무	1일	A
C업무	6일	없음
D업무	7일	B
E업무	5일	A
F업무	3일	B, C

〈업무일정 기간 및 순서〉

45 모든 업무를 끝마치는 데 걸리는 최소 소요기간은?

① 8일   ② 9일
③ 10일   ④ 11일

46 다음 〈보기〉 중 옳지 않은 것을 모두 고르면?

─〈보기〉─
㉠ B업무의 필요기간이 4일로 연장된다면 D업무를 마칠 때까지 11일이 소요된다.
㉡ D업무의 선결업무가 없다면 모든 업무를 마치는 데 최소 8일이 소요된다.
㉢ E업무의 선결업무에 C업무가 추가된다면 최소 소요기간은 11일이 된다.
㉣ C업무의 필요기간이 2일 연장되더라도 최소 소요기간은 변하지 않는다.

① ㉠, ㉡   ② ㉠, ㉢
③ ㉡, ㉢   ④ ㉡, ㉣

※ 다음은 A ~ D창고가 갖추고 있는 시설 및 기타사항에 대한 자료이다. 이어지는 질문에 답하시오. **[47~48]**

〈창고별 시설 및 기타사항〉

구분	시설	거리	비용(1년)	면적
A창고	냉장시설 보유, 환기시설 보유	4km	600만 원	60평
B창고	냉장시설 보유	8km	900만 원	75평
C창고	환기시설 보유, 냉장시설 보유	10km	560만 원	50평
D창고	냉장시설 보유	6km	1,000만 원	100평

※ 거리는 ○○농협과 △△농협으로부터의 거리이다.
※ (환산점수)=[비용(만 원)]÷[면적(평)]×[거리(km)]

47 ○○농협은 창고 선정을 환산점수 공식에 대입하여 가장 환산점수가 낮은 창고와 계약을 하려고 한다. 가장 낮은 점수를 받은 창고와 그 점수로 알맞은 것은?

① A창고, 40점
② B창고, 60점
③ C창고, 100점
④ D창고, 40점

48 △△농협은 농산물 보관과 유통을 위해 냉장시설을 보유한 창고 사용 계약을 진행하려고 한다. 기존에 사용하던 창고는 B창고이며, B창고보다 좋은 조건이 아니라면 변경하지 않는다고 할 때, △△농협이 계약할 창고로 옳은 것은?

〈조건〉
• 거리는 10km 미만이어야 하고, 면적은 고려하지 않는다.
• 계약기간은 3년으로 하며, 계약기간 동안 지불하는 비용이 2,700만 원 이하여야 한다.

① A창고
② B창고
③ C창고
④ D창고

※ 다음은 ○○농협의 물품관리대장과 물품코드 생성방법에 대한 자료이다. 이어지는 질문에 답하시오. [49~51]

〈물품관리대장〉

물품코드	물품명	파손 여부	개수	구매 가격	중고판매 시 가격 비율 (원가 대비)
CD – 21 – 1000	노트북	–	5개	70만 원	70%
ST – 12 – 0100	회의실 책상	–	2개	20만 원	30%
SL – 17 – 0010	볼펜	파손	20개	3천 원	0%
MN – 13 – 0100	사무실 책상	–	7개	15만 원	40%
MN – 17 – 1000	TV	파손	1개	120만 원	55%
LA – 08 – 0100	사무실 서랍장	파손	3개	10만 원	35%
ST – 18 – 0100	회의실 의자	파손	10개	5만 원	55%
CD – 24 – 0010	다이어리	–	15개	7천 원	0%

〈물품코드 생성방법〉

알파벳 두 자리	중간 두 자리	마지막 네 자리
※ 부서별 분류 • CD : 신용팀 • MN : 관리팀 • ST : 총무팀 • LA : 대출팀 • SL : 판매팀	※ 구매 연도 마지막 두 자리	※ 물품 종류 • 1000 : 전자기기 • 0100 : 사무용 가구 • 0010 : 문구류

49 다음 중 물품관리대장에서 찾을 수 없는 물품은 무엇인가?

① 총무팀에서 2018년에 구매한 사무용 가구
② 관리팀에서 2013년에 구매한 문구류
③ 대출팀에서 2008년에 구매한 사무용 가구
④ 신용팀에서 2021년에 구매한 전자기기

50 구매 연도부터 10년 이상 경과한 물품을 교체한다면 다음 중 교체할 수 있는 것은?(단, 올해는 2024년이다)

① 관리팀 – TV
② 총무팀 – 회의실 의자
③ 신용팀 – 노트북
④ 총무팀 – 회의실 책상

51 ○○농협에서는 파손된 물품을 고치는 대신 중고로 판매하려고 한다. 예상되는 판매수익금은 얼마인가?

① 104만 원
② 108만 원
③ 110만 원
④ 112만 원

※ ○○농협에서는 로컬푸드 홍보를 위해 로컬푸드 구매자를 대상으로 사은품을 증정하려고 한다. 이어지는 질문에 답하시오. [52~53]

〈사은품 세부사항〉

- 로컬푸드 50,000원 이상 구매 고객에게 증정
- 로컬푸드 50,000원 이상(장바구니), 100,000원 이상(장바구니, 텀블러) 증정
- 장바구니 500개, 텀블러 200개 준비
- 사은품 증정 행사 4월 1일부터(사은품은 행사 전날까지 준비)

〈사은품 제작업체〉

구분	갑	을	병	정
하루 생산가능 개수 (동시 생산 가능)	장바구니 100개 텀블러 100개	장바구니 130개 텀블러 80개	장바구니 150개 텀블러 150개	장바구니 200개 텀블러 100개
개당 제작 단가	장바구니 1,000원 텀블러 3,000원	장바구니 1,500원 텀블러 2,500원	장바구니 1,300원 텀블러 2,600원	장바구니 900원 텀블러 3,200원
기타	홍보문구 삽입 불가	총수량 600개 이상 구매 시 홍보문구 무료 삽입	홍보문구 삽입 시 개당 500원 추가	홍보문구 삽입 시 개당 300원 추가

52 ○○농협에서 비용만을 고려할 때, 갑 ~ 정 중 가장 저렴한 비용으로 사은품을 구매할 수 있는 업체는?(단, 홍보문구는 삽입하지 않는다)

① 갑   ② 을

③ 병   ④ 정

53 제작 요청일이 3월 28일이고 당일부터 제작을 시작한다면, 기한 안에 제작이 가능한 업체 중 제작비용이 가장 저렴한 곳의 비용은?(단, 홍보문구는 삽입하지 않는다)

① 1,090,000원   ② 1,100,000원

③ 1,170,000원   ④ 1,250,000원

54 다음 중 경영에 대한 설명으로 옳지 않은 것은?

① 조직의 목적을 달성하기 위한 전략·관리·운영활동이다.

② 과거에는 단순히 관리라고 생각하였다.

③ 조직을 둘러싼 환경이 급변하면서 이에 적응하기 위한 전략의 중요성이 감소하고 있다.

④ 경영활동에서는 전략·관리·운영이 동시에 복합되어 이루어진다.

55 다음 〈보기〉의 직무수행교육(OJT; On the Job Training)의 네 단계를 순서대로 바르게 나열한 것은?

〈보기〉

㉠ 시켜보고 잘못을 시정한다. 시켜보면서 작업을 설명하도록 한다. 다시 한 번 시켜보면서 말하도록 한다. 완전히 이해할 때까지 확인한다.

㉡ 편안하게 한다. 어떤 작업을 하는지 말한다. 그 작업에 대해서 어느 정도 알고 있는지 확인한다. 작업을 배우고 싶은 기분이 되도록 한다. 올바른 위치에 자세를 취하도록 한다.

㉢ 중요한 스텝(Step)을 하나씩 말해서 들려주고, 해 보이고, 기록해 보인다. 이해하는 능력 이상으로 진행하지는 않는다.

㉣ 작업에 종사시킨다. 모를 때에 답변할 사람을 지정해 둔다. 몇 번이고 조사한다. 질문하도록 작용한다. 차츰 지도를 줄인다.

① ㉠-㉢-㉡-㉣

② ㉡-㉠-㉢-㉣

③ ㉡-㉢-㉠-㉣

④ ㉢-㉠-㉣-㉡

56 ○○농협 △△지점에서 근무한 지 1년이 지난 귀하는 최근 영업실적 저조로 인하여 고민이 많다. 이를 극복하기 위해 영업실적이 좋기로 유명한 K대리에게 상담을 요청하여 적립식 예금 영업에 대한 노하우를 배웠다. 다음 중 K대리의 조언으로 적절하지 않은 것은 무엇인가?

① 자유적립식 예금이 상대적으로 입출금이 자유로운 통장보다 이자가 높고 또한 수시로 입금하거나 중도인출이 가능하다는 점을 강조하여 권유한다.

② 기준금리가 떨어지고 있을 때, 서둘러 적립식 예금을 가입해야 조금이라도 높은 금리로 이자를 수령할 수 있음을 강조하여 가입을 권유한다.

③ 고객의 직업군에 특화된 금융 상품을 추천하는 등 상품별 특징을 잘 살펴 고객에게 적합한 생애주기별 특화 상품을 추천한다.

④ 적립식 예금의 경우 월저축금을 약정한 납입일보다 지연하면 소정의 입금지연이자가 차감되므로 자동이체를 통해 정기 적립되도록 권유한다.

57 다음 중 농협 창업농지원센터에 대한 설명으로 옳지 않은 것은?

① 청년농업인 육성교육 및 영농정착 지원을 목적으로 한다.
② 창업농 특화프로그램을 운영하며 투자설명회 등의 금융지원을 연계해준다.
③ 만 29세 이하의 창농을 계획하는 청년을 대상으로 청년농부사관학교를 운영한다.
④ 창업농에게 경영, 유통, 가공공장, 금융 컨설팅을 제공하며 방문 또는 온라인으로 상담 가능하다.

58 김팀장은 이대리에게 다음과 같은 업무지시를 내렸고, 이대리는 김팀장의 업무 지시에 따라 자신의 업무 일정을 정리하였다. 이대리의 업무에 대한 설명으로 적절하지 않은 것은?

> 이대리, 오늘 월요일 정기회의 진행에 앞서 이번 주 업무에 대해서 미리 전달할게요. 먼저, 이번 주 금요일에 진행되는 회사 창립 기념일 행사 준비는 잘되고 있나요? 행사 진행 전에 확인해야 할 사항들에 대해 체크리스트를 작성해서 수요일 오전까지 저에게 제출해 주세요. 그리고 행사가 끝난 후에는 총무팀 회식을 할 예정입니다. 이대리가 적당한 장소를 결정하고, 목요일 퇴근 전까지 예약이 완료될 수 있도록 해주세요. 아! 그리고 내일 오후 3시에 진행되는 신입사원 면접과 관련해서 오늘 퇴근 전까지 면접 지원자에게 다시 한 번 유선으로 참여 여부를 확인하고, 정확한 시간과 준비사항 등의 안내를 부탁할게요. 참! 지난주 영업팀이 신청한 비품도 주문해야 합니다. 오늘 오후 2시 이전에 발주하여야 영업팀이 요청한 수요일 전에 배송받을 수 있다는 점 기억하세요. 자, 그럼 바로 회의 진행하도록 합시다. 그리고 오늘 회의 내용은 이대리가 작성해서 회의가 끝난 후 바로 사내 인트라넷 게시판에 공유해 주세요.

> **〈5월 첫째 주 업무 일정〉**
> ㉠ 회의록 작성 및 사내 게시판 게시
> ㉡ 신입사원 면접 참여 여부 확인 및 관련 사항 안내
> ㉢ 영업팀 신청 비품 주문
> ㉣ 회사 창립 기념일 행사 준비 관련 체크리스트 작성
> ㉤ 총무팀 회식 장소 예약

① 이대리가 가장 먼저 처리해야 할 업무는 ㉠이다.
② 이대리는 ㉡보다 ㉢을 우선 처리하는 것이 좋다.
③ ㉠, ㉡, ㉢은 월요일 내에 모두 처리해야 한다.
④ ㉤은 회사 창립 기념일 행사가 끝나기 전까지 처리해야 한다.

59 다음 중 농협의 계열사와 주요사업의 연결이 옳지 않은 것은?

① 농우바이오 – 채소 종자 연구
② 농협케미컬 – 농약·화공약품 분체제조판매
③ 농협아그로 – 유류제품 사업
④ 농협흙사랑 – 퇴비 생산

60 다음 중 협동조합에 대한 설명으로 옳지 않은 것은?

① 협동조합이란 재화 또는 용역의 구매·생산·판매·제공 등을 협동으로 영위함으로써 조합원의 권익을 향상하고 지역 사회에 공헌하고자 하는 사업조직을 말한다.
② 협동조합연합회란 협동조합의 공동이익을 도모하기 위하여 협동조합의 정의에 따라 설립된 협동조합의 연합회를 말한다.
③ 사회적협동조합이란 조직원의 권익·복리 증진과 관련된 사업을 수행하거나 어려운 상황에 처한 조직원에게 사회적서비스 또는 일자리를 제공하는 등 조합원의 영리를 목적으로 하는 협동조합을 말한다.
④ 협동조합 기본법에 따라 설립되는 협동조합과 협동조합연합회는 대통령령으로 정하는 바에 따라 다른 협동조합 등이나 사회적협동조합 등과 중복되는 명칭을 사용해서는 안 된다.

www.sdedu.co.kr

4권

제4회
지역농협 6급
필기시험

직무능력평가
(60문항/70분 유형)

www.sdedu.co.kr

〈문항 수 및 시험시간〉

영역	문항 수	시험시간	비고	모바일 OMR 답안분석
의사소통능력 수리능력 문제해결능력 자원관리능력 조직이해능력	60문항	70분	4지선다	

제4회 모의고사

문항 수 : 60문항
시험시간 : 70분

01 다음 제시된 문장의 빈칸에 들어갈 단어를 바르게 짝지은 것은?

> • A씨는 작년에 이어 올해에도 사장직을 ___㉠___ 하였다.
> • 수입품에 대한 고율의 관세를 ___㉡___ 할 방침이다.
> • 은행 돈을 빌려 사무실을 ___㉢___ 하였다.

	㉠	㉡	㉢
①	역임	부여	임대
②	역임	부과	임차
③	연임	부과	임차
④	연임	부여	임대

02 다음 제시문의 빈칸에 들어갈 단어를 〈보기〉에서 골라 바르게 짝지은 것은?

> 상업적 농업이란 전통적인 자급자족 형태의 농업과 달리 판매를 위해 경작하는 농업을 일컫는다. 농업이 상업화된다는 것은 ___(가)___ 할 수 있는 최대의 수익을 얻기 위해 경작이 이루어짐을 뜻한다. 이를 위해 쟁기질, 제초작업 등과 같은 생산 과정의 일부를 인간보다 ___(나)___ 이/가 높은 기계로 작업하게 되고, 농장에서 일하는 노동자도 다른 산업 분야처럼 경영상의 이유에 따라 쉽게 고용되고 해고된다. 이처럼 상업적 농업의 ___(다)___ 은/는 근대 사회의 상업화를 ___(라)___ 한 측면이 있다.

〈보기〉

㉠ 산출   ㉡ 표출   ㉢ 구현   ㉣ 효율   ㉤ 이율   ㉥ 도입   ㉦ 촉진   ㉧ 촉구

	(가)	(나)	(다)	(라)
①	㉠	㉣	㉢	㉦
②	㉠	㉣	㉥	㉦
③	㉡	㉤	㉢	㉧
④	㉡	㉤	㉥	㉦

03 다음 중 밑줄 친 부분과 같은 의미로 쓰인 것은?

> 장기적 관점에서 차근차근 계획을 <u>밟아</u> 나가야 한다.

① 형사가 수상한 행동을 보이는 용의자의 뒤를 <u>밟기</u> 시작했다.
② 운전기사가 간신히 브레이크를 <u>밟아</u> 대형 사고를 면할 수 있었다.
③ 그녀는 긴 비행을 마치고 마침내 한국 땅을 <u>밟았다</u>.
④ 정부는 이번 정책에 대해 공감대를 형성하고 논의하는 과정을 <u>밟고</u> 있다고 밝혔다.

04 다음 밑줄 친 부분 중 맞춤법이 옳지 않은 것은?

> 재정 <u>추계</u>는 국민연금 재정수지 상태를 점검하고 제도발전 방향을 논의하기 위해 5년마다 실시하는 법정 제도로, 1998년 도입되어 <u>그간</u> 2018년까지 4차례 수행되어 왔다. 재정 추계를 수행하기 위해서는 보험료 수입과 지출의 흐름이 <u>전제</u>되어야 한다. 이를 산출하기 위해서는 투입되는 주요 변수에 대한 가정이 필요하다. 대표적인 가정 변수로는 인구 가정, 임금, 금리 등과 같은 거시경제변수와 기금운용<u>수익율</u> 그리고 제도변수가 있다.

① 추계   ② 그간
③ 전제   ④ 수익율

05 다음 중 띄어쓰기가 적절한 문장은?

① 이 건물을 짓는데 몇 년이나 걸렸습니까?
② 김철수씨는 지금 창구로 와 주시기 바랍니다.
③ 물건을 교환하시려면 1주일 내에 방문하셔야 합니다.
④ 걱정하지 마. 그 일은 내가 알아서 해결할 게.

06 다음 글에서 필자가 주장하는 핵심 내용은?

현대 사회는 대중 매체의 영향을 많이 받으며, 그중에서도 텔레비전의 영향은 거의 절대적입니다. 언어 또한 텔레비전의 영향을 많이 받습니다. 그런데 텔레비전의 언어는 우리의 언어 습관을 부정적인 방향으로 흐르게 하고 있습니다.

텔레비전은 시청자들의 깊이 있는 사고보다는 감각적 자극에 호소하는 전달 방식을 사용하고 있습니다. 또 현대 자본주의 사회에서의 텔레비전 방송은 상업주의에 편승하여 대중을 붙잡기 위한 방편으로 쾌락과 흥미 위주의 언어를 무분별하게 사용합니다. 결국 텔레비전은 대중의 이성적 사고 과정을 마비시켜 오염된 언어 습관을 무비판적으로 수용하게 합니다. 그렇기 때문에 언어 사용을 통해 발전시킬 수 있는 상상적 사고를 기대하기 어렵게 하며, 창조적인 언어 습관보다는 단편적인 언어 습관을 갖게 만듭니다.

따라서 좋은 말 습관의 형성을 위해서는 또 다른 문화 매체가 필요합니다. 이러한 문제의 대안으로 문학 작품 독서를 제안하려고 합니다. 문학은 작가적 현실을 언어를 매개로 형상화한 예술입니다. 작가적 현실을 작품으로 형상화하기 위해서 작가의 복잡한 사고 과정을 거치듯이, 작품을 바르게 이해·해석·평가하기 위해서는 독자의 상상적 사고를 거치게 됩니다. 또한 문학은 아름다움을 지향하는 언어 예술로서 정제된 언어를 사용하므로 문학 작품의 감상을 통해 습득된 언어 습관은 아름답고 건전하리라 믿습니다.

① 쾌락과 흥미 위주의 언어 습관을 지양하고 사고 능력을 기를 수 있는 언어 습관을 길러야 한다.
② 사고 능력을 기르고 건전한 언어 습관을 길들이기 위해서 문학 작품의 독서가 필요하다.
③ 바른 언어 습관의 형성과 건전하고 창의적인 사고를 위해 텔레비전을 멀리 해야 한다.
④ 언어는 자신의 사상을 표현하는 매체일 뿐만 아니라 그것을 사용하는 사람의 인격을 가늠하는 척도이므로 바른 언어 습관이 중요하다.

07 다음 글의 빈칸에 들어갈 내용으로 가장 적절한 것은?

태양은 지구의 생명체가 살아가는 데 필요한 빛과 열을 공급해 준다. 이런 막대한 에너지를 태양은 어떻게 계속 내놓을 수 있을까?

16세기 이전까지 사람들은 태양을 포함한 별들이 지구상의 물질을 이루는 네 가지 원소와 다른, 불변의 '제5원소'로 이루어졌다고 생각했다. 하지만 밝기가 변하는 신성(新星)이 별 가운데 하나라는 사실이 알려지면서 별이 불변이라는 통념은 무너지게 되었다. 또한, 태양의 흑점 활동이 관측되면서 태양 역시 불덩어리일지도 모른다고 생각하기 시작했다. 그 후 섭씨 5,500℃로 가열된 물체에서 노랗게 보이는 빛이 나오는 것을 알게 되면서 유사한 빛을 내는 태양의 온도도 비슷할 것이라고 추측하게 되었다.

19세기에는 에너지 보존 법칙이 확립되면서 새로운 에너지 공급이 없다면 태양의 온도가 점차 낮아져야 한다는 결론이 내려졌다. 그렇다면 과거에는 태양의 온도가 훨씬 높았어야 했고, 지구의 바다가 펄펄 끓어야 했을 것이다. 하지만 실제로는 그렇지 않았고, 사람들은 태양의 온도를 일정하게 유지해 주는 에너지원이 무엇인지에 대해 생각하게 되었다.

20세기 초 방사능이 발견되면서 방사능 물질의 붕괴에서 나오는 핵분열 에너지를 태양의 에너지원으로 생각하였다. 그러나 태양빛의 스펙트럼을 분석한 결과 태양에는 우라늄 등의 방사능 물질 대신 수소와 헬륨이 있다는 것을 알게 되었다. 즉, 방사능 물질의 붕괴에서 나오는 핵분열 에너지가 태양의 에너지원이 아니었던 것이다.

현재 태양의 에너지원은 수소 원자핵 네 개가 헬륨 원자핵 하나로 융합하는 과정의 질량 결손으로 인해 생기는 핵융합 에너지로 알려져 있다. 태양은 엄청난 양의 수소 기체가 중력에 의해 뭉쳐진 것으로, 그 중심으로 갈수록 밀도와 압력, 온도가 증가한다. 태양에서의 핵융합은 천만℃ 이상의 온도를 유지하는 중심부에서만 일어난다. 높은 온도에서만 원자핵들은 높은 운동 에너지를 가지게 되며, 그 결과로 원자핵들 사이의 반발력을 극복하고 융합되기에 충분히 가까운 거리로 근접할 수 있기 때문이다. 태양빛이 핵융합을 통해 나온다는 사실은 태양으로부터 온 중성미자가 관측됨으로써 더 확실해졌다.

중심부의 온도가 올라가 핵융합 에너지가 늘어나면 그 에너지로 인한 압력으로 수소를 밖으로 밀어내어 중심부의 밀도와 온도를 낮추게 된다. 이렇게 온도가 낮아지면 방출되는 핵융합 에너지가 줄어들며, 그 결과 압력이 낮아져서 수소가 중심부로 들어오게 되어 중심부의 밀도와 온도를 다시 높인다. 이렇듯 태양 내부에서 중력과 핵융합 반응의 평형 상태가 유지되기 때문에 _____ 태양은 이미 50억 년간 빛을 냈고, 앞으로도 50억 년 이상 더 빛날 것이다.

① 태양의 핵융합 에너지가 폭발적으로 증가할 수 있게 된다.
② 태양 외부의 밝기가 내부 상태에 따라 변할 수 있게 된다.
③ 태양이 오랫동안 안정적으로 빛을 낼 수 있게 된다.
④ 태양이 일정한 크기를 유지할 수 있었다.

08 다음은 농협의 상호금융 소비자보호준칙의 일부이다. 이에 대한 설명으로 적절하지 않은 것은?

제7조(업무전담자의 역할 등)
상호금융 소비자보호 업무전담자는 상호금융 소비자보호에 관한 정책수립·시행, 민원예방 및 제도개선, 민원평가 등의 소비자보호 업무를 수행한다.

제8조(업무전담자의 자격)
상호금융 소비자보호 업무전담자는 다음 각 호에 해당하는 자로 임명한다.
1. 상호금융 소비자보호 업무에 필요한 지식과 경험이 있는 자
2. 기타 상호금융 소비자보호 업무에 적합하다고 인정하는 자

제9조(인사 및 평가)
① 상호금융 소비자보호 업무전담자에 대하여 징계 등 특별한 경우를 제외하고 타 업무 종사자에 비해 인사평가의 불이익이 발생하지 않도록 하여야 한다.
② 상호금융 소비자보호 전담자에 대한 교육·연수를 다음 각 호와 같이 시행한다.
   1. 정기적 대내·외 금융 소비자보호 관련 교육 참여 기회 제공
   2. 금융 소비자보호 전문역량 개발을 위한 자격증 취득 적극 지원
   3. 소비자보호 우수 직원에 대한 포상(표창, 해외연수 등)시행 등

제10조(총괄부서의 운영·역할)
① 상호금융 소비자보호 총괄책임자를 보좌하는 부서로 상호금융 소비자보호 총괄부서(이하 "총괄부서"라 한다)를 둔다.
② 총괄부서는 책임과 권한을 가지고 상호금융 소비자보호 업무를 수행한다.
③ 총괄부서는 상품개발, 여·수신 추진 및 마케팅 관련부서(이하 "관련부서"라 한다)와 이해상충이 발생하지 않는 조직으로 운영한다.

제11조(상호금융 소비자보호 총괄부서 권한)
총괄부서는 상호금융 소비자보호와 관련된 고객 불만사항의 신속한 조치를 위하여 자료제출 요구를 할 수 있다.

제12조(제도개선)
① 총괄부서는 상호금융 소비자보호 및 민원예방 등을 위해 상품판매의 모든 프로세스(개발·기획·판매 및 민원처리 등)에 대하여 관련부서로 하여금 제도개선 및 자료제출을 요청할 수 있다.
② 제도개선을 요청받은 부서는 제도개선 결과를 총괄부서에 보고하여야 한다.

제29조(정보의 적시성)
① 총괄부서는 상호금융 소비자에게 적절한 정보를 제공하여 불완전판매의 발생을 방지할 수 있도록 내부지침 및 체크리스트(상품개발·판매)를 마련하여 운영한다.
② 관련부서는 공시자료 내용에 변경이 생긴 경우 특별한 사유가 없는 한 지체없이 자료를 수정해 상호금융 소비자에게 정확한 정보를 제공하여야 한다. 있는 경우 그 내용은 반드시 포함시켜야 한다.

제30조(금융상품 구매권유 및 정보제공의 원칙)

① 관련부서는 금융상품을 구매권유할 때 상호금융 소비자가 금융상품의 종류 및 성격, 불리한 내용 등을 이해할 수 있도록 상품설명서 등에 관련 정보를 제공하여야 한다. 특히 금융상품의 가치에 중대한 영향을 미치는 사항을 미리 알고 있는 경우 그 내용은 반드시 포함시켜야 한다.

② 관련부서는 다음 각 호의 사항을 상품설명서 등을 통해 반드시 상호금융소비자에게 제공하여야 한다.

　　1. 상호금융 소비자의 불이익 사항 : 원금손실 가능성, 손실가능 범위, 중도해지 시의 불이익, 추가부담 이 발생할 수 있는 사항, 기한이익상실 사유, 보장이 제한되거나 되지 않는 경우 등

　　2. 기타 상호금융 소비자의 권익에 관한 중요사항

③ 본회 등은 알고 있는 내용을 고의적으로 숨기거나 사실과 다르게 알릴 수 없다.

① 상호금융 소비자보호 업무에 필요한 지식과 경험이 있는 자만이 상호금융 소비자보호 업무전담자로 임명될 수 있다.

② 상호금융 소비자보호 업무전담자도 징계대상이 될 수 있다.

③ 총괄부서는 사유가 있을 경우 관련부서에 대하여 자료제출을 요구할 수 있다.

④ 상호금융 소비자보호 전담자는 정기적으로 금융 소비자보호 관련 교육에 참여할 기회를 부여받는다.

09 다음 중 상황과 대상에 따른 의사표현법으로 옳지 않은 것은?

① 상대방의 잘못을 지적할 때는 상대방이 상처를 받을 수도 있으므로 모호한 표현을 해야 한다.

② 상대방을 칭찬할 때는 별다른 노력을 기울이지 않아도 되지만, 자칫 잘못하면 아부로 여겨질 수 있으므로 주의해야 한다.

③ 상대방에게 부탁해야 할 때는 상대의 사정을 우선시하는 태도를 보여줘야 한다.

④ 상대방의 요구를 거절해야 할 때는 먼저 사과하고 요구를 들어줄 수 없는 이유를 설명해야 한다.

10 다음 글의 주제로 가장 적절한 것은?

유전학자들의 최종 목표는 결함이 있는 유전자를 정상적인 유전자로 대체하는 것이다. 이렇게 가장 기본적인 세포 내 차원에서 유전병을 치료하는 것을 '유전자 치료'라 일컫는다. '유전자 치료'를 하기 위해서는 이상이 있는 유전자를 찾아야 한다. 이를 위해 과학자들은 DNA의 특성을 이용한다.

DNA는 두 가닥이 나선형으로 꼬여 있는 이중 나선 구조로 이루어진 분자이다. 그런데 이 두 가닥에 늘어서 있는 염기들은 임의적으로 배열되어 있는 것이 아니다. 한쪽에 늘어선 염기에 따라, 다른 쪽 가닥에 늘어선 염기들의 배열이 결정되는 것이다. 즉 한쪽에 A염기가 존재하면 거기에 연결되는 반대쪽에는 반드시 T염기가, 그리고 C염기에 대응해서는 반드시 G염기가 존재하게 된다. 염기들이 짝을 지을 때 나타나는 이러한 선택적 특성을 이용하여 유전병을 일으키는 유전자를 찾아낼 수 있다.

유전자를 찾기 위해 사용하는 첫 번째 도구는 DNA 한 가닥 중 극히 일부이다. '프로브(Probe)'라 불리는 이 DNA 조각은, 염색체상의 위치가 알려져 있는 이십여 개의 염기들로 이루어진다. 한 가닥으로 이루어져 있는 특성으로 인해, 프로브는 자신의 염기 배열에 대응하는 다른 쪽 가닥의 DNA 부분에 가서 결합할 것이다. 대응하는 두 가닥의 DNA가 이렇게 결합하는 것을 '교잡'이라고 일컫는다. 조사 대상인 염색체로부터 추출한 많은 한 가닥의 염색체 조각들과 프로브를 섞어 놓았을 때, 프로브는 신비스러울 정도로 자신의 짝을 정확하게 찾아 교잡한다. 두 번째 도구는 '겔 전기영동'이라는 방법이다. 생물을 구성하고 있는 단백질·핵산 등 많은 분자들은 전하를 띠고 있어서 전기장 속에서 각 분자마다 독특하게 이동을 한다. 이러한 성질을 이용해 생물을 구성하고 있는 물질의 분자량, 각 물질의 전하량이나 형태의 차이를 이용하여 물질을 분리하는 것이 전기영동법이다. 이를 활용하여 DNA를 분리하려면 우선 DNA 조각들을 전기장에서 이동시키고, 이것을 젤라틴 판을 통과하게 함으로써 분리하면 된다.

이러한 조사 도구들을 갖추고서, 유전학자들은 유전병을 일으키는 유전자를 추적하는 데 나섰다. 유전학자들은 먼저 겔 전기영동법으로 유전병을 일으키는 유전자로 의심되는 부분과 동일한 부분에 존재하는 프로브를 건강한 사람에게서 떼어내었다. 그리고 건강한 사람에게서 떼어낸 프로브에 방사성이나 형광성을 띠게 하였다. 그 후에 유전병 환자들에게서 채취한 DNA 조각들과 함께 교잡 실험을 반복하였다. 유전병과 관련된 유전 정보가 담긴 부분의 염기 서열이 정상인과 다르므로 이 부분은 프로브와 교잡하지 않는다는 점을 이용하는 것이다. 교잡이 일어난 후 프로브가 위치하는 곳은 X선 필름을 통해 쉽게 찾아낼 수 있고, 이로써 DNA의 특정 조각은 염색체상에서 프로브와 같은 위치에 존재한다는 것을 알 수 있다.

언뜻 보기에는 대단한 진보를 이룬 것 같지 않지만, 유전자 치료는 최근 들어 공상 과학을 방불케 하는 첨단 의료 기술의 대표적인 주자로 부각되고 있다. DNA 연구 결과로 인해, 우리는 지금까지 절망적이라고 여겨온 질병들을 치료할 수 있다는 희망을 갖게 되었다.

① 유전자 추적의 도구와 방법
② 유전자의 종류와 기능
③ 유전자 치료의 의의와 한계
④ 유전자 치료의 상업적 가치

농협 미래농업지원센터는 8월 31일부터 9월 2일까지 aT센터에서 진행되는 '에이팜(A-Farm Show) 창농(創農)·귀농(歸農) 박람회'에 참가하여 '농협형 청년 일자리 창출 특별관'을 운영한다.

미래농업지원센터는 _____(이)라는 슬로건으로 도시민의 성공적인 귀농·귀촌을 지원하고 미래농업의 다양한 정보를 제공하기 위해 열리는 이번 박람회에서 도시민의 귀농·귀촌과 청년들의 창업 및 일자리 창출을 지원하기 위한 One-Stop 종합컨설팅을 실시한다. 뿐만 아니라 '농협형 청년 일자리 창출 모형'을 통한 판로, 금융, 유통 등 농업 관련 전반 분야에 대한 지원 사업들을 소개하고, 정예 청년 농업인 육성을 위한 '청년농부사관학교'에 대해 설명한다.

현재 성공적으로 농업에 종사하고 있는 청년 농업인들이 직접 박람회에 참여하여 자신들이 만든 제품을 전시하고 시식코너를 운영하는 등 다양한 프로그램을 함께 운영하여 박람회를 방문한 도시민들과 청년들로부터 많은 호응과 관심을 얻고 있다. 이날 박람회 현장에서 만난 농협 회장은 "21세기의 농업은 무궁한 잠재력을 가진 산업 분야이며, 이미 많은 도시민과 청년들이 이에 도전하여 상당한 성과를 거두고 있다."고 말했다.

경기도 안성시에 소재한 농협 미래농업지원센터에서는 열정과 꿈을 가진 청년들이 미래의 정예 농업인으로 성장하는 데 도움을 주고자 6개월 과정의 '청년농부사관학교'를 운영하고 있다. 더불어, 농촌 융·복합산업, 스마트 팜 운영, 귀농·귀촌과정 등 다양한 교육을 실시하고 있으며, 창업·유통·경영 등에 대한 현장 컨설팅 진행과 농식품 아이디어 발굴 경연대회를 통한 창업 지원, 판로와 금융지원 등 다양한 프로그램을 운영하고 있다.

11 다음 중 윗글의 내용으로 적절하지 않은 것은?

① 농협 미래농업지원센터는 이번 박람회에서 청년 농업인들이 직접 참여하는 다양한 프로그램을 운영하여 방문객들의 많은 호응과 관심을 얻고 있다.

② 농협 미래농업지원센터는 이번 박람회에서 농업 관련 전반 분야에 대한 지원 사업들을 소개한다.

③ 농협 회장은 21세기의 농업을 무궁한 잠재력을 가진 산업 분야라고 생각하고 있다.

④ 농협 미래농업지원센터는 이번 박람회에서 농식품 아이디어 발굴 경연대회를 개최하여 청년들의 창업을 지원할 예정이다.

12 다음 중 빈칸에 들어갈 내용으로 가장 적절한 것은?

① '앞으로의 100년, 농협이 연다.'

② '100년 전통, 우리가 지키자.'

③ '100년 후 농업, 스마트 팜이 미래다.'

④ '100년 먹거리, 농업이 미래다.'

(가) 농협은 16 ~ 17일 양일간 제주도 관내 한경농협과 애월농협에서 고령 농업인을 대상으로 '농업인 행복버스' 사업을 실시했다. 농업인 행복버스는 농촌 지역 농업인을 대상으로 농림축산식품부와 농협, 농촌사랑범국민운동본부가 공동으로 의료 진료, 장수 사진 촬영, 돋보기 지원, 문화 공연 등을 지원하는 농촌종합복지 사업이다. 이번 의료 지원은 고려대학교 병원이 참여하였으며, 정형외과, 재활의학과, 내과, 이비인후과, 치과 등 대학병원의 전문의가 직접 진료하여 농업인의 건강증진에 크게 도움을 주었다. 고려대학교 병원장은 "농촌현장을 찾아와 진료하면서 우리 농촌 현실에 대해 많은 것을 배웠고, 대학병원으로서 사회적 책임을 성실히 수행해야겠다는 생각이 든다."고 말했다. 한편, 이번 '농업인 행복버스'는 의료 지원과 동시에 장수 사진 촬영, 검안·돋보기 지원 등 다양한 농업인 실익증진사업이 종합적으로 제공되어 농촌 어르신의 만족도를 한껏 높인 것으로 평가되었다.

(나) 농협은 농·축산업 외국인 근로자 및 고용 농업인을 위해 농협은행 본관에 전용 '고충상담센터'를 열고 본격적인 운영에 들어갔다. 고충상담센터는 평일 9시 ~ 18시까지 운영되며, 오랜 기간 농·축산업 취업교육기관의 노하우(Know-how)를 바탕으로 특화된 상담서비스를 제공한다. 특히 기후와 생활문화, 언어의 차이로 발생하는 노사 간의 고충을 청취하여 누적된 노사갈등을 해소하며, 필요시 시군지부, 지역농협 등 지사무소와 협력하여 현장 방문을 실시하여 자칫 사각지대에 놓일 수 있는 인권문제 해결에도 노력할 예정이다. 또한 농업인 고용주 교육을 강화하고 '찾아가는 상담센터'를 수시로 운영하여 현장과 호흡하며, 우수 근로자 및 모범 농가를 발굴·시상하여 외국인 근로자에 대한 부정적 이미지를 해소하는 등 안정된 노사문화 정착에 기여할 것이다.

13 다음 중 윗글을 읽고 보일 반응으로 적절하지 않은 것은?

① 농협은 제주 지역의 고령 농업인을 위해 의료 진료를 제공했어. 우리 지역에도 이런 사업이 있었으면 좋겠다.

② '농업인 행복버스'는 의료 진료 과목도 다양하고, 의료 지원 외에도 다양한 사업을 제공하고 있네. 그래서 농촌 어르신의 만족도도 높대.

③ 농협은 농·축산업 외국인 근로자만을 대상으로 하는 '고충상담센터'를 열었어. 고용 농업인들은 이용할 수 없어서 조금 아쉬워.

④ 외국인 근로자에 대한 편견이 많이 있잖아. '찾아가는 상담센터'는 외국인 근로자에 대한 인식을 바꾸는 데 도움이 될 것 같아.

14 (가)와 (나) 문단에 이어지는 (다) 문단을 추가한다고 할 때, 다음 중 (다) 문단에 들어갈 내용으로 가장 적절한 것은?

① 농협에서는 주거환경 취약농가를 선정하여 노후화된 주거환경 개선을 지원하고 있다.

② 농협에서는 농민신문을 발행하여 다양한 농업 및 농촌 소식을 제공하고 있다.

③ 농협에서는 농·축산물 식품 기업의 경쟁력 향상을 위해 유망기업을 대상으로 교육을 지원하고 있다.

④ 농협에서는 농협 임직원들의 건강관리를 위해 건강검진을 제공하고 있다.

※ 일정한 규칙으로 수나 문자를 나열할 때, 빈칸에 들어갈 알맞은 것을 고르시오. [15~17]

15

7	6	( )	1	17	−4	22	−9

① 5 ② 9
③ 10 ④ 12

16

A	D	G	J	M	P	( )	V

① Q ② S
③ P ④ T

17

a	ㄱ	2	c	ㅁ	8	m	( )	34	c

① ㅊ ② ㅎ
③ ㅂ ④ ㅅ

18 둘레의 길이가 1km인 공원이 있다. 철수와 영희는 서로 반대 방향으로 걸어서 중간에서 만나기로 했다. 철수는 1분에 70m를 걷고, 영희는 1분에 30m를 걸을 때, 두 사람이 처음 만날 때까지 걸린 시간은?

① 5분   ② 10분
③ 20분   ④ 30분

19 A ~ I 9명이 2명, 3명, 4명씩 나누어 앉을 수 있는 경우의 수는?

① 1,240가지   ② 1,260가지
③ 1,280가지   ④ 1,300가지

20 K대리는 3월 2일에 995,565원을 달러로 환전하여 미국으로 출장을 다녀온 후, 남은 달러 전부를 3월 6일에 다시 원화로 팔았더니 256,125원이 되었다. K대리는 미국 출장 중 몇 달러를 사용하였는가?

날짜	통화명	살 때	팔 때
2024년 3월 2일	1달러(미국)	1,070.5원	1,034.5원
2024년 3월 6일	1달러(미국)	1,052.5원	1,024.5원

① 660달러   ② 680달러
③ 700달러   ④ 720달러

21 다음은 은행별 타은행으로 100,000원을 송금할 때 부과되는 수수료를 비교한 자료이다. 자료를 이해한 내용으로 적절한 것은?

〈은행별 송금 수수료〉

(단위 : 원)

은행	창구이용	자동화기기		인터넷뱅킹	텔레뱅킹 (ARS 이용 시)	모바일뱅킹
		마감 전	마감 후			
A은행	1,000	700	1,000	500	500	500
B은행	1,000	800	1,000	500	500	500
C은행	1,000	500	750	500	500	500
D은행	500	500	500	500	500	500
E은행	500	500	500	500	500	500
F은행	600	600	650	면제	면제	면제
G은행	600	500	650	500	500	500
H은행	500	500	800	500	500	500
I은행	1,000	700	950	500	500	500
J은행	1,000	500	700	500	600	500
K은행	600	800	1,000	500	500	500
L은행	600	500	600	500	500	500
M은행	600	500	750	500	500	500
N은행	800	800	1,000	500	500	500
O은행	800	600	700	500	500	500
P은행 (인터넷뱅크)	운영하지 않음	면제	면제	면제	운영하지 않음	면제
Q은행	1,000	면제	면제	면제	500	면제
R은행 (인터넷뱅크)	운영하지 않음	면제	면제	운영하지 않음	운영하지 않음	면제

① 자동화기기의 마감 전 수수료가 700원 이상인 은행은 총 6곳이다.
② '운영하지 않음'을 제외한 A~R은행의 창구이용 수수료의 평균은 800원보다 크다.
③ '면제'를 제외한 A~R은행의 자동화기기의 마감 전 수수료 평균이 마감 후 수수료 평균보다 크다.
④ A~O은행 중 창구이용, 자동화기기(마감 전과 후 모두)의 총 수수료 평균이 가장 큰 은행은 B은행이다.

※ A주임은 새 차량 구입을 위한 목돈을 마련하기 위해 N은행의 적금상품에 가입하고자 한다. 이어지는 질문에 답하시오. [22~23]

- 상품명 : 밝은미래적금
- 가입대상 : 실명의 개인
- 계약기간 : 18개월 이상 48개월 이하(월 단위)
- 정액적립식 : 신규 약정 시 약정한 월 1만 원 이상의 저축금액을 매월 약정일에 동일하게 저축
- 이자지급방식 : 만기일시지급식, 단리식
- 기본금리

가입기간	18개월 이상 24개월 미만	24개월 이상 36개월 미만	36개월 이상 48개월 미만	48개월
금리	연 1.4%	연 1.7%	연 2.1%	연 2.3%

※ 만기 전 해지 시 1.2%의 금리가 적용됨
- 우대금리

우대사항	우대조건	우대이율
우량고객	이 적금의 신규가입 시에 예금주의 N은행 거래기간이 4년 이상인 경우	연 0.5%p
스마트뱅킹	N은행 모바일앱을 통해 적금에 신규가입한 경우	연 0.2%p
주택청약	이 적금의 신규일로부터 2개월이 속한 달 말일 안에 주택청약종합저축을 가입한 경우	연 0.4%p

※ 본 적금상품은 비과세상품임

22 A주임에 대한 정보 및 적금 가입계획이 다음과 같을 때, A주임이 만기 시에 환급받을 금액은?(단, 해당 상품은 비과세이다)

- A주임은 2024년 9월 1일 스마트폰의 N은행 모바일앱을 통해 N은행의 밝은미래적금에 가입하고자 한다.
- A주임이 계획한 가입기간은 36개월이다.
- 매월 1일 20만 원을 적금계좌로 이체한다.
- A주임은 2021년 1월 1일부터 N은행 계좌를 개설해 거래하였다.
- A주임은 2018년 8월 1일에 □□은행의 주택청약종합저축에 가입하여 현재 보유하고 있다.

① 7,272,000원
② 7,455,300원
③ 7,580,000원
④ 7,624,000원

23 A주임은 새 차량 구입을 위해 더 큰 목돈을 마련하고자 적금 가입계획을 다음과 같이 수정하여 N은행의 밝은미래적금에 가입하였다. A주임이 만기 시에 환급받을 이자액은?

- A주임은 2024년 8월 12일 스마트폰의 N은행 모바일앱을 통해 N은행의 밝은미래적금에 가입하였다.
- A주임의 가입기간은 40개월이다.
- 매월 1일 25만 원을 적금계좌로 이체한다.
- A주임은 2024년 7월 9일에 □□은행의 주택청약종합저축을 해지하고, 2024년 8월 5일에 N은행 주택청약종합저축에 가입하였다.

① 408,720원

② 425,250원

③ 442,100원

④ 461,250원

24 다음은 어느 지역의 주화 공급 현황에 대한 자료이다. 이에 대한 〈보기〉의 설명 중 옳은 것을 모두 고르면?

〈주화 공급 현황〉

구분	액면가				합계
	10원	50원	100원	500원	
공급량(십만 개)	340	215	265	180	1,000
공급기관 수(개)	170	90	150	120	530

※ (평균 주화 공급량)$=\dfrac{(주화\ 종류별\ 공급량의\ 합)}{(주화\ 종류\ 수)}$

※ (주화 공급액)=(주화 공급량)×(액면가)

〈보기〉

ㄱ. 주화 공급량이 주화 종류별로 각각 20십만 개씩 증가한다면, 이 지역의 평균 주화 공급량은 270십만 개이다.

ㄴ. 주화 종류별 공급기관당 공급량은 10원 주화가 500원 주화보다 적다.

ㄷ. 10원과 500원 주화는 각각 10%씩, 50원과 100원 주화는 각각 20%씩 공급량이 증가한다면, 이 지역의 평균 주화 공급량의 증가율은 15% 이하이다.

ㄹ. 총 주화 공급액 규모가 12% 증가해도 주화 종류별 주화 공급량의 비율은 변하지 않는다.

① ㄱ, ㄴ

② ㄱ, ㄷ

③ ㄷ, ㄹ

④ ㄱ, ㄷ, ㄹ

※ 다음은 N사의 2020년부터 2023년까지 분야별 투자 금액을 나타낸 그래프로 제시된 4개 분야 외에 다른 투자는 없었다. 이어지는 질문에 답하시오. **[25~26]**

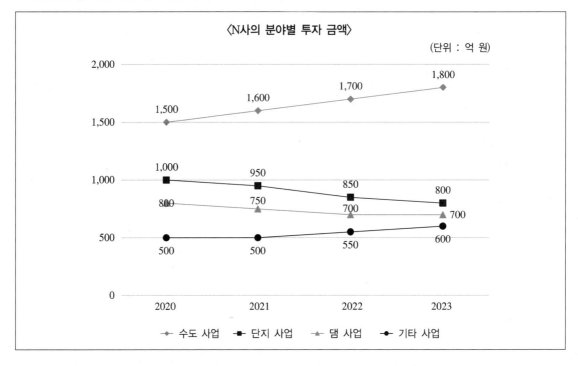

〈N사의 분야별 투자 금액〉

(단위 : 억 원)

25 다음 중 위 그래프에 대한 설명으로 옳지 않은 것은?

① 수도 사업에 대한 투자 금액은 매년 증가하였다.
② 댐 사업에 대한 투자 금액이 같은 두 해가 있다.
③ 연간 총 투자 금액은 매년 조금씩이라도 상승하였다.
④ 연간 총 투자 금액의 50%를 넘는 사업은 하나도 없었다.

26 다음 지침으로 판단할 때, 2024년 단지 사업에 투자할 금액은?

> 2024년 연간 총 투자 금액은 2023년보다 210억 원 증액하기로 하였습니다. 다만 수도 사업과 댐 사업의 투자 금액은 동결하고, 증액한 210억 원은 단지 사업과 기타 사업의 2023년 투자 금액에 정비례해 배분하기로 하였습니다.

① 890억 원   ② 900억 원
③ 910억 원   ④ 920억 원

※ 다음은 2022년 3월부터 2024년 2월까지의 계절별 교통사고 발생현황을 정리한 자료이다. 이어지는 질문에 답하시오. **[27~28]**

	구분	봄 (3 ~ 5월)	여름 (6 ~ 8월)	가을 (9 ~ 11월)	겨울 (12 ~ 2월)	전체
						〈계절별 교통사고 현황〉
2022년	사고건수(건)	50,694	58,140	23,256	122,910	255,000
	사망자(명)	8,850	12,440	5,922	26,555	53,767
	부상자(명)	78,220	69,920	28,200	160,410	336,750
2023년	사고건수(건)	49,929	73,491	31,416	125,664	280,500
	사망자(명)	6,854	7,120	2,870	27,887	44,731
	부상자(명)	75,558	74,299	42,110	138,883	330,850

※ 부상자 수 안에 사망자 수는 포함되지 않는다.
※ 2022년 겨울은 2022년 12월부터 2023년 2월까지, 2023년 겨울은 2023년 12월부터 2024년 2월까지의 통계를 나타낸다.

27 다음 중 자료를 보고 판단한 내용으로 옳지 않은 것은?

① 제시된 연도에서 사고건수가 많은 계절은 '겨울 – 여름 – 봄 – 가을' 순이다.
② 2022년 여름의 사고건수는 동년 가을의 2.5배이다.
③ 2022년 여름과 겨울의 사고건수 비율의 격차는 2023년 여름의 사고건수 비율보다 크다.
④ 2022년 봄부터 2023년 겨울까지 사고건수는 증가와 감소를 반복한다.

28 다음 중 자료에 대한 설명으로 옳은 것을 〈보기〉에서 모두 고르면?

─〈보기〉─
㉠ 2022년과 2023년의 겨울 사고건수 차이는 봄의 사고건수 차이의 3.6배이다.
㉡ 2022년 가을의 사망자 수는 부상자 수의 20% 이하이다.
㉢ 2022년과 2023년의 사망자 수는 겨울을 제외하고, 모든 계절에서 2022년이 2023년보다 많다.
㉣ 2023년 봄에서 겨울까지의 사망자 수와 부상자 수의 증감 추이는 동일하다.

① ㉠, ㉡
② ㉠, ㉢
③ ㉠, ㉣
④ ㉡, ㉢

29 다음 중 문제해결의 장애요소가 아닌 것은?

① 문제를 철저하게 분석하지 않는 경우

② 다양한 발상을 하려는 경우

③ 쉽게 떠오르는 단순한 정보에 의지하는 경우

④ 너무 많은 자료를 수집하려고 노력하는 경우

30 다음은 분식점에 대한 SWOT 분석 결과이다. 이에 대한 대응 방안으로 가장 적절한 것은?

S(강점)	W(약점)
• 좋은 품질의 재료만 사용 • 청결하고 차별화된 이미지	• 타 분식점에 비해 한정된 메뉴 • 배달서비스를 제공하지 않음
O(기회)	T(위협)
• 분식점 앞에 곧 학교가 들어설 예정 • 최근 TV프로그램 섭외 요청을 받음	• 프랜차이즈 분식점들로 포화상태 • 저렴한 길거리 음식으로 취급하는 경향이 있음

① ST전략 : 비싼 재료들을 사용하여 가격을 올려 저렴한 길거리 음식이라는 인식을 바꾼다.

② WT전략 : 다른 분식점들과 차별화된 전략을 유지하기 위해 배달서비스를 시작한다.

③ SO전략 : TV프로그램에 출연해 좋은 품질의 재료만 사용한다는 점을 부각시킨다.

④ WO전략 : TV프로그램 출연용으로 다양한 메뉴를 일시적으로 개발한다.

31 다음 중 환경분석 주요 기법의 하나로, 사업환경을 구성하고 있는 자사, 경쟁사, 고객에 대한 체계적인 분석 기법은?

① SWOT 분석　　　　　　　　　② 3C 분석

③ MECE 사고　　　　　　　　　④ SMART 기법

32 다음 중 문제원인의 패턴에 대한 설명으로 옳은 것은?

① 문제원인의 패턴에는 단순한 인과관계, 추상적 인과관계, 닭과 계란의 인과관계, 복잡한 인과관계가 있다.

② 단순한 인과관계로는 브랜드의 향상이 매출확대로 이어지고, 매출확대가 다시 브랜드의 인지도 향상으로 이어지는 경우가 있다.

③ 닭과 계란의 인과관계로는 소매점에서 할인율을 자꾸 내려서 매출 점유율이 내려가기 시작하는 경우가 있다.

④ 복잡한 인과관계는 단순한 인과관계와 닭과 계란의 인과관계의 두 유형이 복잡하게 서로 얽혀 있는 경우이다.

33 다음은 A ~ D자동차의 성능을 비교한 자료이다. K씨의 가족 8명은 수원에서 거리가 134km 떨어진 강원도로 차 2대를 렌트하여 여행을 가려고 한다. 어떤 자동차를 이용해야 비용이 가장 적게 드는가?(단, 필요 연료량은 소수점 첫째 자리에서 버림한다)

〈자동차 성능 현황〉

구분	종류	연료	연비
A자동차	전기 자동차	전기	7km/kW
B자동차	전기 자동차	전기	6km/kW
C자동차	가솔린 자동차	고급 휘발유	18km/L
D자동차	가솔린 자동차	일반 휘발유	20km/L

※ 대여비는 동일하고, 사용한 연료량은 다시 채워서 반납한다.

〈연료별 비용〉

구분	비용
전기	300원/kW
일반 휘발유	1,520원/L
고급 휘발유	1,780원/L

〈자동차별 탑승 인원〉

구분	인원
A자동차	4인승
B자동차	2인승
C자동차	4인승
D자동차	5인승

① A자동차, B자동차
② A자동차, D자동차
③ B자동차, C자동차
④ C자동차, D자동차

34 ○○농협 N지점 하나로마트에서 오픈 행사로 50개의 에코백을 준비하였는데, 색깔이 다른 5종류의 에코백을 선착순으로 고객에게 한 개씩 증정한다. 다음 〈조건〉이 모두 참일 때, 〈보기〉에서 옳지 않은 것을 모두 고르면?

〈조건〉

- 에코백의 색깔은 청록색, 베이지색, 검정색, 주황색, 노란색이다.
- 고객 설문조사 결과 에코백 색깔 선호도는 다음과 같고, 1위 색깔의 에코백은 전체 개수의 40%, 2위는 20% 이상 30% 이하로 준비한다.

(단위 : 명)

청록색	베이지색	검정색	주황색	노란색
22	124	65	29	30

- 3 ~ 5위 색깔의 에코백은 각각 6개 이상 준비한다.

〈보기〉

ㄱ. 검정색 에코백 10개를 준비했을 때, 경우의 수는 6가지이다.
ㄴ. 베이지색과 검정색 에코백의 개수의 합은 최대 35개이다.
ㄷ. 3 ~ 5위 색깔의 에코백은 최소 18개를 준비해야 한다.
ㄹ. 오픈 행사로 준비하는 에코백의 가능한 경우는 총 12가지이다.

---

① ㄱ, ㄴ
② ㄴ, ㄹ
③ ㄷ, ㄹ
④ ㄱ, ㄴ, ㄷ

35 ○○농협 직원들은 사무실 자리 배치를 바꾸기로 했다. 다음 〈조건〉에 따라 자리를 바꿨을 때 적절하지 않은 것은?

〈조건〉

• 같은 직급은 옆자리로 배정하지 않는다.
• 사원 옆자리와 앞자리는 비어있을 수 없다.
• 지점장은 동쪽을 바라보며 앉고 지점장의 앞자리에는 상무 또는 부장이 앉는다.
• 지점장을 제외한 직원들은 마주보고 앉는다.
• ○○농협 직원은 지점장, 사원 2명(김사원, 이사원), 대리 2명(성대리, 한대리), 상무 1명(이상무), 부장 1명(최부장), 과장 2명(김과장, 박과장)이다.

〈사무실 자리 배치표〉

지점장	A	B	성대리	C	D
	E	김사원	F	이사원	G

---

① 지점장 앞자리에 빈자리가 있다.
② A와 D는 빈자리다.
③ F와 G에 김과장과 박과장이 앉는다.
④ C에 최부장이 앉으면 E에는 이상무가 앉는다.

36 농협은행 마포영업점에서는 L과장, J대리, I주임, K사원, H사원이 가계대출 창구에서 근무하고 있다. 오늘 마포영업점에서는 영업을 시작하기 한 시간 전에 주간 업무 회의가 있을 예정이며, 오전 중으로 CS교육과 상품교육이 각각 1시간씩 차례로 진행될 예정이다. 한편, 빠른 창구에 고객이 붐비는 11시에는 교육이 진행되지 않으며, 가계대출 창구에는 2명의 직원이 업무 지원을 나가야 한다. 다음 〈조건〉을 참고할 때, J대리가 오전 중 해야 할 업무로 옳지 않은 것은?

〈조건〉

• 주간 업무 회의에는 주임급 이상이 참석한다.
• 영업시간(09:00 ~ 16:00)에는 2명 이상의 직원이 창구에서 대출 상담 업무를 수행해야 한다.
• I주임과 K사원은 영업시간 시작 시 안내 방송과 함께 대출 상담 업무를 수행한다.
• 사원은 빠른 창구 업무를 지원할 수 없으며, 과장 역시 업무 지원자에서 제외된다.
• 사원 및 주임, 대리는 반드시 하나 이상의 교육에 참석해야 하며, 교육 담당자인 과장은 반드시 모든 교육에 참석해야 한다.

---

① 상품교육 참석　　　　　　　② CS교육 참석
③ 대출 상담　　　　　　　　　④ 주간 업무 회의 참석

농협 농촌인력중개센터는 농촌에 유·무상 인력을 종합하여 중개합니다. 일자리 참여자와 자원봉사자에게는 맞춤형 일자리를 공급하고 농업인(구인농가)에게는 꼭 필요한 일손을 찾아드립니다.
- 자원봉사자의 경우 구인농가에서 원하는 보수와 상관없이 중개할 수 있습니다.
- 농촌인력 중개 후 농협에서는 구인농가에는 현장실습교육비를 지원하고, 일자리 참여자(자원봉사자 제외)에게는 교통비와 숙박비를 제공합니다. 현장실습교육비를 작업 기간 중 최대 3일간 인력 1인당 2만 원씩 지급하고, 교통비는 작업 기간 중 일당 5천 원, 숙박비는 작업 기간 일수에서 하루를 제외하고 일당 2만 원씩 제공합니다.
- 한 사람당 농가 한 곳을 배정합니다.

〈구인농가별 세부사항〉

농가	작업	필요인력(명)	작업 기간	지역	보수
A	고추 수확 작업	1	2024.08.28. ~ 2024.09.02.	경기	일당 10만 원
B	감자 파종 작업	2	2024.03.20. ~ 2024.03.21.	강원	일당 10만 원
C	모내기 작업	2	2024.05.27. ~ 2024.05.28.	경기	일당 20만 원
D	양파 파종 작업	1	2024.08.25.	전북	일당 8만 원
E	고구마 수확 작업	1	2024.10.03. ~ 2024.10.08.	충남	일당 15만 원

〈농촌 신청 인력〉

1. 일자리 참여자

성명	연령	희망 작업	작업 가능 기간	희망 지역	희망 보수
김정현	만 35세	파종 작업	2024년 8월	없음	일당 8만 원 이상
박소리	만 29세	없음	2024년 5월	경기	일당 10만 원 이상
이진수	만 38세	없음	2024년 7 ~ 9월	없음	일당 5만 원 이상
김동혁	만 31세	수확 작업	2024년 10월	충남	일당 10만 원 이상
한성훈	만 25세	파종 작업	2024년 3 ~ 4월	없음	일당 8만 원 이상

2. 자원봉사자

성명	연령	희망 작업	봉사 가능 기간	희망 지역
서수민	만 23세	수확 작업	2024년 3월	경기
최영재	만 28세	모내기 작업	2024년 4 ~ 6월	없음

37 다음 중 원하는 인력을 모두 공급받기 어려운 농가는 어디인가?

① A농가
② B농가
③ C농가
④ D농가

38 농촌인력 중개 후 가장 많은 보수를 지급해야 하는 농가는 어디인가?(단, 원하는 인력을 모두 공급받지 못했더라도 공급받은 인력에게는 보수를 지급한다)

① A농가
② B농가
③ C농가
④ E농가

39 농촌인력 중개 후 농협에서 구인농가와 일자리 참여자에게 지원할 금액은 총 얼마인가?(단, 원하는 인력을 모두 공급받지 못했더라도 공급받은 인력만큼의 금액을 지원한다)

① 21.5만 원
② 25.4만 원
③ 48.4만 원
④ 58.5만 원

※ 다음은 ○○농협 신입사원 채용시험 결과표이다. 이어지는 질문에 답하시오. [40~41]

<표>
〈○○농협 신입사원 채용시험 결과표〉

(단위 : 점)

성명	필기시험			면접시험	
	의사소통능력	수리능력	자원관리능력	창의성	업무적합성
이진기	92	74	84	60	90
박지민	89	82	99	80	90
최미정	80	66	87	80	40
김남준	94	53	95	60	50
정진호	73	92	91	50	100
김석진	90	68	100	70	80
황현희	77	80	92	90	60

40 필기시험 점수 중 수리능력과 자원관리능력 점수의 합이 가장 높은 2명을 총무팀에 배치한다고 할 때, 총무팀에 배치되는 사람은 누구인가?

① 박지민, 정진호　　　　　　　　② 김석진, 박지민
③ 이진기, 최미정　　　　　　　　④ 황현희, 김석진

41 필기시험 총점과 면접시험 총점을 7 : 3 비율로 적용한 환산점수에서 최저점을 받은 신입사원의 채용을 보류한다고 할 때, 채용이 보류되는 사람은 누구인가?

① 이진기　　　　　　　　　　　② 최미정
③ 김남준　　　　　　　　　　　④ 정진호

42 ○○농협은 직원용 컴퓨터를 교체하려고 한다. 다음 중 〈조건〉을 만족하는 컴퓨터를 고르면?

― 〈조건〉 ―

- 예산은 1,000만 원이다.
- 교체할 직원용 컴퓨터는 모니터와 본체 각각 15대이다.
- 성능평가에서 '중' 이상을 받은 컴퓨터로 교체한다.
- 컴퓨터 구매는 SET 또는 모니터와 본체 따로 구매할 수 있다.

〈컴퓨터별 가격 현황〉

구분	A컴퓨터	B컴퓨터	C컴퓨터	D컴퓨터
모니터	18만 원	23만 원	20만 원	19만 원
본체	52만 원	64만 원	60만 원	54만 원
SET	65만 원	75만 원	70만 원	66만 원
성능평가	하	상	중	중
할인혜택	–	SET로 15대 이상 구매 시 총 금액에서 100만 원 할인	모니터 10대 초과 구매 시 초과 대수 15% 할인	–

① A컴퓨터 　　　　　　　　　　② B컴퓨터
③ C컴퓨터 　　　　　　　　　　④ D컴퓨터

43 김대리는 장거리 출장을 가기 전 주유를 하려고 한다. 주유를 할 때, 세차도 함께 할 예정이다. A주유소와 B주유소의 주유 가격 및 세차 가격이 다음과 같을 때, A주유소에서 얼마만큼 주유하는 것이 B주유소보다 저렴한가?

구분	주유 가격	세차 가격
A주유소	1,550원/L	3천 원(5만 원 이상 주유 시 무료)
B주유소	1,500원/L	3천 원(7만 원 이상 주유 시 무료)

① 32L 이상 45L 이하 　　　　　② 32L 이상 46L 이하
③ 33L 이상 45L 이하 　　　　　④ 33L 이상 46L 이하

44 다음 중 과업세부도에 대한 설명으로 옳지 않은 것은?

① 과제 및 활동의 계획을 수립하는 데 있어서 가장 기본적인 수단이다.

② 필요한 모든 일들을 중요한 범주에 따라 체계화해서 구분해 놓은 그래프이다.

③ 구체성에 따라 3단계까지만 구분할 수 있다.

④ 예산수립을 할 때 과업세부도와 예산을 매치시키는 것이 좋다.

45 A지역농협 총무팀의 C주임은 새롭게 부서 비품관리를 맡게 되었다. 물적자원관리 과정에 따라 〈보기〉에서 C주임의 행동을 순서대로 바르게 나열한 것은?

─────〈보기〉─────

(A) 비품관리실 한쪽에 위치한 서랍 첫 번째 칸에 필기구와 메모지를 넣어두고 A4 용지는 습기가 없는 장소에 보관한다.

(B) 바로 사용할 비품 중 필기구와 메모지를 따로 분류한다.

(C) 기존에 있던 비품 중 사용할 사무용품과 따로 보관해둘 물품을 분리한다.

① (A) − (C) − (B)　　　　　　　　② (B) − (C) − (A)

③ (B) − (A) − (C)　　　　　　　　④ (C) − (B) − (A)

46 한국의 A사, 오스트레일리아의 B사, 아랍에미리트의 C사, 러시아의 D사는 상호협력 프로젝트를 추진하고자 화상회의를 하려고 한다. 한국시각을 기준해 화상회의 가능 시각으로 올바른 것은?

〈국가별 시간〉

국가(도시)	현지시각
오스트레일리아(시드니)	2024. 09. 15 10:00am
대한민국(서울)	2024. 09. 15 08:00am
UAE(두바이)	2024. 09. 15 03:00am
러시아(모스크바)	2024. 09. 15 02:00am

※ 각 회사의 위치는 위 자료에 있는 도시에 있다.

※ 모든 회사의 근무시간은 현지시각으로 오전 9시 ~ 오후 6시이다.

※ A, B, D사의 식사시간은 현지시각으로 오후 12시 ~ 1시이다.

※ C사의 식사시간은 오전 11시 30분 ~ 오후 12시 30분이고 오후 12시 30분부터 1시까지 전 직원이 종교활동을 한다.

※ 화상회의 소요시간은 1시간이다.

① 오후 1시 ~ 2시　　　　　　　　② 오후 2시 ~ 3시

③ 오후 3시 ~ 4시　　　　　　　　④ 오후 4시 ~ 5시

47 다음 중 물적자원에 대한 설명으로 옳지 않은 것은?

① 세상에 존재하는 모든 물체가 물적자원에 포함되는 것은 아니다.
② 물적자원은 자연자원과 인공자원으로 나눌 수 있다.
③ 자연자원은 석유, 석탄, 나무 등을 가리킨다.
④ 인공자원은 사람들이 인위적으로 가공하여 만든 것이다.

48 N은행에서는 신입사원 2명을 채용하기 위하여 서류와 필기 전형을 통과한 갑, 을, 병, 정 4명의 최종 면접을 실시하였다. 다음과 같이 4개 부서의 팀장이 각각 4명을 면접하여 채용 우선순위를 결정하였다. 면접 결과에 대한 〈보기〉의 설명 중 옳은 것을 모두 고르면?

〈면접 결과〉				
면접관 순위	인사팀장	경영관리팀장	영업팀장	회계팀장
1순위	을	갑	을	병
2순위	정	을	병	정
3순위	갑	정	정	갑
4순위	병	병	갑	을

※ 우선순위가 높은 사람 순서로 2명을 채용한다.
※ 동점자는 인사, 경영관리, 영업, 회계팀장 순서로 부여한 고순위자로 결정한다.
※ 각 팀장이 매긴 순위에 대한 가중치는 모두 동일하다.

〈보기〉

㉠ '을' 또는 '정' 중 한 명이 입사를 포기하면 '갑'이 채용된다.
㉡ 인사팀장이 '을'과 '정'의 순위를 바꿨다면 '갑'이 채용된다.
㉢ 경영관리팀장이 '갑'과 '병'의 순위를 바꿨다면 '정'은 채용되지 못한다.

① ㉠
② ㉠, ㉡
③ ㉠, ㉢
④ ㉡, ㉢

※ 다음은 ○○농협 △△지점의 3월 일정이다. 이어지는 질문에 답하시오. [49~50]

〈3월 일정표〉

월	화	수	목	금	토	일
			1 삼일절	2 김사원 휴가	3	4
5 △△지점 전체회의	6 최사원 휴가	7	8 정대리 휴가	9	10	11
12 최팀장 휴가	13	14 정과장 휴가	15 정과장 휴가	16 김팀장 휴가	17	18
19 유부장 휴가	20	21	22	23 임사원 휴가	24	25
26 박과장 휴가	27 최대리 휴가	28	29 한과장 휴가	30 유부장 휴가	31	

※ 소속 부서
- 총무팀 : 최사원, 김대리, 한과장, 최팀장
- 신용팀 : 임사원, 정대리, 박과장, 김팀장
- 경제팀 : 김사원, 최대리, 정과장, 유부장

※ 휴가는 공휴일과 주말을 제외하고 사용하며, 전체 일정이 있는 경우 휴가를 사용하지 않는다.

49 ○○농협 △△지점 직원들은 휴가일이 겹치지 않게 하루 이상 휴가를 쓰려고 한다. 다음 중 총무팀 김대리의 휴가일정으로 적절한 것은?

① 3월 1일
② 3월 5일
③ 3월 9 ~ 10일
④ 3월 21 ~ 22일

50 ○○농협 △△지점 직원들이 동일한 일수로 최대한 휴가를 쓴다고 할 때, 한 사람당 며칠까지 휴가를 쓸 수 있겠는가?

① 1일
② 2일
③ 3일
④ 4일

※ ○○농협 △△지점 직원들은 네덜란드로 해외연수를 가려고 한다. 다음 자료와 〈조건〉을 보고 질문에 답하시오. **[51~53]**

〈이용가능 항공편 세부사항〉

항공편	출발시간(한국시각)	경유시간	소요시간	편도가격	할인행사
SP – 340	10월 10일 오후 2시	–	11시간 50분	87만 원	왕복 구매 시 10% 할인
GE – 023	10월 10일 오전 9시	5시간	10시간 30분	70만 원	–
NL – 110	10월 10일 오후 2시 10분	–	11시간 10분	85만 원	왕복 구매 시 5% 할인
KR – 730	10월 10일 오후 12시	–	12시간 55분	88만 원	–
AR – 018	10월 10일 오후 1시	–	12시간 50분	90만 원	10인 이상 구매 시 총 금액에서 15% 할인
OL – 038	10월 10일 오전 10시 30분	3시간	10시간 30분	80만 원	–

〈조건〉

- 해외연수를 떠나는 직원은 총 10명이다.
- 네덜란드와 한국의 시차는 8시간이며 한국이 더 빠르다.
- 왕복 항공권 가격은 편도가격의 2배와 같다.
- 소요시간에 경유시간은 포함되지 않는다.

51 다음 중 네덜란드와 한국 간 왕복 항공편을 예매할 때, 가장 저렴한 비용으로 이용할 수 있는 항공편은?

① SP – 340
② GE – 023
③ NL – 110
④ AR – 018

52 해외연수 첫째 날 네덜란드 현지시각으로 10월 10일 오후 5시에 네덜란드 농민과의 만찬이 예정되어 있다면 다음 중 어떤 항공편을 이용해야 하는가?(단, 가능한 항공편 중 경유시간이 짧은 항공편을 선택하며, 네덜란드 공항에서 만찬 장소까지 5분이 소요된다)

① SP – 340
② GE – 023
③ NL – 110
④ KR – 730

53 일정이 변경되어 네덜란드 현지시각으로 10월 10일 오후 4시에 네덜란드 공항에서 연수담당자를 만나기로 했다. 다음 중 이용할 수 있는 항공편은?(단, 다른 이동시간은 모두 무시한다)

① GE – 023
② NL – 110
③ KR – 730
④ OL – 038

54 다음 중 농협의 윤리시스템과 관련하여 조직별 기능이 바르게 연결되지 않은 것은?

① 윤리경영위원회 – 윤리경영 추진방향 설정
② 범농협 윤리경영협의회 – 정보공유 및 협력강화
③ 준법지원부 – 윤리경영 실무 총괄
④ 상호금융기획부 – 윤리경영 주요사항 결정

55 다음 중 경영참가제도에 대한 설명으로 옳지 않은 것은?

① 목적은 경영의 민주성을 제고하는 것으로 근로자 또는 노동조합이 경영과정에 참여하여 자신의 의사를 반영함으로써 공동으로 문제를 해결하고, 노사 간의 세력 균형을 이루는 것이다.
② 유형으로는 경영참가, 이윤참가, 자본참가 등이 있다.
③ 경영자의 고유한 권리인 경영권을 강화시키고 분배문제를 해결함으로써 노동조합의 단체교섭 기능이 강화될 수 있다는 장점이 있다.
④ 대표로 참여하는 근로자가 조합원들의 권익을 지속적으로 보장할 수 있는가의 문제점이 있다.

56 다음은 N사의 직무전결표의 일부분이다. 결재한 기안문 중 가장 적절한 것은?

직무 내용	위임시 전결권자			대표이사
	부서장	상무	부사장	
주식관리 – 명의개서 및 제신고		○		
기업공시에 관한 사항				○
주식관리에 관한 위탁계약 체결				○
문서이관 접수	○			
인장의 보관 및 관리	○			
4대 보험 관리		○		
직원 국내출장			○	
임원 국내출장				○

〈직무전결표〉

① 신입직원의 고용보험 가입신청을 위한 결재처리 – 대리 김철민 / 부장 전결 박경석 / 상무 후결 최석우
② 최병수 부장의 국내출장을 위한 결재처리 – 대리 서민우 / 부장 박경석 / 상무 대결 최석우 / 부사장 전결
③ 임원변경에 따른 기업공시를 위한 결재처리 – 부장 최병수 / 상무 임철진 / 부사장 대결 신은진 / 대표이사 전결 김진수
④ 주식의 명의개서를 위한 결재처리 – 주임 신은현 / 부장 전결 최병수 / 상무 후결 임철진

57 다음과 같은 상황에서 A과장이 취할 수 있는 가장 좋은 행동(Best)과 가장 좋지 않은 행동(Worst)을 바르게 연결한 것은?

A과장은 동료 직원과 공동으로 맡은 프로젝트가 있다. 프로젝트의 업무 보고서를 내일까지 E차장에게 작성해서 제출해야 한다. 또한 A과장은 오늘 점심식사 후에 있을 회의 자료도 준비해야 한다. 회의 시작까지 남은 시간은 3시간이고, 프로젝트 업무 보고서 제출기한은 내일 오전 중이다.

번호	행동
1	동료 직원과 업무 보고서에 관해 논의한 뒤 분담해 작성한다.
2	동료 직원의 업무 진행상황을 묻고 우선순위를 논의한 뒤 회의 자료를 준비한다.
3	다른 팀 사원에게 상황을 설명하고 도움을 요청한 뒤 회의 자료를 준비한다.
4	회의 자료를 준비한 후 동료와 업무 진행 상황을 논의해 우선순위를 정하고, 업무 보고서를 작성한다.

	Best	Worst
①	1	3
②	2	4
③	3	1
④	4	1

58 다음 중 농지법상 농업인에 해당하지 않는 사람은?

① 1,000m² 이상의 농지에 농작물 또는 다년성 식물을 경작 또는 재배하거나 1년 중 90일 이상을 농사에 종사하는 자

② 농지 330m² 이상의 고정식 시설을 설치하여 농작물 또는 다년성 식물을 재배하는 자

③ 대가축 2두, 중가축 10두, 소가축 100두, 가금 100수를 사육하거나 1년 중 120일 이상 축산업에 종사하는 자

④ 농업경영을 통해 1년에 50만 원 이상의 농산물을 판매하는 자

〈경영분야 직무분류표〉

대분류		중분류	소분류	세분류
경영	경영회계사무	기획사무	경영기획	경영기획
			마케팅	마케팅전략기획
		총무인사	총무	자산관리
			인사조직	인사
			일반사무	사무행정
		재무회계	회계	회계감사
	법률 / 경찰	법률	법무	법무(자체개발)
	운전운송	항공운전운송	항공운항	항공보안

59 N사의 인사팀에서 근무하는 A사원이 수행해야 할 직무내용으로 적절하지 않은 것은?

① 인력채용   ② 인사평가
③ 교육훈련   ④ 재무분석

60 N사의 마케팅 업무 분야에 지원하고자 하는 B가 갖추어야 할 지식·기술·태도로 적절하지 않은 것은?

① STP(Segmentation, Targeting, Positioning) 전략
② 신규 아이템 사업예측 및 사업타당성 분석 지식
③ 시장 환경분석 및 마케팅전략 수립 기술
④ 예산편성 및 원가관리 개념

5권

제5회
지역농협 6급
필기시험

직무능력평가
(60문항/60분 유형)

〈문항 수 및 시험시간〉

영역	문항 수	시험시간	비고	모바일 OMR 답안분석
의사소통능력 수리능력 문제해결능력 자원관리능력 조직이해능력	60문항	60분	4지선다	

제5회 모의고사

문항 수 : 60문항
시험시간 : 60분

01 다음 중 밑줄 친 단어의 표기가 적절한 것은?

① 그는 손가락으로 북쪽을 <u>가르쳤다</u>.
② <u>뚝배기</u>에 담겨 나와서 시간이 지나도 식지 않았다.
③ 열심히 하는 것은 좋은데 <u>촛점</u>이 틀렸다.
④ 몸이 너무 약해서 보약을 <u>다려</u> 먹어야겠다.

02 다음 중 밑줄 친 부분의 띄어쓰기가 잘못된 것은?

① 그는 문제를 <u>해결하기는커녕</u> 일을 더욱 크게 만들었다.
② 그 음식은 <u>기다리면서까지</u> 먹을 정도의 맛은 아니었어.
③ 오늘따라 날씨가 정말 <u>맑군 그래</u>.
④ 몸매를 만들기 <u>위해서보다</u> 건강을 지키기 위해 운동을 해야 한다.

03 다음 중 옳지 않은 단어는 몇 개인가?(단, 같은 단어는 중복해서 세지 않는다)

〈결제규정〉
• 결제를 받으려는 업무에 대해서는 최고결제권자(대표이사)를 포함한 이하 직책자의 결제를 받아야 한다.
• 전결이라 함은 회사의 경영활동이나 관리활동을 수행함에 있어 의사 결정이나 판단을 요하는 일에 대하여 최고결제권자로부터 권한을 의임받아, 자신의 책임하에 최종적으로 의사 결정이나 판단을 하는 행위를 말한다.
• 전결사항에 대해서도 의임받은 자를 포함한 이하 직책자의 결제를 받아야 한다.
• 표시내용 : 결제를 올리는 자는 최고결제권자로부터 전결사항을 의임받은 자가 있는 경우 결제란에 전결이라고 표시하고 최종 결제권자 란에 의임받은 자를 표시한다. 다만, 결제가 부필요한 직책자의 결제란은 상향대각선으로 표시한다.

① 1개   ② 2개
③ 3개   ④ 4개

04 다음 빈칸에 들어갈 단어의 표기로 적절한 것은?

- 성준이는 수업 시간에 ㉠ 딴생각 / 딴 생각을 많이 하는 편이다.
- 그는 내가 ㉡ 사사받은 / 사사한 교수님이다.
- 궂은 날씨로 인해 기대했던 약속이 ㉢ 파토 / 파투났다.

	㉠	㉡	㉢
①	딴생각	사사받은	파토
②	딴생각	사사한	파투
③	딴 생각	사사받은	파토
④	딴 생각	사사받은	파투

05 다음 중 밑줄 친 단어와 의미가 같은 것은?

잡지에서 처음 <u>보는</u> 단어를 발견했다.

① 교차로를 건널 때에는 신호등을 잘 <u>보고</u> 건너야 한다.
② 소년의 사정을 <u>보니</u> 딱하게 되었다.
③ 그는 연극을 <u>보는</u> 재미로 극장에서 일한다.
④ 그녀는 아이를 <u>봐</u> 줄 사람을 구하였다.

06 다음 제시된 단어의 유의어를 고르면?

아성

① 근거 　　　　　　② 유예
③ 유린 　　　　　　④ 요원

07 다음은 '농촌 지역 환경오염 대책'에 대한 글을 쓰기 위해 개요를 작성하였다. 개요를 수정·보완한 내용으로 적절하지 않은 것은?

서론 : 농촌 지역 환경오염의 심각성
본론
Ⅰ. 농촌 지역 환경오염의 요소 …… ㉠
    1. 농촌 거주자들의 건강 악화
    2. 농업 생산물의 안전성 위협
Ⅱ. 농촌 지역 환경오염의 원인
    1. 농촌 지역의 무분별한 개발 및 공업화
    2. 비용해성 생활 쓰레기의 재활용 …… ㉡
    3. 농약 및 화학 비료를 이용한 영농 방법의 확산
    4. 대규모 축산 폐기물의 관리 소홀
Ⅲ. 농촌 지역 환경오염 방지를 위한 방안 …… ㉢
    1. 농약 및 화학 비료 사용의 자제 촉구
    2. 축산물 유통 구조의 개선 …… ㉣
    3. 농촌 지역 경제 활성화를 위한 정책 마련
결론 : 농촌 지역 환경오염 방지를 위한 노력 촉구

---

① ㉠은 하위 항목의 내용을 고려하여 '농촌 지역 환경오염의 문제점'으로 고친다.
② ㉡은 상위 항목과의 연관성을 고려하여 '본론-Ⅰ'의 하위 항목으로 옮긴다.
③ ㉢에는 '본론-Ⅱ-1'의 내용을 고려하여 '농촌의 특성에 맞는 친환경적인 환경 조성'을 하위 항목으로 추가한다.
④ ㉣은 '본론-Ⅱ-4'의 내용을 고려하여 '축산 폐기물 처리에 대한 관리·감독 강화'로 바꾼다.

개인의 합리성과 사회의 합리성은 병행할 수 있을까? 이 문제와 관련하여 고전 경제학에서는 개인이 합리적으로 행동하면 사회 전체적으로도 합리적인 결과를 얻을 수 있다고 말한다. 물론 여기에서 '합리성'이란 여러 가지 가능한 대안 가운데 효용의 극대화를 추구하는 방향으로 선택을 한다는 의미의 경제적 합리성을 의미한다. 따라서 개인이 최대한 자신의 이익에 충실하면 모든 자원이 효율적으로 분배되어 사회적으로도 이익이 극대화된다는 것이 고전 경제학의 주장이다.

그러나 개인의 합리적 선택이 반드시 사회적인 합리성으로 연결되지 못한다는 주장도 만만치 않다. 이른바 '죄수의 딜레마' 이론에서는, 서로 의사소통을 할 수 없도록 격리된 두 용의자가 각각의 수준에서 가장 합리적으로 내린 선택이, 오히려 집합적인 결과에서는 두 사람 모두에게 비합리적인 결과를 초래할 수 있다고 설명하고 있다. 즉, 다른 사람을 고려하지 않고 자신의 이익만을 추구하는 개인적 차원의 합리성만을 강조하면, 오히려 사회 전체적으로는 비합리적인 결과를 초래할 수 있다는 것이다. 죄수의 딜레마 이론을 지지하는 쪽에서는, 심각한 환경오염 등 우리 사회에 존재하는 문제의 대부분을 이 이론으로 설명한다.

일부 경제학자들은 이러한 주장에 대하여 강하게 반발한다. 그들은 죄수의 딜레마 현상이 보편적인 현상이라면, 우리 주위에서 흔히 발견할 수 있는 협동은 어떻게 설명할 수 있느냐고 반문한다. 사실 우리 주위를 돌아보면, 사람들은 의외로 약간의 손해를 감수하더라도 협동을 하는 모습을 곧잘 보여주곤 한다. 그들은 이런 행동들도 합리성을 들어 설명한다. 안면이 있는 사이에서는 오히려 상대방과 협조를 하는 행동이 장기적으로는 이익이 된다는 것을 알기 때문에 협동을 한다는 것이다. 즉, 협동도 크게 보아 개인적 차원의 합리적 선택이 집합적으로 나타난 결과로 보는 것이다.

그러나 이런 해명에도 불구하고 우리 주변에서는 각종 난개발이 도처에서 자행되고 있으며, 환경오염은 이제 전 지구적으로 만연해 있는 것이 엄연한 현실이다. 자기 집 부근에 도로나 공원이 생기기를 원하면서도 정작 그 비용은 부담하려고 하지 않는다든지, 남에게 해를 끼치는 일인 줄 뻔히 알면서도 쓰레기를 무단 투기하는 등의 행위를 서슴지 않고 한다. '합리적인 개인'이 '비합리적인 사회'를 초래하고 있는 것이다.

그렇다면 죄수의 딜레마와 같은 현상을 극복하고 사회적인 합리성을 확보할 수 있는 방안은 무엇인가? 그것은 개인적으로는 도덕심을 고취하고, 사회적으로는 의사소통 과정을 원활하게 하는 것이라고 할 수 있다. 개인들이 자신의 욕망을 적절하게 통제하고 남을 배려하는 태도를 지니면 죄수의 딜레마 같은 현상에 빠지지 않고도 개인의 합리성을 추구할 수 있을 것이다. 아울러 서로 간의 원활한 의사소통을 통해 공감의 폭을 넓히고 신뢰감을 형성하며, 적절한 의사 수렴과정을 거친다면 개인의 합리성이 보다 쉽게 사회적 합리성으로 이어지는 길이 열릴 것이다.

① 사회의 이익은 개인의 이익을 모두 합한 것이다.
② 사람들은 이기심보다 협동심이 더 강하다.
③ 사회가 기계라면 사회를 이루는 개인은 그 기계의 부속품일 수밖에 없다.
④ 사회적 합리성을 위해서는 개인의 노력만으로는 안 된다.

09 다음 문단을 논리적 순서대로 바르게 나열한 것은?

(가) 이에 따라 오픈뱅킹시스템의 기능을 확대하고, 보안성을 강화하기 위한 정책적 노력이 필요할 것으로 판단된다. 오픈뱅킹시스템이 금융 인프라로서 지속성, 안정성, 확장성 등을 가지기 위해서는 오픈뱅킹 시스템에 대한 법적 근거가 필요하다. 법제화와 함께 오픈뱅킹시스템에서 발생할 수 있는 사고에 대한 신속하고 효율적인 해결 방안에 대해 이해관계자 간의 긴밀한 협의도 필요하다. 오픈뱅킹시스템의 리스 크를 경감하고, 사고 발생 시 신속하고 효율적으로 해결하는 체계를 갖춰 소비자의 신뢰를 얻는 것이 오픈뱅킹시스템, 나아가 마이데이터업을 포함하는 오픈뱅킹의 성패를 좌우할 열쇠이기 때문이다.

(나) 우리나라 정책 당국도 은행뿐만 아니라 모든 금융회사가 보유한 정보를 개방하는 오픈뱅킹을 선도해서 추진하고 있다. 먼저 은행권과 금융결제원이 공동으로 구축한 오픈뱅킹시스템이 지난해 전면 시행되었 다. 은행 및 핀테크 사업자는 오픈뱅킹시스템을 이용해 은행계좌에 대한 정보 조회와 은행계좌로부터의 이체 기능을 편리하게 개발하였다. 현재 저축은행 등의 제2금융권 계좌에 대한 정보 조회와 이체 기능을 추가하는 방안이 논의 중이다.

(다) 핀테크의 발전과 함께 은행이 보유한 정보를 개방하는 오픈뱅킹 정책이 각국에서 추진되고 있다. 오픈뱅 킹은 은행이 보유한 고객의 정보에 해당 고객의 동의를 받아 다른 금융회사 및 핀테크 사업자 등 제3자 가 접근할 수 있도록 허용하는 정부의 정책 또는 은행의 자발적인 활동을 의미한다.

(라) 한편 올해 1월에 개정된 신용정보법이 7월에 시행됨에 따라 마이데이터 산업이 도입되었다. 마이데이터 란 개인이 각종 기관과 기업에 산재하는 신용정보 등 자신의 개인정보를 확인하여 직접 관리하고 활용할 수 있는 서비스를 말한다. 향후 마이데이터 사업자는 고객의 동의를 받아 금융회사가 보유한 고객의 정 보에 접근하는 오픈뱅킹업을 수행할 예정이다.

① (나) – (가) – (다) – (라)　　　　　② (나) – (다) – (가) – (라)
③ (다) – (나) – (라) – (가)　　　　　④ (다) – (라) – (가) – (나)

10 다음 글의 주제로 가장 적절한 것은?

People often don't consider purchasing boats, renting a beach house, or taking care of pool maintenance during the winter, but that's exactly when you should be looking for good deals on these things. Providers of those items or services are often less busy at those times. So you'll get a warmer reception than you would during the busy season when there's more demand. That doesn't mean you have to plan your vacation at the beach in December. But you are more likely to have a fruitful negotiation if you begin the discussion in the off-season.

① 계절 상품의 판매 전략에 변화가 필요하다.
② 불필요한 상품 구매를 자제하는 것이 좋다.
③ 고객에 대한 서비스는 일관성이 있어야 한다.
④ 상품이나 서비스 구매는 비수기에 하는 것이 유리하다.

11 다음 글을 읽고 추론한 내용으로 가장 적절한 것은?

> 휴대전화를 새것으로 바꾸기 위해 대리점에 간 소비자가 있다. 대리점에 가면서 휴대전화 가격으로 30만 원을 예상했다. 그런데 마음에 드는 것을 선택하니 가격이 25만 원이라고 하였다. 소비자는 흔쾌히 구입을 결정했다. 뜻밖의 이익이 생겼음에 기뻐할지도 모른다. 처음 예상했던 휴대전화의 가격과 실제 지불한 액의 차이, 즉 5만 원의 이익을 얻었다고 보는 것이다. 경제학에서는 이것을 '소비자 잉여(消費者剩餘)'라고 부른다. 어떤 상품에 대해 소비자가 최대한 지불해도 좋다고 생각하는 가격에서 실제로 지불한 가격을 뺀 차액이 소비자 잉여인 셈이다. 결국 같은 가격으로 상품을 구입하면 할수록 소비자 잉여는 커질 수밖에 없다.
>
> 휴대전화를 구입하고 나니, 대리점 직원은 휴대전화의 요금제를 바꾸라고 권유했다. 현재 이용하고 있는 휴대전화 서비스보다 기본 요금이 조금 더 비싼 대신 분당 이용료가 싼 요금제로 바꾸는 것이 더 이익이라는 설명도 덧붙였다. 소비자는 지금까지 휴대전화의 요금이 기본 요금과 분당 이용료로 나누어져 있는 것을 당연하게 생각해 왔다. 그런데 곰곰이 생각해 보니, 이건 정말 특이한 가격 체계였다. 다른 제품이나 서비스는 보통 한 번만 값을 지불하면 되는데, 왜 휴대전화 요금은 기본 요금과 분당 이용료의 이원 체제로 이루어져 있는 것일까?
>
> 휴대전화 회사는 기본 요금과 분당 이용료의 이원 체제 전략, 즉 '이부가격제(二部價格制)'를 채택하고 있다. 이부가격제는 소비자가 어떤 상품을 사려고 할 때, 우선적으로 그 권리에 상응하는 가치를 값으로 지불하고, 실제 상품을 구입할 때 그 사용량에 비례하여 또 값을 지불해야 하는 체제를 말한다. 이부가격제를 적용하면 휴대전화 회사는 소비자의 통화량과 관계없이 기본 이윤을 확보할 수 있다.
>
> 이부가격제를 적용하는 또 다른 예로 놀이 공원을 들 수 있다. 이전에는 놀이 공원에 갈 때 저렴한 입장료를 지불했고, 놀이 기구를 이용할 때마다 표를 구입했다. 그렇기 때문에 놀이 기구를 골라서 이용하여 사용료를 절약할 수 있었고, 구경만 하고 사용료를 지불하지 않는 것도 가능했다. 그러나 요즘의 놀이 공원은 입장료를 이전보다 엄청나게 비싸게 하고 놀이기구의 사용료를 상대적으로 낮게 했다. 게다가 '빅3'니 '빅5'니 하는 묶음표를 만들어 놀이 기구 이용자로 하여금 가격의 부담이 적은 것처럼 느끼게 만들었다. 결국 놀이 공원의 가격 전략은 사용료를 낮추고 입장료를 높게 받는 이부가격제로 굳어지고 있는 것이다.
>
> 여기서 놀이 공원의 입장료는 상품을 살 수 있는 권리를 얻기 위해 지불해야 하는 금액에 해당한다. 그리고 입장료를 내고 들어간 사람들이 놀이 기구를 이용할 때마다 내는 요금은 상품의 가격에 해당하는 부분이다. 우리가 모르는 가운데 기업의 이윤 극대화를 위한 모색은 계속되고 있다.

① 놀이 공원의 '빅3'나 '빅5' 등의 묶음표는 이용자를 위한 가격제이다.
② 이부가격제는 이윤 극대화를 위해 기업이 채택할 수 있는 가격 제도이다.
③ 소비자 잉여의 크기는 구입한 상품에 대한 소비자의 만족감과 반비례한다.
④ 휴대전화 요금제는 기본 요금과 분당 이용료가 비쌀수록 소비자에게 유리하다.

인지 부조화는 한 개인이 가지는 둘 이상의 사고, 태도, 신념, 의견 등이 서로 일치하지 않거나 상반될 때 생겨나는 심리적인 긴장 상태를 의미한다. 인지 부조화는 불편함을 유발하기 때문에 사람들은 이것을 감소시키려고 한다. 인지 부조화를 감소시키는 방법은 서로 모순 관계에 있어서 양립할 수 없는 인지들 가운데 하나 이상의 인지가 갖는 내용을 바꾸어 양립할 수 있게 만들거나, 서로 모순되는 인지들 간의 차이를 좁힐 수 있는 새로운 인지를 추가하여 부조화된 인지 상태를 조화된 상태로 전환하는 것이다.

그런데 실제로 부조화를 감소시키는 행동은 비합리적인 면이 있다. 그러한 행동들이 사람들로 하여금 중요한 사실을 배우지 못하게 하고 자신들의 문제에 대해서 실제적인 해결책을 찾지 못하게 만들 수 있기 때문이다. 부조화를 감소시키려는 행동은 자기방어적인 행동이고, 부조화를 감소시킴으로써 우리는 자신의 긍정적인 이미지, 즉 자신이 선하고 현명하며 상당히 가치 있는 인물이라는 긍정적인 측면의 이미지를 유지하게 된다. 비록 자기방어적인 행동이 유용한 것으로 생각될 수 있지만, 이러한 행동은 부정적인 결과를 초래할 수 있다.

한 실험에서 연구자는 인종차별 문제에 대해서 확고한 입장을 보이는 사람들을 선정하였다. 일부는 차별에 찬성하였고, 다른 일부는 차별에 반대하였다. 선정된 사람들에게 인종차별에 대한 찬성과 반대 의견이 실린 글을 모두 읽게 하였는데, 어떤 글은 지극히 논리적이고 그럴듯하였고, 다른 글은 터무니없고 억지스러운 것이었다. 실험에서는 참여자들이 과연 어느 글을 기억할 것인지에 관심이 있었다. 인지 부조화 이론에 따르면, 사람들은 현명한 사람을 자기편, 우매한 사람을 다른 편이라 생각할 때 마음이 편안해질 것이다. 그렇다면 이 실험에서 인지 부조화 이론은 다음과 같은 ㉠ 결과를 예측할 것이다.

12 윗글의 내용으로 적절한 것은?

① 사람들은 인지 부조화가 일어날 경우 이것을 무시하고 방치하려는 경향이 있다.
② 부조화를 감소시키는 행동은 합리적인 면과 비합리적인 면이 함께 나타난다.
③ 부조화를 감소시키는 행동의 비합리적인 면 때문에 문제에 대한 본질적인 해결책을 찾지 못할 수 있다.
④ 부조화의 감소는 사람들로 하여금 자신의 긍정적인 이미지를 유지할 수 있게 하고, 부정적인 이미지를 감소시킨다.

13 다음 중 ㉠에 해당하는 내용으로 가장 적절한 것은?

① 참여자들은 자신의 의견과 동일한 주장을 하는 모든 글과 자신의 의견과 반대되는 주장을 하는 모든 글을 기억한다.
② 참여자들은 자신의 의견과 동일한 주장을 하는 모든 글과 자신의 의견과 반대되는 주장을 하는 모든 글을 기억하지 못한다.
③ 참여자들은 자신의 의견과 동일한 주장을 하는 형편없는 글과 자신의 의견과 반대되는 주장을 하는 형편없는 글을 기억한다.
④ 참여자들은 자신의 의견과 동일한 주장을 하는 논리적인 글과 자신의 의견과 반대되는 주장을 하는 형편없는 글을 기억한다.

※ 일정한 규칙에 따라 수나 문자를 나열할 때, 빈칸에 들어갈 알맞은 것을 고르시오. [14~16]

14

| | 23 | 46 | 44 | 88 | ( ) | 172 | 170 |

① 84   ② 86

③ 88   ④ 90

15

| | A | ㄴ | 3 | ( ) | E | ㅂ | 7 | 八 |

① 4   ② D

③ ㄹ   ④ 四

16

| | a | 2 | c | 5 | h | 13 | ( ) | 34 |

① k   ② n

③ q   ④ u

17 다음은 '갑' 공제회의 회원기금원금, 회원 수 및 1인당 평균 계좌 수, 자산 현황에 대한 자료이다. 이를 보고 적절하지 않게 판단한 사람을 〈보기〉에서 모두 고르면?(단, 모든 자료는 연말 기준으로 한다)

〈공제회 회원기금원금〉

(단위 : 억 원)

원금구분 \ 연도	2018년	2019년	2020년	2021년	2022년	2023년
회원급여저축원금	19,361	21,622	21,932	22,030	23,933	26,081
목돈수탁원금	7,761	7,844	6,270	6,157	10,068	12,639
합계	27,122	29,466	28,202	28,187	34,001	38,720

〈공제회 회원 수 및 1인당 평균 계좌 수(연말 기준)〉

(단위 : 명, 개)

구분 \ 연도	2018년	2019년	2020년	2021년	2022년	2023년
회원 수	166,346	169,745	162,425	159,398	162,727	164,751
1인당 평균 계좌 수	65.19	64.27	58.02	61.15	67.12	70.93

〈2023년 공제회 자산 현황(연말 기준)〉

(단위 : 억 원, %)

구분	금액(비중)
회원급여저축총액	37,952(46.8)
차입금	17,976(22.1)
보조금 등	7,295(9.0)
안정기금	5,281(6.5)
목돈수탁원금	12,639(15.6)
합계	81,143(100.0)

• (회원급여 저축 총액)=(회원급여 저축 원금)+(누적 이자 총액)

─〈보기〉─

선미 : 공제회의 회원 수가 가장 적은 해에 목돈수탁원금도 가장 적다.
예승 : 회원기금원금은 매년 증가하였다.
송해 : 1인당 평균 계좌 수가 가장 많은 해에 회원기금원금도 가장 많다.
세현 : 2023년 공제회 자산의 비중 중 목돈수탁원금은 2위를 차지하고 있다.

① 선미, 예승

② 선미, 송해

③ 예승, 송해

④ 예승, 세현

18 같은 회사에 다니는 A사원과 B사원이 건물 맨 꼭대기 층인 10층에서 엘리베이터를 함께 타고 내려갔다. 두 사원이 서로 다른 층에 내릴 확률은?(단, 두 사원 모두 지하에서는 내리지 않는다)

① $\dfrac{5}{27}$ ② $\dfrac{8}{27}$

③ $\dfrac{2}{3}$ ④ $\dfrac{8}{9}$

19 어느 문구점에서 연필 2자루의 가격과 지우개 1개의 가격을 더하면 공책 1권의 가격과 같고, 지우개 1개의 가격과 공책 1권의 가격을 더하면 연필 5자루의 가격과 같다. 이 문구점에서 연필 10자루의 가격과 공책 4권의 가격을 더하면 지우개 몇 개의 가격과 같은가?(단, 이 문구점에서 동일한 종류의 문구 가격은 같은 것으로 한다)

① 15개   ② 16개
③ 17개   ④ 18개

20 B대리의 집에서 회사까지의 거리는 8km이다. B대리는 집을 출발하여 처음에는 시속 3km로 걷다가 어느 지점에서부터 시속 6km로 달려서 1시간 30분 이내에 회사에 도착하였다. B대리는 집에서 최대 몇 km 지점까지 시속 3km로 걸어갔는가?

① 0.5km   ② 1.5km
③ 2km   ④ 1km

21 원가가 2,000원인 제품에 15%의 마진을 붙여 정가로 판매하였다. 총 판매된 제품은 160개이고 그중 8개 제품에 하자가 발견되어 판매가격의 두 배를 보상금으로 지불했을 때, 얻은 이익은 총 얼마인가?

① 10,800원   ② 11,200원
③ 18,200원   ④ 24,400원

22 다음은 NH농협은행의 '올원 5늘도 적금'에 대한 세부사항이다. 30대인 장과장은 저축습관을 기르기 위해 6월 1일에 계좌 하나를 개설하였다. 장과장이 가입한 내용이 〈조건〉과 같고 자동이체를 빠짐없이 한다고 할 때, 만기 시 받는 금액은 얼마인가?(단, $\frac{115}{365} \fallingdotseq 0.4$이고, 이자액의 소수점은 버림한다)

〈올원 5늘도 적금〉

상품특징	매일 자동이체를 통해 저축습관의 생활화를 추구하는 비대면전용 적립식 상품
가입대상	개인(1인 최대 3계좌)
가입기간	6개월(＝183일)
가입금액	• 매회 1천 원 이상 10만 원 이내 • 계좌당 매월(1일부터 말일까지) 70만 원 이내에서 자유적립 ※ 단, 자동이체 입금 : 1천 원 이상 3만 원 이내
적립방법	자유적립식, 비과세
우대금리	우대조건을 만족하는 경우 가입일 현재 기본금리에 가산하여 만기해지 시 적용(기본금리 : 0.75%) <table><tr><th>조건내용</th><th>금리(%p)</th></tr><tr><td>평일 18:00 ~ 24:00 또는 휴일 신규가입 시</td><td>0.1</td></tr><tr><td>만기 전일까지 매일 자동이체를 통한 입금 60회 이상 성공 시</td><td>0.3</td></tr><tr><td>적립원금(이자 제외)에 따른 우대(중복불가) – 만기해지 시 적립원금 200만 원 이상 : 0.1%p – 만기해지 시 적립원금 300만 원 이상 : 0.2%p</td><td>최대 0.2</td></tr></table>

※ 입금건별 입금일부터 해지 전일까지 기간에 대하여 약정 이율로 계산한 이자금액을 합산하여 지급한다.
　[(입금건별 이자 계산 예시)＝(입금액)×(약정금리)×(예치일수)÷365]
※ 약정금리는 만기해지 시 적용되는 금리이다.

〈조건〉

• 장과장의 신규금액 및 자동이체 금액은 매일 만 원이다.
• 6월 1일 월요일 오후 8시에 비대면으로 신규가입하였다.
• 적금은 자동이체만 이용하며 적금 납입 기간 동안 매일 입금된다.
• 장과장은 가입기간 도중 해지하지 않는다.

① 1,817,822원 ② 1,826,502원
③ 1,830,730원 ④ 1,836,734원

23 다음은 N은행의 고객 신용등급 변화 확률 자료이다. 〈보기〉에서 이에 대한 설명으로 옳은 것을 모두 고르면?

〈고객 신용등급 변화 확률〉

구분		A	B	C	D
		(t+1)년			
t년	A	0.7	0.2	0.08	0.02
	B	0.14	0.65	0.16	0.05
	C	0.05	0.15	0.55	0.25

- 고객 신용등급은 매년 1월 1일 0시에 연 1회 산정되며, A등급이 가장 높고 B, C, D등급 순임
- 한 번 D등급이 되면 고객 신용등급은 5년 동안 D등급을 유지함
- 고객 신용등급 변화 확률은 매년 동일함

〈보기〉

㉠ 2022년에 B등급이었던 고객이 2024년까지 D등급이 될 확률은 0.08 이상이다.
㉡ 2022년에 C등급이었던 고객의 신용등급이 2025년에 변화할 수 있는 경우의 수는 모두 31가지이다.
㉢ B등급 고객의 신용등급이 1년 뒤에 하락할 확률은 C등급 고객의 신용등급이 1년 뒤에 상승할 확률보다 낮다.

① ㉠
② ㉡
③ ㉠, ㉡
④ ㉡, ㉢

24 이자를 포함해 4년 후 2,000만 원을 갚기로 하고 돈을 빌리고자 한다. 연이율 8%가 적용된다면 단리를 적용할 때와 연복리를 적용할 때 빌릴 수 있는 금액의 차이는 얼마인가?(단, $1.08^4 = 1.36$으로 계산하고, 금액은 천의 자리에서 반올림한다)

① 43만 원
② 44만 원
③ 45만 원
④ 46만 원

<N적금>

- 가입대상

  만 40세 이상 개인 및 개인사업자(1인 1계좌)

- 가입기간

  12개월

- 가입금액

  매월 1 ~ 30만 원(단, 초입금은 10만 원 이상)

- 기본금리

  연 0.7%, 단리식

- 우대금리

  최대 연 0.3%p

우대조건	우대금리
가입 월부터 만기 전전월 말까지 급여 또는 연금이 2개월 이상 당행 계좌로 입금 시	0.2%p
비대면 채널(인터넷 / 스마트뱅킹)에서 가입	0.1%p

- 우대금리는 만기해지 시 적용(중도해지 시 미적용)
- 연금 : 4대 연금(국민연금 / 공무원연금 / 사학연금 / 군인연금), N은행 연금 및 기타연금(타행에서 입금되는 기타연금은 '연금' 문구가 포함된 경우 연금으로 인정)

- 세제혜택안내

  비과세종합저축으로 가입 가능(전 금융기관 통합한도 범위 내)

- 이자지급방법

  만기일시지급식

- 가입 / 해지 안내
  - 가입 : 영업점, 인터넷 / 스마트뱅킹에서 가능
  - 해지 : 영업점, 인터넷 / 스마트뱅킹에서 가능

- 추가적립

  자유적립식 상품으로 가입금액 한도 내 추가입금 가능

- 양도 및 담보 제공

  은행의 승인을 받은 경우 양도 및 질권설정 가능

- 원금 또는 이자 지급 제한

  계좌에 질권설정 및 법적 지급 제한이 등록될 경우 원금 및 이자 지급 제한

25 다음 N적금에 대한 〈보기〉의 설명 중 옳은 것을 모두 고르면?

---〈보기〉---

ㄱ. 해당 적금은 비대면 채널을 통하여 판매되고 있다.
ㄴ. 은행에 신고하는 경우 해당 상품에 대해 질권설정이 가능하다.
ㄷ. 타행의 연금에 가입한 경우에도 만기 전전월 말 이전의 가입 기간 중 2개월 이상 연금이 당행 계좌로 입금
    된다면 우대금리를 적용받을 수 있다.
ㄹ. 중도에 해지하더라도 요건을 충족하는 항목에 대하여는 우대금리를 적용받을 수 있다.

① ㄱ, ㄴ   ② ㄱ, ㄷ
③ ㄴ, ㄷ   ④ ㄷ, ㄹ

26 최과장은 N적금에 가입하였다. 최과장에 대한 정보가 다음과 같을 때, 최과장이 만기에 수령할 원리금을
구하면?(단, 이자 소득에 대한 세금은 고려하지 않는다)

〈정보〉

- 최과장은 만 41세로, 2024년 7월부터 자신의 명의로 N은행의 적금 상품 중 하나에 가입하고자 하였다.
- 최과장은 2024년 8월 1일에 스마트뱅킹을 통하여 N은행의 N적금에 가입하였다.
- 최과장은 가입기간 동안 매월 1일마다 20만 원을 적립한다.
- 최과장은 2024년 1월부터 급여를 N은행 입출금계좌를 통하여 지급받고 있었으며, 만기해지일까지 지속된다.
- 해당 적금 계좌에 대하여 질권설정을 하지 않았으며, 지급제한 사항도 해당되지 않는다.

① 2,075,000원   ② 2,210,000원
③ 2,350,000원   ④ 2,413,000원

27 다음은 A기관 5개 지방청에 대한 외부고객 만족도 조사 결과이다. 이에 대한 설명으로 옳지 않은 것은?

〈조사 개요〉

• 조사기간 : 2024년 7월 28일 ~ 8월 8일
• 조사방법 : 전화 조사
• 조사목적 : A기관 5개 지방청 외부고객의 주소지 관할 지방청에 대한 만족도 조사
• 응답자 수 : 총 101명(조사 항목별 무응답은 없음)
• 조사항목 : 업무 만족도, 인적 만족도, 시설 만족도

〈A기관 5개 지방청 외부고객 만족도 조사 결과〉

(단위 : 점)

구분	조사항목	업무 만족도	인적 만족도	시설 만족도
전체		4.12	4.29	4.20
성별	남자	4.07	4.33	4.19
	여자	4.15	4.27	4.20
연령대	30세 미만	3.82	3.83	3.70
	30세 이상 40세 미만	3.97	4.18	4.25
	40세 이상 50세 미만	4.17	4.39	4.19
	50세 이상	4.48	4.56	4.37
지방청	경인청	4.35	4.48	4.30
	동북청	4.20	4.39	4.28
	호남청	4.00	4.03	4.04
	동남청	4.19	4.39	4.30
	충청청	3.73	4.16	4.00

※ 주어진 점수는 응답자의 조사 항목별 만족도의 평균이며, 점수가 높을수록 만족도가 높다(5점 만점).
※ 점수는 소수점 셋째 자리에서 반올림한 값이다.

① 모든 연령대에서 '업무 만족도'보다 '인적 만족도'가 높다.
② '업무 만족도'가 높은 지방청일수록 '인적 만족도'도 높다.
③ 응답자의 연령대가 높을수록 '업무 만족도'와 '인적 만족도'가 모두 높다.
④ '업무 만족도', '인적 만족도', '시설 만족도'의 합이 가장 큰 지방청은 경인청이다.

28 다음은 농산물 도매시장의 품목별 조사단위당 가격에 대한 자료이다. 이를 그래프로 작성한 것으로 옳지 않은 것은?

〈품목별 조사단위당 가격〉

(단위 : kg, 원)

구분	품목	조사단위	조사단위당 가격		
			금일	전일	전년 평균
곡물	쌀	20	52,500	52,500	47,500
	찹쌀	60	180,000	180,000	250,000
	검정쌀	30	120,000	120,000	106,500
	콩	60	624,000	624,000	660,000
	참깨	30	129,000	129,000	127,500
채소	오이	10	23,600	24,400	20,800
	부추	10	68,100	65,500	41,900
	토마토	10	34,100	33,100	20,800
	배추	10	9,500	9,200	6,200
	무	15	8,500	8,500	6,500
	고추	10	43,300	44,800	31,300

① 쌀, 찹쌀, 검정쌀의 조사단위당 가격

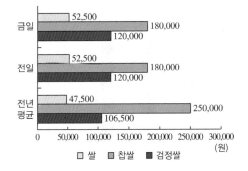

② 채소의 조사단위당 전일가격 대비 금일가격 등락액

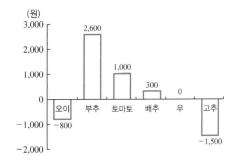

③ 채소 1kg당 금일가격

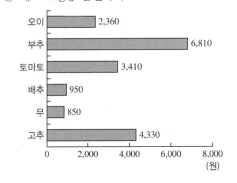

④ 곡물 1kg당 금일가격

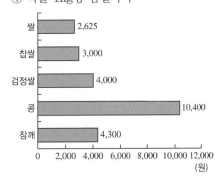

※ 다음은 A국의 국내기업 7개의 정부지원금 현황을 나타낸 자료이다. 이어지는 질문에 답하시오. **[29~30]**

〈2022년 국내기업 7개 정부지원금 현황〉

(단위 : 원)

구분	정부지원금
B기업	482,000,000
C기업	520,400,000
D기업	871,900,000
E기업	792,500,000
F기업	427,030,000
G기업	887,400,000
H기업	568,200,000

〈2021년 국내기업 7개 정부지원금 현황〉

(단위 : 만 원)

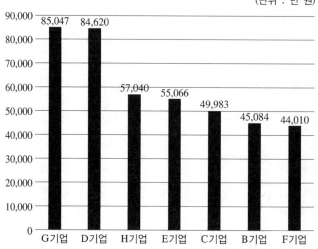

〈2020년 국내기업 5개 정부지원금 현황〉

(단위 : 원)

구분	정부지원금
1위	830,450,000
2위	820,840,000
3위	580,310,000
4위	520,530,000
5위	520,190,000

29 다음 〈보기〉에서 자료에 대한 내용 중 적절한 것을 모두 고르면?

―〈보기〉―

ⓐ 2021년과 2022년 정부지원금이 동일한 기업은 5개이다.
ⓑ 정부지원금을 2020년에 G기업이 가장 많이 받았다면 G기업은 3개년 연속 1위이다.
ⓒ 전년 대비 2022년에 정부지원금이 줄어든 기업은 2개이다.
ⓓ 전년 대비 2022년 상위 7개 기업의 총 정부지원금은 30,000만 원 이상 증가하였다.

① ㄱ, ㄴ
② ㄴ, ㄷ
③ ㄱ, ㄴ, ㄷ
④ ㄴ, ㄷ, ㄹ

30 다음 정보를 참고하여 2020년 정부지원금 기준 1위부터 5위 기업을 차례대로 나열한 것은?

〈정보〉

• 2021년을 기준으로 1위와 2위가 바뀌었다.
• E기업은 매년 한 순위씩 상승했다.
• 2020년부터 3년간 5위 안에 드는 기업은 동일하다.
• H기업은 2021년까지 매년 3위를 유지하다가 2022년 한 순위 떨어졌다.

① D - G - H - C - E
② D - G - H - E - C
③ G - D - H - E - C
④ G - D - E - H - C

31 갑, 을, 병, 정, 무를 포함하여 8명이 면접실 의자에 앉아 있다. 병이 2번 의자에 앉을 때, 〈조건〉에 따라 다음 중 항상 옳은 것은?(단, 의자에는 8번까지의 번호가 있다)

〈조건〉
- 갑과 병은 이웃해 앉지 않고, 병과 무는 이웃해 앉는다.
- 갑과 을 사이에는 2명이 앉는다.
- 을은 양 끝(1번, 8번)에 앉지 않는다.
- 정은 6번 또는 7번에 앉고, 무는 3번에 앉는다.

① 을은 4번에 앉는다.
② 을과 정은 이웃해 앉는다.
③ 갑이 4번에 앉으면, 정은 6번에 앉는다.
④ 정이 7번에 앉으면, 을과 정 사이에 2명이 앉는다.

32 6층짜리 주택에 A ~ F가 입주하려고 한다. 〈조건〉이 다음과 같을 때, 항상 옳은 것은?

〈조건〉
- B와 D 중 높은 층에서 낮은 층의 수를 빼면 4이다.
- B와 F는 인접할 수 없다.
- A는 E보다 낮은 층에 산다.
- D는 A보다 낮은 층에 산다.
- A는 3층에 산다.

① C는 B보다 높은 층에 산다.
② B는 F보다 높은 층에 산다.
③ E는 F와 인접해 있다.
④ A는 D보다 낮은 층에 산다.

33 N농협의 기획팀은 A팀장, B과장, C대리, D주임, E사원으로 구성되어 있다. 오늘 다음에 제시된 정보와 같이 출근했다고 할 때, 기획팀 구성원 중 먼저 출근한 사람부터 바르게 나열한 것은?

〈정보〉

- E사원은 항상 A팀장보다 먼저 출근한다.
- B과장보다 일찍 출근한 팀원은 한 명뿐이다.
- D주임보다 늦게 출근한 직원은 두 명 있다.
- C대리는 팀원 중 가장 일찍 출근하였다.

① C대리 – B과장 – D주임 – E사원 – A팀장
② C대리 – B과장 – E사원 – D주임 – A팀장
③ E사원 – A팀장 – B과장 – D주임 – C대리
④ E사원 – B과장 – D주임 – C대리 – A팀장

34 A주임은 주말을 맞아 집에서 쿠키를 만들려고 한다. 종류별 쿠키를 만드는 데 필요한 재료와 A주임이 보유한 재료가 다음과 같을 때, A주임이 주어진 재료로 한 번에 만들 수 있는 쿠키의 종류별 개수의 조합으로 적절하지 않은 것은?

쿠키 종류	1개 제작에 필요한 재료
스모어스 쿠키	박력분 10g, 버터 5g, 설탕 8g, 초코시럽 10g, 마시멜로우 1개
딸기 쿠키	박력분 10g, 버터 5g, 설탕 8g, 딸기잼 20g
초코칩 쿠키	박력분 10g, 버터 5g, 설탕 8g, 초코시럽 5g, 초코칩 10개
마카다미아 쿠키	박력분 10g, 버터 10g, 설탕 8g, 마카다미아 3개

〈보유 재료〉

박력분 80g	버터 40g
초코시럽 40g	마시멜로우 6개
초코칩 60개	마카다미아 12개
설탕 80g	딸기잼 20g

① 스모어스 쿠키 2개, 초코칩 쿠키 1개
② 딸기 쿠키 1개, 초코칩 쿠키 3개
③ 딸기 쿠키 1개, 마카다미아 쿠키 4개
④ 초코칩 쿠키 3개, 마카다미아 쿠키 2개

35 다음 중 문제해결과정에서 선정된 문제를 분석하여 해결해야 할 것이 무엇인지 명확히 하는 단계는?

① 문제 인식
② 문제 도출
③ 원인 분석
④ 해결안 개발

36 귀하는 점심식사 중 식당에 있는 TV에서 정부의 정책에 대한 뉴스가 나오는 것을 보았다. 함께 점심을 먹는 동료들과 뉴스를 보고 나눈 대화의 내용으로 적절하지 않은 것은?

〈뉴스〉

앵커 : 저소득층에게 법률서비스를 제공하는 정책을 구상 중입니다. 정부는 무료로 법률자문을 하겠다고 자원하는 변호사를 활용하는 자원봉사제도, 정부에서 법률구조공단 등의 기관을 신설하고 변호사를 유급으로 고용하여 법률서비스를 제공하는 유급법률구조제도, 정부가 법률서비스의 비용을 대신 지불하는 법률보호제도의 세 가지 정책대안 중 하나를 선택할 계획입니다.
　이 정책대안을 비교하는 데 고려해야 할 정책목표는 비용저렴성, 접근용이성, 정치적 실현가능성, 법률서비스의 전문성입니다. 정책대안과 정책목표의 관계는 화면으로 보여드립니다. 각 대안이 정책목표를 달성하는 데 유리한 경우는 (+)로, 불리한 경우는 (−)로 표시하였으며, 유·불리 정도는 같습니다. 정책목표에 대한 가중치의 경우, '0'은 해당 정책목표를 무시하는 것을, '1'은 해당 정책목표를 고려하는 것을 의미합니다.

〈정책대안과 정책목표의 상관관계〉

정책목표	가중치		정책대안		
	A안	B안	자원봉사제도	유급법률구조제도	법률보호제도
비용저렴성	0	0	+	−	−
접근용이성	1	0	−	+	−
정치적 실현가능성	0	0	+	−	+
전문성	1	1	−	+	−

① 아마도 전문성 면에서는 유급법률구조제도가 자원봉사제도보다 더 좋은 정책 대안으로 평가받게 되겠군.
② A안에 가중치를 적용할 경우 유급법률구조제도가 가장 적절한 정책대안으로 평가받게 되지 않을까?
③ 반대로 B안에 가중치를 적용할 경우 자원봉사제도가 가장 적절한 정책대안으로 평가받게 될 것 같아.
④ A안과 B안 중 어떤 것을 적용하더라도 정책대안 비교의 결과는 달라지지 않을 것으로 보여.

37 N사에 근무하는 A대리는 국내 자율주행자동차 산업에 대한 SWOT 분석결과에 따라 국내 자율주행자동차 산업 발달을 위한 방안을 고안하는 중이다. A대리가 SWOT 분석에 의한 경영전략에 따라 판단하였다고 할 때, 다음 〈보기〉의 설명 중 SWOT 분석에 의한 경영전략에 맞춘 판단으로 적절하지 않은 것을 모두 고르면?

〈국내 자율주행자동차 산업에 대한 SWOT 분석결과〉

구분	분석 결과
강점(Strength)	• 민간 자율주행기술 R&D지원을 위한 대규모 예산 확보 • 국내외에서 우수한 평가를 받는 국내 자동차기업 존재
약점(Weakness)	• 국내 민간기업의 자율주행기술 투자 미비 • 기술적 안전성 확보 미비
기회(Opportunity)	• 국가의 지속적 자율주행자동차 R&D 지원법안 본회의 통과 • 완성도 있는 자율주행기술을 갖춘 외국 기업들의 등장
위협(Threat)	• 자율주행차에 대한 국민들의 심리적 거부감 • 자율주행차에 대한 국가의 과도한 규제

〈SWOT 분석에 의한 경영전략〉

• SO전략 : 기회를 이용해 강점을 활용하는 전략
• ST전략 : 강점을 활용하여 위협을 최소화하거나 극복하는 전략
• WO전략 : 기회를 활용하여 약점을 보완하는 전략
• WT전략 : 약점을 최소화하고 위협을 회피하는 전략

─────〈보기〉─────

ㄱ. 자율주행기술 수준이 우수한 외국 기업과의 기술이전협약을 통해 국내 우수 자동차기업들의 자율주행기술 연구 및 상용화 수준을 향상시키려는 전략은 SO전략에 해당한다.
ㄴ. 민간의 자율주행기술 R&D를 적극 지원하여 자율주행기술의 안전성을 높이려는 전략은 ST전략에 해당한다.
ㄷ. 자율주행자동차 R&D를 지원하는 법률을 토대로 국내 기업의 기술개발을 적극 지원하여 안전성을 확보하려는 전략은 WO전략에 해당한다.
ㄹ. 자율주행기술개발에 대한 국내기업의 투자가 부족하므로 국가기관이 주도하여 기술개발을 추진하는 전략은 WT전략에 해당한다.

① ㄱ, ㄴ　　　　　　　　　　② ㄱ, ㄷ
③ ㄴ, ㄷ　　　　　　　　　　④ ㄴ, ㄹ

※ J베이비 페어는 사전신청을 한 고객들만 입장이 가능한데, 이를 위해 다음과 같은 신청번호를 부여한다. 이어지는 질문에 답하시오. [38~39]

- 사전신청기간 : 8월 1일 09:00 ~ 9월 30일 18:00(24시간 가능, 시작·마감일은 제외)
- J베이비 페어 관람기간 : 10월 1일 월요일 ~ 10월 21일 일요일
- J베이비 페어 관람시간 : 1차 10:00 ~ 13:00, 2차 14:00 ~ 17:00, 3차 17:00 ~ 20:00
  (평일은 3차 시간대에 운영하지 않음)

※ 신청자의 신청번호는 14자리로 이루어져 있다.

사전신청일	관람인원	유모차	날짜	요일	시간
AA	BBBBBB	CC	DD	E	F

사전신청일	관람인원	유모차 대여 유무 및 대여 시 개수(최대 3개)
8월 전기(1 ~ 15일) : AG 8월 후기(16 ~ 31일) : AU 9월 전기(1 ~ 15일) : SE 9월 후기(16 ~ 30일) : SP	A__ C__ B__ : __에 다음에 해당하는 인원수 기입 A__ : 만 19세 이상 C__ : 만 4 ~ 18세 B__ : 만 3세 이하 예 성인 2명, 유아 1명 입장 시 　→ A2C0B1 *반드시 성인 1명 이상 동행해야 신청 가능	V0 : 미대여 V1 : 1대 대여 V2 : 2대 대여 V3 : 3대 대여

관람일		
날짜	요일	시간
10월 1일 : 01 10월 2일 : 02 10월 3일 : 03 … 10월 20일 : 20 10월 21일 : 21	평일 : W 주말 : H	1차 : B 2차 : M 3차 : L

38 신청번호가 다음과 같을 때 신청번호에 대한 설명으로 적절하지 않은 것은?

AUA2C0B1V019WM

① 시간제약 없이 신청 가능했을 것이다.
② 총 관람인원은 세 명이었을 것이다.
③ 유아가 동행하므로 유모차는 대여했을 것이다.
④ 신청자는 평일 중 마지막 날 관람하였을 것이다.

39 다음 신청내용을 보고 입력해야 할 신청번호로 적절한 것은?

〈신청내용〉

9월 1일 15:30 통화내용
고객 : 10월 둘째 주 토요일 오전시간대에 신청을 원해요. 저와 제 아이 둘이서만 갈 겁니다. 아이가 6살인데
　　　가능하겠죠? 유모차는 필요 없어요.

① SEA1C0B1V013HB
② SEA1C1B0V013HB
③ SEA1C0B0V014HB
④ SEA1C0B1V014HB

N보험회사 고객관리코드는 11자리로 이루어져 있다.

AA	B	CC	DD	EE	FF
보험상품	해지환급금 지급유무	가입자 성별	납입기간	납입주기	보험 · 보장기간

보험상품	해지환급금 지급유무	가입자 성별
SY : 종합보험 CC : 암보험 BB : 어린이보험 TO : 치아보험 NC : 간병보험 LF : 생활보장보험	Y : 100% 지급 P : 70% 지급 Q : 50% 지급 R : 30% 지급 N : 미지급	남 : 01 여 : 10

납입기간	납입주기	보험 · 보장기간(년, 세)
10 : 10년 15 : 15년 20 : 20년 30 : 30년 00 : 일시	월 : 12 연 : 01 일시불 : 00	01 : 10년 02 : 20년 03 : 30년 08 : 80세 09 : 90세 10 : 100세

* 보험상품에 관계없이 납입기간은 보험기간보다 같거나 짧다.
* 단, 생활보장보험과 치아보험 상품의 경우 보험기간은 최대 20년으로 만기 후 재가입은 가능하다. 그 외 보험상품은 최대 100세 만기가입이 가능하다.

40 해지환급금 미지급 100세 보장 간병보험 상품을 일시불로 납입한 남성의 고객관리코드는?

① NCN01000010
② NCN01000001
③ NCN01000110
④ NCN01000101

41 다음은 N보험회사 고객 A에 대한 내용이다. 고객 A의 고객관리코드로 가장 적절한 것은?

> 최근 충치치료를 많이 받은 A는 금전적으로 부담을 느껴, 앞으로의 치료를 위해 보험에 가입하기로 하였다. 해지환급금 지급률이 높을수록 보험료가 높다고 들은 A는 해지환급금은 받되 지급률을 최대한 낮게 하여 가입하기로 하였다. 또 보장기간을 최대한 길게 하고 납입기간은 보장기간과 같게 하되 납입은 연납으로 하기로 하였다.

① SYR01200102　　　　　　② SYR10200110

③ TOR01200110　　　　　　④ TOR10200102

42 제시된 내용과 같이 N보험회사에서 추석선물을 지급한다면, 〈보기〉에서 추석선물을 확실히 받을 고객은 모두 몇 명인가?

> N보험회사는 보험기간에 대한 제약이 없는 보험상품을 가입한 고객 중에서 해지환급금의 일부만을 지급받으며 납입기간이 보장기간보다 짧은 월납 고객에게 추석선물을 지급하기로 하였다.

〈보기〉

SYY01100102	NCP01201202	CCQ10151202	LFR10151220
CCR10000008	SYR01151203	BBN10100108	SYY01101209
LFP10101220	TOQ01000001	NCY01101208	BBQ01201209
TOY10200120	CCQ10000010	CCR01301210	SYN10200110

① 1명　　　　　　② 2명

③ 3명　　　　　　④ 4명

※ 다음은 노트북 시리얼넘버에 대한 자료이다. 이어지는 질문에 답하시오. **[43~45]**

노트북 시리얼넘버는 8자리로 이루어져 있다.

제조사	화면크기	무게	CPU	SSD	RAM
AA	BB	C	D	E	F

제조사		화면크기		무게	
SC : 삼성전자		12 : 12인치		0 : 1.0kg 미만	
BL : LG전자		13 : 13인치		1 : 1.0kg 이상 1.3kg 미만	
OE : Apple		14 : 14인치		2 : 1.3kg 이상 1.5kg 미만	
AU : ASUS		15 : 15인치		3 : 1.5kg 이상 1.8kg 미만	
PB : HP		16 : 16인치		4 : 1.8kg 이상 2.0kg 미만	
HN : 한성		17 : 17인치		5 : 2.0kg 이상	

CPU		SSD		RAM	
X : i3보급형		O : 128GB		I : 2GB	
Y : i5중급형		P : 256GB		D : 4GB	
Z : i7고급형		Q : 512GB		L : 8GB	
		R : 1TB		V : 16GB	
		S : 2TB			

* CPU : i3보급형은 주로 인터넷 서핑과 간단한 문서작업에, i5중급형은 가정용멀티미디어용으로 영화시청과 캐주얼게임에, i7고급형은 전문가용으로 그래픽과 영상작업 및 3D게임에 적합한 모델이다.

43 중고 노트북을 매입 및 판매하는 A씨는 편의를 위해 임의로 기호를 만들어 기록하며 일을 하고 있다. 다음과 같은 고객전화를 받았을 때 A씨가 기록한 내용으로 적절한 것은?

〈고객전화〉

안녕하세요, 중고 노트북 매입하시고 파신다는 광고를 보고 연락드렸어요. 지금 제가 사용하고 있는 노트북은 팔고 새로운 노트북을 사려고요. 제가 가지고 있는 노트북은 삼성 제품으로 14인치, 무게는 1.7kg, 보급형이며 SSD는 256GB, RAM은 2GB입니다. 제가 영상작업 일을 하는데 이 노트북은 업무에 무리가 있어서 새로 구매를 원하는 노트북 사양은 같은 제조사의 i7고급형 모델로 화면은 17인치, 무게는 기존에 쓰던 것과 비슷하면 좋겠어요. 가격은 상관없으니 SSD는 1TB, RAM은 16GB로 구매하고 싶어요.

	고객이 팔려는 노트북	고객이 구하는 노트북
①	SC173ZRV	SC143XPI
②	SC143XPI	SC173ZRV
③	SC143YPI	SC173ZSV
④	SC173ZSV	SC143YPI

44 다음 시리얼넘버에 대한 설명으로 적절하지 않은 것은?(단, 1인치는 3센티미터로 가정한다)

HN152YOL

① 노트북의 제조사는 한성이다.
② 노트북의 화면크기는 50센티미터보다 작다.
③ 노트북의 무게는 1.5kg이다.
④ SSD의 크기는 RAM의 16배이다.

45 다음 고객의 주문내용을 보고 판매해야 하는 노트북의 시리얼넘버로 적절한 것을 고르면?

안녕하세요, 노트북을 주문하려고 연락드렸어요. 저희 딸이 이번에 대학교에 들어가면서 학과 과제 같은 문서작업을 해야 해서 노트북을 구입하려고 합니다. CPU는 크게 상관없을 것 같고, 제조사는 삼성이나 LG였으면 좋겠어요. 화면크기는 너무 작거나 크지 않은 14인치나 15인치가 적절하지 싶고요, 무게는 1.5kg보다는 가벼운 것이 좋겠어요. 딸애 말로는 SSD는 500GB 이상 RAM은 4GB 이상이어야 한대요.

① SC143XQD
② SC152XPD
③ BL142XPL
④ BL152YQL

46 N직원은 팀 회식을 위해 회식장소를 예약하고자 한다. 제시된 회식장소 정보와 〈조건〉을 참고할 때, 가장 적절한 회식장소는?

〈회식장소 정보〉

구분	상세정보
A수산	• 예상비용 : 총 377,200원 • 영업시간 : 11:00 ~ 23:00 • 특이사항 : 하루 전 예약 필요
B치킨	• 예상비용 : 총 292,000원 • 영업시간 : 19:00 ~ 02:00 • 특이사항 : 예약 필요 없음
C갈비	• 예상비용 : 총 375,300원 • 영업시간 : 11:00 ~ 23:00 • 특이사항 : 하루 전 예약 필요
D뷔페	• 예상비용 : 총 388,700원 • 영업시간 : 17:30 ~ 21:00 • 특이사항 : 일주일 전 예약 필요

─── 〈조건〉 ───

- 회식은 팀의 모든 직원(13명)이 참여한다.
- 책정된 회식비는 1인당 3만 원이다.
- 회식은 3일 뒤인 9월 22일 18시에 진행한다.
- 팀원 중 해산물을 먹지 못하는 사람이 있다.

① A수산
② B치킨
③ C갈비
④ D뷔페

47 A주임은 2월에 여행을 가기 위해 B업체에서 H자동차를 대여하려 한다. 〈조건〉이 다음과 같을 때 A주임이 H자동차를 대여할 수 있는 첫날의 요일로 적절하지 않은 것은?

〈2월 달력〉

일	월	화	수	목	금	토
	1	2	3	4	5	6
7	8	9	10	11 설 연휴	12 설 연휴	13 설 연휴
14	15	16	17	18	19	20
21	22	23	24	25	26	27
28						

〈조건〉

- 2월에 주말을 포함하여 3일 동안 연속으로 대여한다.
- 설 연휴에는 대여하지 않는다.
- 설 연휴가 끝난 다음 주 월, 화에 출장이 있어 여행을 갈 수 없다.
- B업체는 첫째 주 짝수 날에 자동차 점검이 있어 대여할 수 없다.
- B업체를 소개해준 C대리가 24일부터 3일간 H자동차의 대여를 예약했다.
- 설 연휴가 있는 주의 화요일과 수요일은 업무를 마쳐야 하므로 여행가지 않는다.

① 수요일 　　　　　　② 목요일
③ 금요일 　　　　　　④ 토요일

48 A과장은 월요일에 사천연수원에서 진행될 세미나에 참석해야 한다. 세미나는 월요일 낮 12시부터 시작이며, 수요일 오후 6시까지 진행된다. 갈 때는 세미나에 늦지 않게만 도착하면 되지만, 올 때는 목요일 회의 준비를 위해 최대한 일찍 서울로 올라와야 한다. 가능한 한 적은 비용으로 세미나 참석을 원할 때, 교통비는 얼마가 들겠는가?

〈KTX〉					
구분	월요일		수요일		가격
서울 – 사천	08:00 ~ 11:00	09:00 ~ 12:00	08:00 ~ 11:00	09:00 ~ 12:00	65,200원
사천 – 서울	16:00 ~ 19:00	20:00 ~ 23:00	16:00 ~ 19:00	20:00 ~ 23:00	66,200원 (10% 할인 가능)

※ 사천역에서 사천연수원까지 택시비는 22,200원이며, 30분이 걸린다(사천연수원에서 사천역까지의 비용과 시간도 동일하다).

〈비행기〉					
구분	월요일		수요일		가격
서울 – 사천	08:00 ~ 09:00	09:00 ~ 10:00	08:00 ~ 09:00	09:00 ~ 10:00	105,200원
사천 – 서울	19:00 ~ 20:00	20:00 ~ 21:00	19:00 ~ 20:00	20:00 ~ 21:00	93,200원 (10% 할인 가능)

※ 사천공항에서 사천연수원까지 택시비는 21,500원이며, 30분이 걸린다(사천연수원에서 사천공항까지의 비용과 시간도 동일하다).

① 168,280원 ② 178,580원

③ 192,780원 ④ 215,380원

49 ○○공단에서는 사업주의 직업능력개발훈련 시행을 촉진하기 위해 훈련방법과 기업규모에 따라 지원금을 차등 지급하고 있다. 다음 자료를 토대로 원격훈련으로 직업능력개발훈련을 시행하는 X, Y, Z 세 기업과 각 기업의 원격훈련 지원금을 바르게 짝지은 것은?

〈기업규모별 지원 비율〉

기업	훈련	지원 비율
우선지원대상 기업	향상·양성훈련 등	100%
대규모 기업	향상·양성훈련	60%
	비정규직대상훈련 / 전직훈련	70%
상시근로자 1,000인 이상 대규모 기업	향상·양성훈련	50%
	비정규직대상훈련 / 전직훈련	70%

〈원격훈련 종류별 지원금〉

훈련종류 / 심사등급	인터넷	스마트	우편
A등급	5,600원	11,000원	3,600원
B등급	3,800원	7,400원	2,800원
C등급	2,700원	5,400원	1,980원

※ 인터넷·스마트 원격훈련 : 정보통신매체를 활용하여 훈련이 시행되고 훈련생 관리 등이 웹상으로 이루어지는 훈련
※ 우편 원격훈련 : 인쇄매체로 된 훈련교재를 이용하여 훈련이 시행되고 훈련생 관리 등이 웹상으로 이루어지는 훈련
※ (원격훈련 지원금)=(원격훈련 종류별 지원금)×(훈련시간)×(훈련수료인원)×(기업규모별 지원 비율)

〈세 기업의 원격훈련 시행 내역〉

구분	기업규모	종류	내용	시간	등급	수료인원
X기업	우선지원대상 기업	스마트	향상·양성훈련	6시간	C등급	7명
Y기업	대규모 기업	인터넷	비정규직 대상훈련 / 전직훈련	3시간	B등급	4명
Z기업	상시근로자 1,000인 이상 대규모 기업	스마트	향상·양성훈련	4시간	A등급	6명

① X기업 – 201,220원
② X기업 – 226,800원
③ Y기업 – 34,780원
④ Y기업 – 35,120원

50 A지역농협에서는 적합한 인재를 채용하기 위하여 NCS 기반 능력중심 공개채용을 시행하였다. 1차 서류전형, 2차 직업기초능력평가, 3차 직무수행능력평가, 4차 면접전형을 모두 마친 면접자들의 평가점수를 '최종 합격자 선발기준'에 따라 판단하여 A ~ E 중 상위자 2명을 최종 합격자로 선정하고자 한다. 다음 중 최종 합격자들로 바르게 짝지어진 것은?

〈최종 합격자 선발기준〉

평가요소	의사소통	문제해결	조직이해	대인관계	합계
평가비중	40%	30%	20%	10%	100%

〈면접평가 결과〉

구분	A	B	C	D	E
의사소통능력	A$^+$	A$^+$	A$^+$	B$^+$	C
문제해결능력	B$^+$	B+5	A$^+$	B+5	A+5
조직이해능력	A+5	A	C$^+$	A$^+$	A
대인관계능력	C	A$^+$	B$^+$	C$^+$	B$^+$+5

※ 등급별 변환 점수 : A$^+$=100, A=90, B$^+$=80, B=70, C$^+$=60, C=50
※ 면접관의 권한으로 등급별 점수에 +5점을 가점할 수 있음

① A, B
② B, C
③ C, D
④ D, E

51 A사원은 현재 보증금 3천만 원, 월세 50만 원을 지불하면서 B원룸에 거주하고 있다. 다음 해부터는 월세를 낮추기 위해 보증금을 증액하려고 한다. 다음 규정을 보고 A사원이 월세를 최대로 낮췄을 때의 월세와 보증금을 순서대로 바르게 나열한 것은?

〈B원룸 월 임대료 임대보증금 전환 규정〉

• 월 임대료의 56%까지 보증금으로 전환 가능
• 연 1회 가능
• 전환이율 6.72%

① 월세 22만 원, 보증금 7천만 원
② 월세 22만 원, 보증금 8천만 원
③ 월세 30만 원, 보증금 8천만 원
④ 월세 22만 원, 보증금 9천만 원

52 다음 밑줄 친 '마케팅 기법'에 대한 설명으로 적절한 것을 〈보기〉에서 모두 고르면?

기업들이 신제품을 출시하면서 한정된 수량만 제작 판매하는 한정판 제품을 잇따라 내놓고 있다. 이번 기회가 아니면 더 이상 구입할 수 없다는 메시지를 끊임없이 던지며 소비자의 호기심을 자극하는 <u>마케팅 기법</u>이다. ○○자동차 회사는 가죽 시트와 일부 외형이 기존 제품과 다른 모델을 8,000대 한정 판매하였는데, 단기간에 매진을 기록하였다.

─────〈보기〉─────
㉠ 소비자의 충동 구매를 유발하기 쉽다.
㉡ 이윤 증대를 위한 경영 혁신의 한 사례이다.
㉢ 의도적으로 공급의 가격탄력성을 크게 하는 방법이다.
㉣ 소장 가치가 높은 상품을 대상으로 하면 더 효과적이다.

① ㉠, ㉡   ② ㉠, ㉢
③ ㉡, ㉣   ④ ㉠, ㉡, ㉣

53 다음은 K사에서 근무하는 L사원의 업무일지이다. L사원이 출근 후 두 번째로 해야 할 일로 적절한 것은?

날짜	2024년 8월 6일 화요일
내용	[오늘 할 일] • 팀 회의 준비 – 회의실 예약 후 마이크 및 프로젝터 체크 • 외주업체로부터 판촉 행사 브로슈어 샘플 디자인 받기 • 지난 주 외근 지출결의서 총무부 제출(늦어도 퇴근 전까지) • 회사 홈페이지, 관리자 페이지 및 업무용 메일 확인(출근하자마자 확인) • 14시 브로슈어 샘플 디자인 피드백 팀 회의 [주요 행사 확인] • 8월 12일 화요일 – 8월 데이행사(오이데이) • 8월 15일 금요일 – 또 하나의 마을(충북 제천 흑선동 본동마을)

① 회의실 예약 후 마이크 및 프로젝터 체크
② 외주업체로부터 브로슈어 샘플 디자인 받기
③ 외근 관련 지출결의서 총무부 제출
④ 회사 홈페이지, 관리자 페이지 및 업무용 메일 확인

54 다음은 문화적 커뮤니케이션에 대한 설명이다. 빈칸에 들어갈 단어를 바르게 연결한 것은?

> 직업인이 외국인과 함께 일하는 국제 비즈니스에서는 커뮤니케이션이 매우 중요하다. 직업인은 자신이 속한 조직의 목적을 달성하기 위해 외국인을 설득하거나 이해시켜야 한다. 이와 같이 서로 상이한 문화 간 커뮤니케이션을 ___㉠___ 이라고 한다. 반면에 ___㉡___ 은 국가 간의 커뮤니케이션으로 직업인이 자신의 일을 수행하는 가운데 문화배경을 달리하는 사람과 커뮤니케이션을 하는 것은 ___㉠___ 에 해당된다.
>
> ___㉠___ 은 언어적과 비언어적으로 구분된다. 언어적 커뮤니케이션은 의사를 전달할 때 직접적으로 이용되는 것으로 이는 외국어 사용능력과 직결된다. 그러나 국제관계에서는 이러한 언어적 커뮤니케이션 외에 비언어적 커뮤니케이션 때문에 여러 가지 문제를 겪는 경우가 많다. 즉, 아무리 외국어를 유창하게 하는 사람이라고 하더라도 문화적 배경을 잘 모르면 언어에 내포된 의미를 잘못 해석하거나 수용하지 않을 수도 있다. 또한, 대접을 잘 하겠다고 한 행동이 오히려 모욕감이나 당혹감을 주는 행동으로 비춰질 수도 있다. 따라서 국제사회에서 성공적인 업무 성과를 내기 위해서는 외국어활용능력을 키우는 것뿐만 아니라 상대국의 문화적 배경에 입각한 생활양식, 행동규범, 가치관 등을 사전에 이해하기 위한 노력을 지속적으로 기울여야 한다.

	㉠	㉡
①	비공식적 커뮤니케이션	공식적 커뮤니케이션
②	다문화 커뮤니케이션	국제 커뮤니케이션
③	다문화 커뮤니케이션	공식적 커뮤니케이션
④	이문화 커뮤니케이션	국제 커뮤니케이션

55 다음은 N은행의 DC/IRP 가입자를 위한 포트폴리오이다. 이를 토대로 〈보기〉와 같은 성향을 보인 고객에게 추천할 상품을 바르게 짝지은 것은?

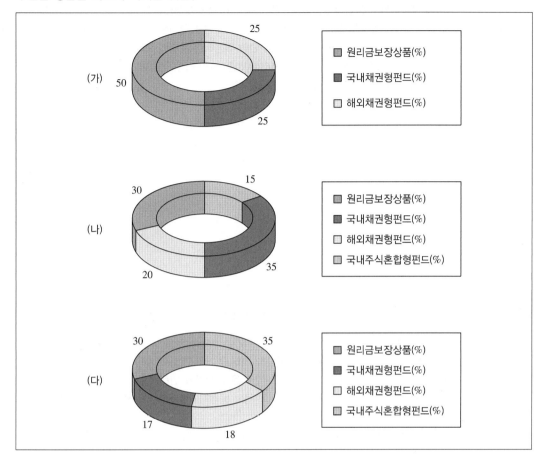

〈보기〉

- 고객 A : 보수적인 투자성향으로 투자원금의 손실을 최소화하고, 이자소득이나 배당소득 수준의 안정적인 투자를 목표로 합니다. 다만, 예·적금보다 높은 수익을 위해 수익증권을 편입하되 상대적으로 안전자산인 국내외 채권형 상품만으로 구성된 수익증권을 편입합니다.
- 고객 B : 수익성과 안정성 모두를 고려하여 어느 한쪽에 치우치지 않도록 일정수준의 위험자산을 편입하여 운용합니다. 투자에 따르는 위험을 다소 감수하더라도 예·적금보다 높은 수익을 목표로 합니다.
- 고객 C : 투자자금의 상당 부분을 주식형 펀드 등의 위험자산에 투자하여, 투자원금의 보전보다는 위험을 감내하더라도 높은 수준의 투자수익 실현을 추구합니다.

	(가)	(나)	(다)
①	고객 A	고객 B	고객 C
②	고객 A	고객 C	고객 B
③	고객 B	고객 A	고객 C
④	고객 B	고객 C	고객 A

56 다음 내용이 설명하는 서비스는?

은행의 송금과 결제망을 표준화시키고 이를 개방하여 하나의 어플리케이션으로 모든 은행의 계좌 조회, 결제, 송금 등의 금융 활동을 제공하는 서비스를 말한다. 2019년 12월 18일에 정식으로 서비스를 시작했으며, 은행권의 오픈 API에 따라 데이터를 전송한다. 개인이 이용하던 은행의 모바일 앱에 타행 계좌를 등록하고 이용 동의를 하면 서비스를 이용할 수 있다. 편리성이 증대되었다는 장점이 있지만, 일일 이체한도가 기존 은행 어플리케이션에 비해 낮다는 단점이 있다.

① 섭테크
② 레그테크
③ 뱅크런
④ 오픈뱅킹

57 다음 〈보기〉에서 도시농업에 대한 설명으로 적절한 것을 모두 고르면?

─〈보기〉─

ㄱ. 도시농업 사업은 현재 먹거리 재배뿐만 아니라 미래 먹거리 개발도 추진하고 있다.
ㄴ. 도시농업은 청년층을 대상으로 도시농업 전문인력을 양성하기 위해 전문교육을 실시하고 있다.
ㄷ. 도시농업의 추진 목적은 귀농·귀촌하는 도시민들의 농촌지역에서의 성공적인 정착을 위한 경제적 지원에 있다.
ㄹ. 코로나19 이후 도시농업은 도시에서 직접 작물을 재배하여 판매함으로써 수익을 극대화하는 경제 사업으로 인식이 변화되었다.

① ㄱ
② ㄷ
③ ㄱ, ㄹ
④ ㄴ, ㄷ

58 다음 중 조직변화의 유형에 대한 설명으로 가장 적절한 것은?

① 조직변화는 제품과 서비스, 전략, 구조, 기술, 문화 등에서 이루어질 수 있다.
② 고객을 늘리거나 새로운 시장을 확대하기 위해 새로운 기술을 도입한다.
③ 조직의 목적을 달성하고 효율성을 높이기 위해 제품이나 서비스를 변화한다.
④ 신기술이 발명되었을 때나 생산성을 높이기 위해 전략이나 구조를 개선시킨다.

C사의 교육팀에 신입사원이 입사를 하게 되었다. 교육팀장은 교육운영을 맡았던 박대리에게 그간의 업무는 신입사원에게 인수인계하고, 같은 팀 최과장을 도와 교육을 기획하는 업무를 담당하라고 이야기했다. 박대리는 신입사원이 출근하기에 앞서 교육팀에서 지난 2년간 수행했던 업무들을 정리하여 인수인계서를 작성했다. 인수인계서를 모두 작성하고 팀장 결제를 받기 전에 내용이 빠짐없이 작성되었는지 확인할 필요가 있다고 판단되어, 박대리는 팀 내에서 공통으로 활용하는 다음과 같은 점검표를 활용하기로 했다.

업무		확인	
		YES	NO
현황	담당업무에 대한 구분 및 정의는 명확하게 기술되었는가?		
	주요 업무계획 및 진행사항은 구체적으로 서술되었는가?		
	현안사항 및 문제점은 빠짐없이 작성되었는가?		
	주요 미결사항은 리스트와 세부 내용이 서술되었는가?		
⋮	⋮		

59 박대리가 업무 인수인계서를 작성할 때 필수적으로 고려해야 할 항목으로 거리가 먼 것은?

① 조직의 업무 지침
② 업무 요령 및 활용 팁
③ 요구되는 지식, 기술, 도구
④ 관련 업무 및 유관부서 담당자

60 박대리는 업무 수행을 점검하기 위해 어떤 도구를 활용하였는가?

① 체크리스트
② 간트 차트
③ 워크 플로우 시트
④ 벤 다이어그램

www.sdedu.co.kr

6권

제6회
지역농협 6급
필기시험

직무능력평가
(60문항/60분 유형)

www.sdedu.co.kr

〈문항 수 및 시험시간〉

영역	문항 수	시험시간	비고	모바일 OMR 답안분석
의사소통능력 수리능력 문제해결능력 자원관리능력 조직이해능력	60문항	60분	4지선다	

제6회 모의고사

문항 수 : 60문항
시험시간 : 60분

※ 다음 중 밑줄 친 단어와 같은 의미로 쓰인 것을 고르시오. [1~3]

01

이번 달만 넘어서면 전화위복이 될 것이다.

① 국경을 넘어 난민들이 탈출하였다.
② 이번 일은 내 능력을 넘어서는 일이다.
③ 언덕을 넘어서 드디어 산 정상에 올랐다.
④ 문화재청은 어려운 현실을 넘어서 발굴에 성공하였다.

02

연어잡이에 나서다.

① 어른들 앞에 나서다.
② 남에 일에 주제넘게 나서다.
③ 아침 일찍 여행길에 나서다.
④ 어린 나이에도 불구하고 장사를 하러 나서다.

03

그녀의 빡빡한 여행 일정에는 커피 한 잔 마실 사이가 없었다.

① 이번에는 아차산과 망우산 사이에 있는 용마산에 오르기로 하였다.
② 어렵게 잡은 벌레가 잠깐 방심한 사이에 도망가 버렸다.
③ 가까운 친구 사이일수록 돈 계산을 철저히 해야 한다.
④ 야근을 피하려면 그렇게 놀고 있을 사이가 없을 텐데?

※ 다음 제시된 단어와 반대되는 의미를 가진 단어를 고르시오. [4~5]

04

출근

① 출세   ② 퇴근
③ 지출   ④ 개근

05

간섭

① 참견   ② 방임
③ 섭정   ④ 개간

06 다음 대화에서 두 사람이 이번 주말에 하려는 것은?

A : Do you have any plans for this weekend?
B : Why don't we go fishing?
A : That sounds great.
B : I will bring my camera to take pictures.

① 청소를 한다.   ② 그림을 그린다.
③ 카메라를 수리한다.   ④ 낚시하러 간다.

07 다음 글의 빈칸에 들어갈 내용으로 가장 적절한 것은?

한 존재가 가질 수 있는 욕망과 그 존재가 가졌다고 할 수 있는 권리 사이에는 모종의 개념적 관계가 있는 것 같다. 권리는 침해될 수 있는 것이며, 어떤 것에 대한 개인의 권리를 침해하는 것은 그것과 관련된 욕망을 좌절시키는 것이다. 예를 들어 당신이 차를 가지고 있다고 가정해 보자. 그럴 때 나는 우선 그것을 당신으로부터 빼앗지 말아야 한다는 의무를 가진다. 그러나 그 의무는 무조건적인 것이 아니다. 이는 부분적으로 당신이 그것과 관련된 욕망을 가지고 있는지 여부에 달려 있다. 만약 당신이 차를 빼앗기든지 말든지 관여치 않는다면, 내가 당신의 차를 빼앗는다고 해서 당신의 권리를 침해하는 것은 아닐 수 있다.

물론 권리와 욕망 간의 관계를 정확히 설명하는 것은 어렵다. 이는 졸고 있는 경우나 일시적으로 의식을 잃는 경우와 같은 특수한 상황 때문인데, 그러한 상황에서도 졸고 있는 사람이나 의식을 잃은 사람에게 권리가 없다고 말하는 것은 옳지 않을 것이다. 그러나 이와 같이 권리의 소유가 실제적인 욕망 자체와 연결되지는 않는다고 하더라도, 권리를 소유하려면 어떤 방식으로든 관련된 욕망을 가지는 능력이 있어야 한다. 어떤 권리를 소유할 수 있으려면 최소한 그 권리와 관련된 욕망을 가질 수 있어야 한다는 것이다.

이러한 관점을 '생명에 대한 권리'라는 경우에 적용해 보자. 생명에 대한 권리는 개별적인 존재의 생존을 지속시킬 권리이고, 이를 소유하는 데 관련되는 욕망은 개별존재로서 생존을 지속시키고자 하는 욕망이다. 따라서 자신을 일정한 시기에 걸쳐 존재하는 개별존재로서 파악할 수 있는 존재만이 생명에 대한 권리를 가질 수 있다. 왜냐하면 _____

① 생명에 대한 권리를 가질 수 있는 존재만이 개별존재로서 생존을 지속시키고자 하는 욕망을 가질 수 있기 때문이다.

② 자신을 일정한 시기에 걸쳐 존재하는 개별존재로서 파악할 수 있는 존재는 다른 존재자의 생명을 빼앗지 말아야 한다는 의무를 지니기 때문이다.

③ 자신을 일정한 시기에 걸쳐 존재하는 개별존재로서 파악할 수 있는 존재만이 개별존재로서 생존을 지속시키고자 하는 욕망을 가질 수 있기 때문이다.

④ 개별존재로서 생존을 지속시키고자 하는 욕망을 가질 수 있는 존재만이 자신을 일정한 시기에 걸쳐 존재하는 개별존재로서 파악할 수 있기 때문이다.

(가) 정부가 농약허용물질목록관리제도(PLS)를 도입한 것은 국민에게 안전한 농산물을 제공한다는 목적에서다. 안전성이 입증되지 않은 농약의 살포를 사전에 차단하려면 검증된 농약만을 허용하는 PLS가 필요하다는 것이다. 이미 일본·유럽연합·대만 등의 주요 국가에서 PLS를 도입한 것 또한 이 같은 명분을 뒷받침한다.

(나) 정부는 올해의 경우 계도 위주로 PLS를 운용한다는 방침이다. 농가의 위반사례를 적발해 법적 책임을 묻기보다는 PLS가 안정적으로 정착할 수 있도록 하는 데 주력하겠다는 것이다. 이와 함께 연작(連作)·혼작(混作)·간작(間作) 등으로 인한 농약의 토양 잔류에 대비해 공통으로 사용할 수 있는 농약 그룹을 설정하고, 비의도적인 농약 비산을 방지할 수 있는 대책도 마련하겠다는 입장이다.

(다) 농촌현장에서 위반사례가 실제 적발될 경우 PLS에 대한 논란은 더욱 커질 것으로 보인다. 일부 위반사례가 언론을 통해 알려지기 시작하면 국산 농산물에 대한 소비자 신뢰가 크게 떨어질 수 있기 때문이다. 아울러 항공방제에 따른 비의도적 오염 등으로 선의의 피해자가 발생할 가능성도 있다.

(라) 농약허용물질목록관리제도(PLS)는 작물별로 등록된 농약만 일정 기준 안에서 사용하도록 하는 제도이다. 잔류허용기준이 등록되지 않은 농약의 경우 일률적으로 0.01kg까지만 허용하기 때문에 사실상 사용할 수 없다. 정부는 PLS를 도입하여 올해 1월 1일부터 시행하고 있다.

(마) 그러나 문제는 국내 농가의 준비 상황이다. 농업계는 PLS 도입의 필요성은 인정하면서도 생산 농가의 준비가 충분치 않다고 보고 있다. 그런데도 정부가 PLS를 강행하여 혼란을 불러일으키고 있다고 지적하고 있다.

08 다음 중 (가) ~ (마) 문단을 논리적 순서대로 바르게 나열한 것은?

① (가) – (나) – (다) – (라) – (마)
② (가) – (라) – (다) – (나) – (마)
③ (나) – (다) – (마) – (라) – (가)
④ (라) – (가) – (마) – (다) – (나)

09 다음 중 윗글을 읽고 보인 반응으로 적절하지 않은 것은?

① 소비자의 입장에서는 PLS가 도입되어 안전한 농산물을 구매할 수 있겠어.
② PLS는 우리나라보다 앞서 일본, 유럽연합, 대만 등에서 이미 도입되었어.
③ PLS가 1월 1일부터 시행되고 있으니 위반사항이 적발되면 법적인 책임을 물을 거야.
④ 농업계는 PLS 도입을 위한 국내 농가의 준비가 아직 미흡하다고 생각하고 있네.

농협은 '농촌사랑 모바일상품권'을 출시하고, 고객서비스를 새롭게 강화해 나가겠다고 밝혔다. 농촌사랑 상품권은 지난 1993년 우루과이라운드 타결로 피해가 우려되는 농촌을 지키기 위해 우리 농산물 애용운동의 일환으로 출시되었다. 기존에는 지류 형태로만 발행되었으며, 모바일 형태의 상품권으로 출시한 것은 이번이 처음이다. 농협은 사용 편의성을 높인 모바일상품권 출시로 고객들이 손쉽게 농·축산물 쇼핑을 즐길 수 있을 것으로 기대하고 있다.
농촌사랑 모바일상품권은 휴대전화 MMS로 간편하게 주고받을 수 있어 기업들의 마케팅 수단으로 활용할 수 있으며, 농촌 지역의 고객 마케팅이나 기업 복지용으로도 효과적일 것으로 기대된다. 또한 농촌사랑 모바일상품권은 농협과 KT엠하우스가 협력·운용한다. 특히, KT엠하우스는 10여 년 동안 타 모바일상품권을 운용했던 노하우를 기반으로 하여 농촌사랑 모바일상품권의 발행과 유통을 담당한다. 농촌사랑 모바일상품권은 총 4종(5천 원권, 1·5·10만 원권)으로 발행되며, 개인고객은 농협몰(www.nonghyupmall.com)에서, 기업고객은 KT엠하우스의 기프티쇼비즈(biz.giftishow.com)에서 구매할 수 있다. 구매한 모바일상품권은 전국 농·축협 및 NH농협은행에서 종이 상품권으로 교환 가능하며, 전국 농협하나로마트와 농협주유소에서 사용할 수 있고, 농협몰에서 포인트로 전환하여 사용할 수도 있다.
농협 농업경제대표이사는 "농촌사랑 모바일상품권 출시가 농·축산물 판매 확대로 이어져 농가소득 증대에 도움이 되었으면 한다."고 말했다. 한편, 농협몰은 오는 3월 말까지 농촌사랑 모바일상품권 5만 원 이상 구매 고객을 대상으로 농촌사랑 모바일상품권(3만 원)을 200명에게 증정하는 이벤트를 진행한다.

10 윗글의 내용으로 적절하지 않은 것은?

① 농촌사랑 모바일상품권은 1만 원권, 5만 원권, 10만 원권으로만 발행된다.
② 농촌사랑 상품권이 모바일 형태로 출시된 것은 이번이 처음이다.
③ 농촌사랑 모바일상품권은 KT엠하우스가 그 발행과 유통을 담당한다.
④ 농촌사랑 상품권은 우리 농산물 애용운동의 일환으로 출시되었다.

11 윗글을 읽고 보인 반응으로 적절한 것을 모두 고르면?

㉠ 농촌사랑 모바일상품권을 지류 형태로 교환할 수는 없어서 아쉬워.
㉡ 농촌사랑 상품권은 우루과이 라운드 타결로 피해가 우려되는 농촌을 지키기 위해 출시되었어.
㉢ 농촌사랑 상품권을 5만 원 이상 구매하면 상품권을 증정하는 이벤트에 당첨될지도 몰라.
㉣ 농촌사랑 모바일상품권을 구매하려는 개인고객은 농협몰이나 기프티쇼비즈를 이용하면 되겠다.

① ㉠   ② ㉡
③ ㉠, ㉡   ④ ㉡, ㉣

12 다음은 N은행에서 환율우대 50%를 기준으로 제시한 환율이다. K씨가 2주 전 엔화와 달러로 환전한 금액은 800,000엔과 7,000달러였고, 그때보다 환율이 올라 다시 원화로 환전했다. 2주 전 엔화 환율은 998원/100엔이었고, K씨가 오늘 엔화와 달러를 각각 원화로 환전한 후 얻은 수익이 같다고 할 때, 2주 전 미국 USD 환율은 얼마였는가?

〈오늘의 통화별 환율 현황〉

(단위 : 원)

통화명	매매기준율	현찰	
		팔 때	살 때
미국 USD	1,120.70	1,110.90	1,130.50
일본 JPY 100	1,012.88	1,004.02	1,021.74
유럽연합 EUR	1,271.66	1,259.01	1,284.31
중국 CNY	167.41	163.22	171.60

① 1,102.12원/달러
② 1,104.02원/달러
③ 1,106.12원/달러
④ 1,108.72원/달러

13 A씨와 B씨는 은행으로부터 300만 원을 빌렸다. A씨는 한 달 후부터 12회에 걸쳐서 빌린 돈을 갚은 반면, B씨는 6개월 후부터 6회에 걸쳐서 빌린 돈을 갚았다. 이때, A씨와 B씨가 1회당 갚은 돈의 차액은 얼마인가?(단, 월 이자율은 2.0%이고, 매월 복리로 계산한다. 천 원 단위 이하는 버림하고, $1.02^{12} = 1.27$, $1.02^6 = 1.13$으로 계산한다)

① 10만 원
② 20만 원
③ 30만 원
④ 40만 원

14 다음은 우리나라 국가채권 현황에 대한 자료이다. 이에 대한 〈보기〉의 설명 중 옳은 것을 모두 고르면?

〈우리나라 국가채권 현황〉

(단위 : 조 원)

구분	2019년		2020년		2021년		2022년	
	국가채권	연체채권	국가채권	연체채권	국가채권	연체채권	국가채권	연체채권
합계	238	27	268	31	298	36	317	39
조세채권	26	18	30	22	34	25	38	29
경상 이전수입	8	7	8	7	9	8	10	8
융자회수금	126	0	129	0	132	0	142	0
예금 및 예탁금	73	0	97	0	118	0	123	0
기타	5	2	4	2	5	3	4	2

〈보기〉

㉠ 2019년 총 연체채권은 2021년 총 연체채권의 80% 이상이다.

㉡ 국가채권 중 조세채권의 전년 대비 증가율은 2020년이 2022년보다 높다.

㉢ 융자회수금의 국가채권과 연체채권의 총합이 가장 높은 해에는 경상 이전수입의 국가채권과 연체채권의 총합도 가장 높다.

㉣ 2019년 대비 2022년 경상 이전수입 중 국가채권의 증가율은 경상 이전수입 중 연체채권의 증가율보다 낮다.

① ㉠, ㉡
② ㉠, ㉢
③ ㉡, ㉢
④ ㉢, ㉣

※ 다음은 연구개발비에 대한 자료이다. 이어지는 질문에 답하시오. [15~16]

〈주요 산업국 연도별 연구개발비 추이〉

(단위 : U.S 백만 달러)

구분	2018년	2019년	2020년	2021년	2022년	2023년
한국	23,587	28,641	33,684	31,304	29,703	37,935
중국	29,898	37,664	48,771	66,430	84,933	–
일본	151,270	148,526	150,791	168,125	169,047	–
독일	69,317	73,737	84,148	97,457	92,552	92,490
영국	39,421	42,693	50,016	47,138	40,291	39,924
미국	325,936	350,923	377,594	403,668	401,576	–

〈2022년 연구개발비 분포〉

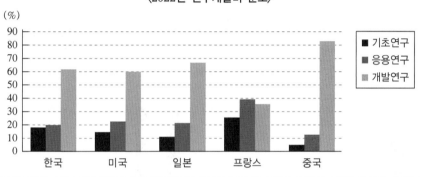

15 다음 중 위 자료에 대한 설명으로 옳은 것을 모두 고르면?

> ㉠ 2022년도 연구개발비가 전년 대비 감소한 곳은 4곳이다.
> ㉡ 2018년에 비해 2022년도 연구개발비 증가율이 가장 높은 곳은 중국이고, 가장 낮은 곳은 일본이다.
> ㉢ 전년 대비 2020년 한국의 연구개발비 증가율은 독일보다 높고, 중국보다 낮다.

① ㉠
③ ㉠, ㉡
② ㉡
④ ㉠, ㉢

16 2022년 미국의 개발연구비는 한국의 응용연구비의 약 몇 배인가?(단, 소수점 둘째 자리에서 반올림한다)

① 40.2배
③ 40.6배
② 40.4배
④ 41.2배

17 다음은 2023년도 신재생에너지 산업통계 자료이다. 이를 나타낸 그래프 중 옳지 않은 것은?

〈신재생에너지원별 산업 현황〉

(단위 : 억 원)

구분	기업체 수(개)	고용인원(명)	매출액	내수	수출액	해외공장매출	투자액
태양광	127	8,698	75,637	22,975	33,892	18,770	5,324
태양열	21	228	290	290	0	0	1
풍력	37	2,369	14,571	5,123	5,639	3,809	583
연료전지	15	802	2,837	2,143	693	0	47
지열	26	541	1,430	1,430	0	0	251
수열	3	46	29	29	0	0	0
수력	4	83	129	116	13	0	0
바이오	128	1,511	12,390	11,884	506	0	221
폐기물	132	1,899	5,763	5,763	0	0	1,539
합계	493	16,177	113,076	49,753	40,743	22,579	7,966

① 신재생에너지원별 기업체 수(단위 : 개)

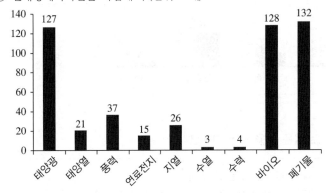

② 신재생에너지원별 고용인원(단위 : 명)

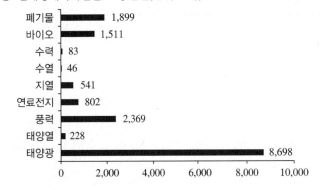

③ 신재생에너지원별 고용인원 비율

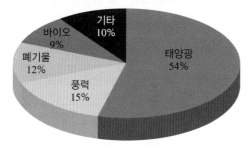

④ 신재생에너지원별 내수 현황(단위 : 억 원)

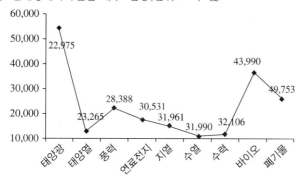

18 다음은 우리나라 건강보험 재정현황에 대한 자료이다. 이에 대한 설명으로 옳지 않은 것은?

〈건강보험 재정현황〉

(단위 : 조 원)

구분		2015년	2016년	2017년	2018년	2019년	2020년	2021년	2022년
수입		33.6	37.9	41.9	45.2	48.5	52.4	55.7	58.0
	보험료 등	28.7	32.9	36.5	39.4	42.2	45.3	48.6	51.2
	정부지원	4.9	5.0	5.4	5.8	6.3	7.1	7.1	6.8
지출		34.9	37.4	38.8	41.6	43.9	48.2	52.7	57.3
	보험급여비	33.7	36.2	37.6	40.3	42.5	46.5	51.1	55.5
	관리운영비 등	1.2	1.2	1.2	1.3	1.4	1.7	1.6	1.8
수지율(%)		104	98	93	92	91	92	95	99

※ $[수지율(\%)] = \dfrac{(지출)}{(수입)} \times 100$

① 2015년 대비 2022년 건강보험 수입의 증가율과 건강보험 지출의 증가율의 차이는 15%p 이상이다.

② 2016년부터 건강보험 수지율이 전년 대비 감소하는 해에는 정부지원 수입이 전년 대비 증가했다.

③ 2020년 보험료 등이 건강보험 수입에서 차지하는 비율은 75% 이상이다.

④ 건강보험 수입과 지출의 전년 대비 증감 추이는 2016년부터 2021년까지 동일하다.

19 N사에서 홍보부서와 기획부서가 결승에 진출하였다. 결승에서는 7번의 경기 중에서 4번을 먼저 이기는 팀이 우승팀이 된다. 홍보부서와 기획부서의 승률이 각각 $\dfrac{1}{2}$ 이고 무승부는 없다고 할 때, 홍보부서가 네 번째 또는 다섯 번째 시합에서 결승에 우승할 확률은?

① $\dfrac{1}{32}$

② $\dfrac{1}{16}$

③ $\dfrac{1}{8}$

④ $\dfrac{3}{16}$

20 N금융회사에서는 직원들의 금융상품 운용능력을 평가하기 위해 직원 60명을 대상으로 설문조사를 실시하였다. 주택청약, 펀드, 부동산 투자 여부 등을 조사하였으며, 중복 선택이 가능하였다. 조사 결과 주택청약을 한 직원은 27명, 펀드는 23명, 부동산 투자는 30명이었으며, 주택청약, 펀드, 부동산 투자를 모두 하는 직원이 5명이었을 때, 투자 항목 중 2개만 하는 직원은 몇 명인가?(단, N금융회사 직원들은 모두 적어도 1개 이상을 선택하였다)

① 5명   ② 10명
③ 20명   ④ 25명

21 A고등학교의 음악 동아리는 남학생과 여학생으로 구성되어 있다. 1명의 신입회원이 들어왔을 때, 그 회원이 남자라면 여학생 수의 2배가 되고, 여자라면 남녀의 수가 같아진다. 신입회원이 들어오기 전 동아리 회원 수는?

① 5명   ② 6명
③ 7명   ④ 8명

22 철수는 최근에 농구 동아리에 가입하여 농구화를 사려고 한다. 현재 한국에서 농구화 가격을 알아보니 250,000원이었고, 너무 비싸다고 생각한 철수는 농구화를 해외에서 직접 구매하기로 했다. 철수가 미국, 중국, 일본, 프랑스 네 국가에서 판매하는 농구화의 가격과 환율을 조사해 보니 다음과 같았을 때, 가장 저렴하게 농구화를 사기 위해서는 어느 국가의 농구화를 구입해야 하는가?(단, 제시된 조건 외의 것은 고려하지 않는다)

구분	미국	중국	일본	프랑스
농구화 가격	210달러	1,300위안	21,000엔	200유로
환율	1달러=1,100원	1위안=160원	100엔=960원	1유로=1,200원

① 미국   ② 중국
③ 일본   ④ 프랑스

23 사회초년생인 K씨는 업무에 사용할 노트북을 신용카드로 3개월 할부를 적용하여 90만 원에 결제하였다. 다음의 할부수수료 부과 방식을 참고하여 K씨가 지불할 할부수수료의 총액을 구하면?(단, 할부수수료는 회차별 할부금을 상환할 때 함께 부과되어 결제된다)

〈할부수수료 부과 방식〉

■ 신용카드 할부수수료율

할부기간	3개월 미만	3 ~ 5개월	6 ~ 9개월	10 ~ 12개월
수수료율(연)	8%	10%	15%	20%

■ 할부수수료 관련 계산 공식
 • (할부수수료)=(할부잔액)×(할부수수료율)÷12
 • (할부잔액)=(이용원금)−(기결제원금)
 • 회차별 이용원금 상환금액은 균등

① 12,000원　　　　　　　② 15,000원
③ 22,500원　　　　　　　④ 30,000원

24 다음 고객 정보를 참고하여 대출 담당 직원인 귀하가 안내해야 할 중도상환 수수료는 얼마인가?(단, 100원 미만은 절사한다)

〈할부수수료 부과 방식〉

• 2023년 6월, 담보대출 실행
 − 대출원금 : 12,000,000원
 − 대출이자 : 4%(원금 균등상환)
 − 대출기간 : 60개월

• 2024년 6월, 중도상환
 − (중도상환 수수료)=(중도상환 원금)×(중도상환 수수료율)×$\dfrac{36개월-(대출경과월수)}{36개월}$
 − (중도상환 원금)=(대출원금)−[원금상환액(월)]×(대출경과월수)
 − 중도상환 수수료율(%)

대출상환기간	3 ~ 14개월	15 ~ 24개월	25 ~ 36개월
수수료율	3.8	2.8	2.0

※ 3년 초과 중도상환 시 면제

① 128,000원　　　　　　　② 179,200원
③ 243,200원　　　　　　　④ 274,400원

25 다음 중 미국의 핫 포인트사가 개발한 창의적 사고 개발 기법으로, 주로 상품의 결점이나 문제점 발견에 사용되는 기법은 무엇인가?

① 브레인스토밍
② 마인드맵
③ 여섯 색깔 모자 기법
④ 역브레인스토밍

26 다음 〈조건〉이 항상 참일 때, 바르게 추론한 것은?

┌─────────────〈조건〉─────────────┐
- 정서와 애서, 희서는 같은 집에 살며 모두 회사에 걸어서 출퇴근한다.
- 세 명은 A, B, C회사 중 각각 한 곳에 다닌다.
- A회사는 집에서 500m 떨어진 곳에 위치해 있고, B회사는 700m, C회사는 900m 떨어진 곳에 있다.
- 정서는 집에서 800m보다 가까운 거리에 위치한 회사에 다닌다.
- 애서는 C회사에 다니지 않는다.
- A, B, C회사의 출근시간은 같지만 애서는 정서보다 먼저 나와야 한다.
└──────────────────────────────┘

① 희서는 B회사에 다닌다.
② 희서는 애서보다 늦게 나와도 된다.
③ 중간에 위치한 회사에 다니는 사람은 희서이다.
④ 가장 가까운 회사에 다니는 사람은 정서이다.

27 현정이는 동생 상애와 소희를 데리고 공원에 갔다. 입장료가 다음과 같고 2,000원을 지불했을 때, 항상 옳은 것은?

〈공원 입장료〉	
15세 미만	15세 이상
무료	1,000원

① 상애는 3남매 중 막내이다.
② 현정이는 15세 이상이다.
③ 소희는 입장료가 무료이다.
④ 소희는 상애보다 나이가 많다.

28

---〈조건〉---
- 민현이는 1995년에 태어났다.
- 재현이는 민현이보다 2년 늦게 태어났다.
- 정현이는 재현이보다 먼저 태어났다.

① 민현이의 나이가 가장 많다.
② 정현이의 나이가 가장 많다.
③ 정현이는 민현이보다 어리다.
④ 정현이는 1997년 이전에 태어났다.

29

---〈조건〉---
- N은행에 재직 중인 A, B, C, D는 각각 서로 다른 지역인 인천, 세종, 대전, 강릉에서 근무하고 있다.
- A ~ D 모두 연수에 참여하기 위해 서울에 있는 본사를 방문한다.
- A ~ D 모두 같은 종류의 교통수단을 이용하고, 이동 시간은 거리가 멀수록 많이 소요되며, 그 외 소요되는 시간은 서로 동일하다.
- 서울과의 거리가 먼 순서대로 나열하면 강릉 – 대전 – 세종 – 인천 순서이다.
- D가 서울에 올 때, B보다 더 많은 시간이 소요된다.
- C는 A보다는 많이 B보다는 적게 시간이 소요된다.

① B는 세종에 근무한다.
② C는 대전에 근무한다.
③ D는 강릉에 근무한다.
④ C는 B보다 먼저 출발해야 한다.

30

---〈조건〉---
- 조선 시대의 대포 중 천자포의 사거리는 1,500보이다.
- 현자포의 사거리는 천자포의 사거리보다 700보 짧다.
- 지자포의 사거리는 현자포의 사거리보다 100보 길다.

① 천자포의 사거리가 가장 길다.
② 현자포의 사거리가 가장 길다.
③ 지자포의 사거리가 가장 짧다.
④ 현자포의 사거리는 지자포의 사거리보다 길다.

31 김대리는 건강관리를 위해 일주일 치 식단에 야채 및 과일을 포함시키고자 한다. 제시된 〈조건〉에 따라 식단을 구성할 때, 다음 중 반드시 참인 명제는?

---〈조건〉---
- 바나나를 넣지 않으면 사과를 넣는다.
- 무순을 넣지 않으면 청경채를 넣지 않는다.
- 무순과 당근 중 하나만 넣는다.
- 청경채는 반드시 넣는다.
- 당근을 넣지 않으면 바나나를 넣지 않는다.
- 무순을 넣으면 배를 넣지 않는다.

① 배와 당근 모두 식단에 포함된다.
② 사과와 청경채는 식단에 포함되지 않는다.
③ 무순과 바나나 중 하나만 식단에 포함된다.
④ 무순은 식단에 포함되나, 사과는 포함되지 않는다.

32 다음 제시된 내용이 참일 때, 외부 인사의 이름으로 옳은 것은?

영업부 신입사원들은 지난 회의에서 만났던 외부 인사 세 사람(김씨, 이씨, 최씨)에 대해 이야기하고 있다. 신입사원들은 외부 인사들의 이름은 모두 정확하게 기억하고 있지만 그들의 성(姓)에 대해서는 그렇지 않다.

• 혜민 : 김지후, 최준수와는 많은 대화를 나눴는데, 이진서와는 거의 함께 할 시간이 없었어.
• 민준 : 나도 이진서, 최준수와는 시간을 함께 보낼 수 없었어. 그런데 지후가 최씨였어.
• 서현 : 진서가 최씨였고, 다른 두 사람은 김준수와 이지후였지.

세 명의 신입사원들은 외부 인사에 대하여 각각 단 한 명씩의 이름만을 바르게 기억하고 있으며, 외부 인사들의 가능한 성씨는 김씨, 이씨, 최씨 외에는 없다.

---

① 최진서, 김준수, 이지후
② 이진서, 김준수, 최지후
③ 최진서, 이준수, 김지후
④ 김진서, 최준수, 이지후

33 A ～ E는 아파트 101 ～ 105동 중 서로 각각 다른 동에 살고 있다. 다음 〈조건〉이 모두 참일 때, 반드시 참인 것은?

〈조건〉

• 101 ～ 105동은 일렬로 나란히 배치되어 있다.
• A와 B는 서로 인접한 동에 산다.
• C는 103동에 산다.
• D는 C 바로 옆 동에 산다.

---

① A는 101동에 산다.
② B는 102동에 산다.
③ D는 104동에 산다.
④ A가 102동에 산다면 E는 105동에 산다.

34 A씨는 자신에게 가장 적합한 신용카드를 발급받고자 한다. 다음 정보를 토대로 A씨는 4가지의 카드 중 무엇을 선택하겠는가?

〈A씨의 생활〉

A씨는 아침에 일어나 간단하게 끼니를 챙기고 출근을 한다. 자가용을 타고 가는 길은 항상 막혀 짜증이 날 법도 하지만, A씨는 라디오 뉴스로 주요 이슈를 확인하느라 정신이 없다. 출퇴근 중에는 차에서 보내는 시간이 많아 주유비가 상당히 나온다. 심지어 기름값이 올라 부담이 더하다. 보조석에는 공과금 용지가 펼쳐져 있다. 혼자 살기 때문에 많은 요금이 나오지 않아 납부하는 것을 신경쓰지 못하고 있다. 이제 곧 겨울이 올 것을 대비하여 오늘 오후에 차량 점검을 맡기려고 예약을 해두었다. 아직 사고는 난 적이 없지만 혹시나 하는 마음에 점검을 받으려고 한다.

〈신용카드 종류〉

A카드	B카드	C카드	D카드
• 놀이공원 할인 • 커피 할인 • 키즈카페 할인	• 포인트 두 배 적립 • 6개월간 무이자 할인	• 공과금 할인 • 온라인 쇼핑몰 할인 • 병원 / 약국 할인	• 주유비 할인 • 차량 소모품 할인 • 상해보험 무료 가입

① A카드
③ C카드
② B카드
④ D카드

35 다음은 N은행의 상품판매지침 중 일부이다. 상품판매지침에 따른 상담 내용으로 적절한 것은?

<상품판매지침>

… 중략 …

- 제3조(중요내용 설명의무)

  직원은 금융상품 등에 관한 중요한 사항을 금융소비자가 이해할 수 있도록 설명하여야 한다.

  … 중략 …

- 제5조(권한남용 금지의 원칙)

  직원은 우월적 지위를 남용하거나 금융소비자의 권익을 침해하는 행위를 하지 않아야 하며, 특히 다음 각 호의 사항은 권한의 남용에 해당되는 행위로 발생하지 않도록 주의하여야 한다.

  1. 여신지원 등 은행의 서비스 제공과 관련하여 금융소비자의 의사에 반하는 다른 금융상품의 구매를 강요하는 행위
  2. 대출상품 등과 관련하여 부당하거나 과도한 담보 및 보증을 요구하는 행위
  3. 부당한 금품 제공 및 편의 제공을 금융소비자에게 요구하는 행위
  4. 직원의 실적을 위해 금융소비자에게 가장 유리한 계약조건의 금융상품을 추천하지 않고 다른 금융상품을 추천하는 행위

- 제6조(적합성의 원칙)

  1. 직원은 금융소비자에 대한 금융상품 구매 권유 시 금융소비자의 성향, 재무 상태, 금융상품에 대한 이해수준, 연령, 금융상품 구매목적, 구매경험 등에 대한 충분한 정보를 파악하여 금융소비자가 적합한 상품을 구매하도록 최선의 노력을 다한다.
  2. 직원은 취약한 금융소비자(65세 이상 고령층, 은퇴자, 주부 등)에 대한 금융상품 구매 권유 시 금융상품에 대한 이해수준, 금융상품 구매목적, 구매경험 등을 파악하여 취약한 금융소비자에게 적합하다고 판단되는 상품을 권유하여야 한다.

① Q : 제가 아파트를 구입하려는데 ○○차량을 담보로 약 2천만 원 정도를 대출하고 싶어요.

  A : 지금 소유하신 ○○차량으로도 담보대출 진행이 가능하긴 한데, 시일이 좀 걸릴 수 있습니다. 대신에 우선 계약을 진행하시고 아파트를 담보로 하시면 훨씬 수월하게 대출 진행이 가능합니다.

  Q : 2천만 원을 대출하는데 아파트를 담보로 진행하기에는 무리가 있지 않나요?

  A : 하지만 담보물의 가격이 높을수록 대출 진행이 원활하기 때문에 훨씬 편하실 겁니다.

② Q : 저는 전업주부인데 급하게 돈이 필요해서 대출상품을 좀 알아보려고 해요.

  A : 그러시면 저희 상품 중 '○○ 대출' 상품이 고객님께 가장 알맞습니다. 이걸로 진행해 드릴까요?

  Q : 제가 금융상품을 잘 몰라서 여러 상품에 대한 설명을 좀 듣고 싶어요.

  A : '○○ 대출' 상품이 그 어떤 상품보다 고객님께 유리하기 때문에 권해드리는 거예요.

③ Q : 제가 여러 상품을 종합적으로 판단했을 때, 'ㅁㅁ 적금'으로 목돈을 모아보려고 하는데 바로 신청이 되나요?

  A : 고객님, 그 상품은 이율이 조금 떨어지는데 왜 그 상품을 가입하려고 하세요? '△△ 적금'으로 신청하는 게 유리하니까 그쪽으로 진행해 드릴게요.

④ Q : 직장에서 은퇴해서 가게를 차리려고 하는데, 대출상품에 대해 아는 게 없어서 추천을 좀 해주실수 있나요?

  A : 그럼 고객님께서는 가게를 차리기 위해서 임대료에 대한 대출이 필요하시고, 이전에 대출상품을 이용해 본 적이 없어서 잘 모르신다는 말씀이시죠? 그렇다면 고객님의 우편주소나 전자 메일 주소를 알려주시면 대출상품과 관련된 안내서와 추천 상품을 발송해 드릴게요.

36 다음 대화 내용을 읽고 A팀장과 B사원이 함께 시장조사를 하러 갈 수 있는 가장 적절한 시간을 고르면?(단, 근무시간은 09:00 ~ 18:00, 점심시간은 12:00 ~ 13:00이다)

A팀장 : B씨, 저번에 우리가 함께 진행했던 제품이 오늘 출시된다고 하네요. 시장에서 어떤 반응이 있는지 조사하러 가야 할 것 같아요.

B사원 : 네, 팀장님. 그런데 오늘 갈 수 있을지 의문입니다. 우선 오후 4시에 사내 정기강연이 예정되어 있고 초청강사가 와서 시간관리 강의를 한다고 합니다. 아마 두 시간 정도 걸릴 것 같은데, 저는 강연 준비로 30분 정도 일찍 가야 할 것 같습니다. 그리고 부서장님께서 요청하셨던 기획안도 오늘 퇴근 전까지 제출해야 하는데, 팀장님 검토시간까지 고려하면 두 시간 정도 소요될 것 같습니다.

A팀장 : 오늘도 역시 할 일이 참 많네요. 지금이 11시니까 열심히 업무를 하면 한 시간 정도는 시장에 다녀올 수 있겠네요. 먼저 기획안부터 마무리짓도록 합시다.

B사원 : 네, 알겠습니다. 팀장님, 오늘 점심은 된장찌개 괜찮으시죠? 바쁘니까 예약해두겠습니다.

① 11:00 ~ 12:00
② 13:00 ~ 14:00
③ 14:00 ~ 15:00
④ 15:00 ~ 16:00

37 지우네 가족은 명절을 맞아 주말에 할머니 댁을 가기로 하였다. 다음 교통편별 비용 및 세부사항을 참고하여 〈조건〉에 맞는 이동수단을 고를 때, 선택한 교통편과 그에 따라 지불해야 할 총 교통비는 얼마인가?

〈교통편별 비용 및 세부사항〉

구분	왕복 금액	걸리는 시간	집과의 거리	비고
비행기	119,000원	45분	1.2km	3인 이상 총 금액 3% 할인
E열차	134,000원	2시간 11분	0.6km	4인 가족 총 금액 5% 할인
P버스	116,000원	2시간 25분	1.0km	–
K버스	120,000원	3시간 02분	1.3km	1,000원씩 할인 프로모션

※ 걸리는 시간은 편도기준이며, 집과의 거리는 집에서 교통편까지의 거리이다.

─── 〈조건〉 ───

• 지우네 가족은 성인 4명이다.
• 집에서 교통편 타는 곳까지 1.2km 이내이다.
• 계획한 총 교통비는 50만 원 이하이다.
• 왕복 시간은 5시간 이하이다.
• 가장 저렴한 교통편을 이용한다.

	교통편	총 교통비
①	비행기	461,720원
②	비행기	461,620원
③	E열차	461,720원
④	P버스	464,000원

38 다음은 임직원 출장여비 지급규정과 T차장의 출장비 지출 내역이다. T차장이 받을 수 있는 여비는 얼마인가?

〈임직원 출장여비 지급규정〉

• 출장여비는 일비, 숙박비, 식비, 교통비로 구성된다.
• 일비는 출장일수에 따라 매일 10만 원씩 지급한다.
• 숙박비는 숙박일수에 따라 실비 지급한다. 다만, 항공 또는 선박 여행 시 항공기 내 또는 선박 내에서의 숙박은 숙박비를 지급하지 아니한다.
• 식비는 일수에 따라 식사 여부에 상관없이 1일 3식으로 지급하며, 1끼니당 1만 원씩 지급한다. 단, 항공 또는 선박 여행 시에는 기내식이 포함되지 않을 경우만 지급하며, 출장 마지막 날 저녁은 지급하지 않는다.
• 교통비는 교통편의 운임 혹은 유류비 산출액을 실비 지급한다.

〈T차장의 2박 3일 출장비 지출 내역〉

3월 8일	3월 9일	3월 10일
• 인천 – 일본 항공편 84,000원 (아침 기내식 포함 ×) • 점심 식사 7,500원 • 일본 J공항 – B호텔 택시비 10,000원 • 저녁 식사 12,000원 • B호텔 숙박비 250,000원	• 아침 식사 8,300원 • 호텔 – 거래처 택시비 16,300원 • 점심 식사 10,000원 • 거래처 – 호텔 택시비 17,000원 • B호텔 숙박비 250,000원	• 아침 식사 5,000원 • 일본 – 인천 항공편 89,000원 (점심 기내식 포함)

① 880,000원
② 1,053,000원
③ 1,059,100원
④ 1,086,300원

39 N은행은 사내 축구대회를 진행하고 있다. 조별 리그전으로 진행하며 각 조에서 가장 승점이 높은 한 팀만 결승에 진출한다고 한다. 팀별 승패 현황이 다음과 같다면 결승에 진출하는 팀은?

〈팀별 승패 현황〉

1조		2조	
팀	결과	팀	결과
A팀	1승 4무	G팀	3승 2패
B팀	( )	H팀	2승 2무 1패
C팀	1무 4패	I팀	2승 1무 2패
D팀	2무 3패	J팀	3승 1무 1패
E팀	3승 1무 1패	K팀	( )
F팀	2승 1무 2패	L팀	1승 3무 1패

※ 승리 시 2점, 무승부 시 1점, 패배 시 0점의 승점을 부여한다.

① A팀, K팀
② B팀, K팀
③ B팀, J팀
④ E팀, G팀

40 다음은 N은행에서 판매하는 펀드 상품과 펀드 가입을 원하는 고객의 요구사항이다. 고객의 성향 및 요구사항에 가장 적합한 상품은 무엇인가?(단, 고객의 투자 성향 분석 결과는 보통 수준이다)

<S은행 판매 펀드 상품>

구분	종류	수익률(%)	환매기간	환매 수수료	보수(%)			위험등급
A상품	주식형	13	4영업일	없음	1	0.4	0.045	높음
B상품	채권형	2.3	5영업일	없음	0.3	0.075	0.020	낮음
C상품	혼합형	7	4영업일	없음	0.55	0.2	0.033	다소 높음
D상품	혼합형	7	5영업일	있음	0.8	0.4	0.033	보통

※ 투자 성향은 매우 '매우 높음, 높음, 다소 높음, 보통, 낮음, 매우 낮음'의 6단계로 구분한다.

<고객 요구사항>

• 어느 정도 위험을 감수하더라도 가능한 한 많은 수익을 올릴 수 있으면 좋겠는데, 주식형 펀드는 너무 위험하지 않나요?
• 수익이 비슷하다면 총 보수가 낮은 상품으로 추천해 주세요.
• 해외 펀드도 상관없어요.
• 환매 후 빠른 시일 내로 지급되는 게 좋겠어요.

① A상품
② B상품
③ C상품
④ D상품

41 다음은 총무업무를 담당하는 A대리의 통화내역이다. 국내통화가 1분당 15원, 국제통화가 1분당 40원이라면 A대리가 사용한 통화요금은 총 얼마인가?

일시	통화내용	시간
4/5(화) 10:00	신규직원 명함 제작 관련 인쇄소 통화	10분
4/6(수) 14:00	임직원 진급선물 선정 관련 거래업체 통화	30분
4/7(목) 09:00	예산편성 관련 해외 출장소 현지 담당자 통화	60분
4/8(금) 15:00	본사 청소용역 관리 관련 제휴업체 통화	30분

① 1,550원   ② 1,800원
③ 2,650원   ④ 3,450원

42 다음은 통신사용료 명세서이다. 비고를 참고하여 모든 혜택을 적용한 최저 요금을 바르게 구한 것은?

구분	요금(원)	비고
인터넷 요금	38,500	• 인터넷과 휴대폰, TV 동시 가입한 경우 두 가지 품목 합산 요금의 20% 할인(셋톱박스 대여료 제외) • 휴대폰 가입자 2인(20%), 3인(30%), 4인 이상(40%) 할인 • 인터넷과 TV 셋톱박스 대여료는 비싼 가격 1대만 청구 • 총 요금의 천 원 미만 절사 ※ 한 품목에 대해 중복 할인 불가 ※ 자동 이체 시 10% 추가 할인
인터넷 셋톱박스 대여료	3,300	
휴대폰 요금	48,400	
	59,400	
	25,300	
TV 수신료	27,300	
TV 셋톱박스 대여료	4,400	
할인 및 혜택 미적용 요금	206,600	
총 요금(자동이체 적용)	–	

① 135,000원   ② 139,100원
③ 147,000원   ④ 152,000원

43 A와 B는 각각 해외에서 직구로 물품을 구매하였다. 해외 관세율이 다음과 같을 때, A와 B 중 어떤 사람이 더 관세를 많이 냈으며 그 금액은 얼마인가?

품목	관세(%)	부가세(%)
책	5	5
유모차, 보행기	5	10
노트북	8	10
스킨, 로션 등 화장품	6.5	10
골프용품, 스포츠용 헬멧	8	10
향수	7	10
커튼	13	10
카메라	8	10
신발	13	10
TV	8	10
휴대폰	8	10

※ 향수, 화장품의 경우 개별소비세 7%, 농어촌특별세 10%, 교육세 30% 추가
※ 100만 원 이상 전자제품(TV, 노트북, 카메라, 핸드폰 등)은 개별소비세 20%, 교육세 30% 추가

〈구매 품목〉

- A : TV(110만 원), 스킨로션(5만 원), 휴대폰(60만 원), 스포츠용 헬멧(10만 원)
- B : 책(10만 원), 카메라(80만 원), 노트북(110만 원), 신발(10만 원)

① A, 91.5만 원
② B, 90.5만 원
③ A, 94.5만 원
④ B, 92.5만 원

※ 다음은 K농협에서 2022년과 2023년에 농가 5곳을 대상으로 재배작물을 수매한 내역을 정리한 자료이다. 이어지는 질문에 답하시오. **[44~45]**

〈농가별 재배작물 수매가격〉

(단위 : 원/20kg)

구분		백미	경기미	고시히카리
2022년	A농가	78,000	86,000	94,000
	B농가	76,000	88,000	92,000
	C농가	74,000	85,000	98,000
	D농가	80,000	88,000	95,000
	E농가	75,000	85,000	95,000
2023년	A농가	82,000	91,000	98,000
	B농가	81,000	90,000	102,000
	C농가	80,000	88,000	103,000
	D농가	83,000	90,000	98,000
	E농가	80,000	90,000	100,000

44 K농협은 백미의 원활한 수급을 위해 백미의 2022년 수매가격 대비 2023년 수매가격 증가율이 가장 낮은 두 농가에서 백미를 공급받기로 하였다. 이에 해당하는 농가는 어디인가?(단, 증가율은 소수점 둘째 자리에서 반올림한다)

① A, B
③ A, E
② A, D
④ B, D

45 K농협은 수매작물 관리를 위해 백미・경기미・고시히카리의 2022년 총 수매가격 대비 2023년 총 수매가격 증가액이 가장 높은 두 농가에서 공급받지 않기로 하였다. 이에 해당하는 농가는 어디인가?

① A, B
③ A, E
② A, D
④ B, E

46 정부에서 매년 정하는 공공비축용 벼 매입 가격은 농가 소득의 증감에 큰 영향을 끼친다. 다음 중 공공비축제와 관련한 설명으로 옳지 않은 것은?

① 공공비축제는 우루과이라운드에서 합의한 쌀시장 개방 유예기간 종료 이후인 2015년에 도입됐다.

② 공공비축제에 따른 쌀 매입가격은 10 ～ 12월, 즉 수확기의 산지가격의 전국 평균값에 따라 결정된다.

③ 산물벼가 포대벼에 비해 등급별로 가격이 조금씩 낮은 것은 포대벼 기준 매입가격에서 포장비(자재비＋임금)을 빼기 때문이다.

④ 식량 위기에 대비해 일정 물량의 식량을 비축하는 제도로서, 비축 규모는 연간소비량의 17 ～ 18% 수준(2개월분)으로 결정된다.

47 다음을 읽고 A사원이 처리할 첫 업무와 마지막 업무를 바르게 짝지은 것은?

A씨, 우리 팀이 준비하는 상반기 프로젝트가 마무리 단계인 건 알고 있죠? 이제 곧 그동안 진행해 온 팀 프로젝트를 발표해야 하는데 A씨가 발표자로 선정되어서 몇 가지 말씀드릴 게 있어요. 6월 둘째 주 월요일 오후 4시에 발표를 할 예정이니 그 시간에 비어 있는 회의실을 찾아보고 예약해 주세요. 오늘이 벌써 첫째 주 수요일이네요. 보통 일주일 전에는 예약해야 하니 최대한 빨리 확인하고 예약해 주셔야 합니다. 또 발표 내용을 PPT 파일로 만들어서 저한테 메일로 보내주세요. 검토 후 수정사항을 회신할 테니 반영해서 최종본 내용을 브로슈어에 넣어주세요. 최종본 내용을 모두 입력하면 디자인팀 D대리님께 파일을 넘겨줘야 해요. 디자인팀에서 작업 후 인쇄소로 보낼 겁니다. 최종 브로슈어는 1층 인쇄소에서 받아오시면 되는데 원래는 한나절이면 찾을 수 있지만 이번에 인쇄 주문 건이 많아서 다음 주 월요일에 찾을 수 있을 거예요. 아, 그리고 브로슈어 내용 정리 전에 작년 하반기에 프로젝트 발표자였던 B주임에게 물어보면 어떤 식으로 작성해야 할지 이야기해 줄 거예요.

① PPT 작성 – D대리에게 파일 전달

② 회의실 예약 – B주임에게 조언 구하기

③ 회의실 예약 – 인쇄소 방문

④ B주임에게 조언 구하기 – 인쇄소 방문

김부장과 박대리는 A농협의 고객지원실에서 근무하고 있다. 다음 상황에서 김부장이 박대리에게 지시할 사항으로 가장 적절한 것은?

- 부서별 업무분장
  - 인사혁신실 : 신규 채용, 부서/직무별 교육계획 수립/시행, 인사고과 등
  - 기획조정실 : 조직문화 개선, 예산사용계획 수립/시행, 대외협력, 법률지원 등
  - 총무지원실 : 사무실, 사무기기, 차량 등 업무지원 등

<상황>

박대리 : 고객지원실에서 사용하는 A4 용지와 볼펜이 부족해서 비품을 신청해야 할 것 같습니다. 그리고 지난번에 말씀하셨던 고객 상담 관련 사내 교육 일정이 이번에 확정되었다고 합니다. 고객지원실 직원들에게 관련 사항을 전달하려면 교육 일정 확인이 필요할 것 같습니다.

① 박대리, 인사혁신실에 전화해서 비품 신청하고, 전화한 김에 교육 일정도 확인해서 나한테 알려 줘요.
② 박대리, 총무지원실에 가서 교육 일정 확인하고, 간 김에 비품 신청도 하고 오세요.
③ 박대리, 기획조정실에 가서 교육 일정 확인하고, 인사혁신실에 가서 비품 신청하고 오도록 해요.
④ 박대리, 총무지원실에 전화해서 비품 신청하고, 인사혁신실에서 교육 일정 확인해서 나한테 알려 줘요.

49 직장인 G씨는 오늘 같은 부서 사람들과 함께 출장을 갈 예정이다. D대리의 대화 내용을 참고하여 자동차에 승차할 때, E부장의 자리로 가장 적절한 것은?

D대리 : G씨, 오늘 출장 가는 거 알고 있죠? E부장님과 C대리 그리고 저랑 G씨가 출장을 갈 겁니다. 출장 전에 자동차 탑승 예절에 대해 몇 가지 알려줄게요. 우선 자동차 양쪽 문을 모두 열 수 있을 때는 차량의 두 문을 이용하되, 상위자가 먼저 탑승하고, 하차 시에는 하위자가 먼저 내려야 합니다. 자동차 자리 배치도 중요한데, 운전자가 따로 있는 경우는 최상위자가 뒷자리 가장 우측에 승차하며, 승용차 주인이 직접 운전할 경우에는 최상위자가 앞자리 우측에 승차해야 합니다. 오늘 우리는 출장에 법인차량을 이용할 예정이고 운전기사님이 따로 계시다고 하네요.

(앞)	운전기사	(가)	(나)	(뒤)
			(다)	
			(라)	

① (가)   ② (나)
③ (다)   ④ (라)

50 다음은 지역농협에서 수행하는 사업의 일부이다. 사업의 목적에 따라 세 가지로 바르게 구분한 것은?

> ㉠ 읍·면 단위 지역문화복지센터 운영
> ㉡ 생산자조직 구축과 연합사업 활성화를 통해 산지유통 혁신
> ㉢ 근로자생계자금·햇살론 등 다양한 상품 출시를 통해 서민금융 확대·지원
> ㉣ 상호금융특별회계 사업 활성화, 행복이음패키지 상품 개발, 농업인 무료법률구조 기금 출연, 휴면예금 찾아주기 운동 등 다양한 사업 추진
> ㉤ 비료·농약·농기계·유류 등 영농에 필요한 농자재를 저렴하고 안정적으로 공급
> ㉥ 농업현장의 어려움과 개선사항을 정책에 적극 반영하기 위한 농정활동

① ㉠, ㉥ / ㉡, ㉤ / ㉢, ㉣
② ㉠, ㉣ / ㉡, ㉢ / ㉤, ㉥
③ ㉠, ㉥ / ㉡, ㉣ / ㉢, ㉤
④ ㉠, ㉡ / ㉢, ㉣ / ㉤, ㉥

51 다음 중 조직이 가지고 있는 조직문화의 기능으로 적절하지 않은 것은?

① 조직구성원들에게 일체감, 정체감 등을 부여한다.
② 조직몰입의 향상을 방해한다.
③ 조직구성원들의 행동지침이 된다.
④ 조직의 안정성을 유지한다.

52 다음 중 조직문화에 대한 설명으로 적절하지 않은 것은?

① 조직체의 구성원들이 공유하는 가치관과 신념, 이데올로기와 관습, 규범과 전통 및 지식과 기술 등을 모두 포함한 종합적인 개념이다.
② 조직문화는 구성원들에게 일체감과 정체성을 부여하며 외부 환경이 변했을 때 조직구성원의 결속력을 강화시켜 주는 역할을 한다.
③ 조직문화는 구성원들의 행동지침으로써 구성원의 사고방식과 행동양식을 규정하여, 구성원들은 조직에서 해오던 방식대로 업무를 처리하지 않게 된다.
④ 강한 조직문화는 다양한 조직구성원들의 의견을 받아들일 수 없거나, 조직이 변화해야 할 시기에 장애요인으로 작용하기도 한다.

한류 열풍을 통해 높은 매출을 올리고 있는 엔터테인먼트 B사는 소속 연예인을 내세워 화장품 시장에 뛰어들었다. 화장품 시장 진출이 논의되는 동안 B사의 이사회에서는 여러 근거자료를 들어 대표이사의 의사결정을 막으려 했다. 하지만 그간 모델매니지먼트, 패션브랜드 등 여러 신사업을 통해 사업다각화에 성공한 대표이사를 막을 수는 없었다. 결국 대표이사는 화장품업 진출에 대해 독단적인 의사결정을 내렸고, 3년이 지난 시점에서 100억 이상의 누적적자를 떠안게 되었다. 적자가 계속되는 3년 사이에 화장품 사업을 위해 동남아에 진출한 해외법인까지 철수하는 상황에 이르렀다. 그 사이 대표이사의 화장품 사업에 대해 직언을 하던 이사회의 몇몇 이사들은 회사로부터 정리해고되었다. 상황이 악화되었음에도 불구하고 자신의 의지를 굽히지 않는 대표이사는 이 법인을 살리기 위해 막대한 금액의 투자를 결정하게 되었다.

53 위 내용은 '잘못된 의사결정에 빠지는 함정'을 기술한 것이다. B사 대표이사의 의사결정과 관련이 가장 높은 것은?

① 눈으로 보는 것만이 현실이다.
② 과거 자료나 추세만을 중시한다.
③ 늘 하던 대로 자신에게 편한 방식을 고수한다.
④ 결정한 것을 끝까지 성공시켜야 한다.

54 B사의 대표이사가 조직을 위한 올바른 의사결정을 하기 위해 필요한 요소가 아닌 것은?

① 자신의 잘못된 결정을 가치 있는 실수로 포장한다.
② 다양한 생각과 관점을 가진 자신과 다른 유형의 사람을 옆에 두어야 한다.
③ 현실을 냉철하게 직시해야 한다.
④ 현장에서 정보를 얻어야 한다.

D사는 제한된 인력으로 업무수행의 효율을 높이기 위해 조직구조에 대한 혁신이 필요하다고 판단하여 조직구조를 개편하기로 했다. 이번에 개편되는 조직구조의 형태는 특정 프로젝트를 수행하기 위한 것으로 해당 분야에 전문성을 지닌 다른 팀의 직원들이 자신의 직무와 특정 프로젝트를 동시에 수행하도록 할 계획이다.

이러한 조직구조가 경영학계에 대두된 시점은 1969년 아폴로 11호의 달 착륙 때의 일이다. 당시 미국이 구소련보다 앞서 달 정복에 성공할 수 있었던 것과 관련, 수평적 커뮤니케이션이 가능한 이러한 구조의 힘이 컸다는 언론보도 이후 경영계에서 앞다퉈 이 시스템을 도입하기 시작한 것이다. 하지만 이를 도입했던 대부분의 기업들은 성과를 거두지 못하고 오히려 극심한 혼란과 부작용을 경험했다.

55 다음 중 D사가 변경하고자 하는 조직구조의 형태는?

① 기능 구조
② 매트릭스 구조
③ 사업 구조
④ 네트워크 구조

56 위 내용과 관련하여 향후 D사가 계획한 조직구조에서 부작용을 줄이기 위해 고려해야 할 사항으로 보기 어려운 것은?

① 조직구조는 변화시키지만 기업문화와 인사제도, 성과평가 제도는 유지해야 한다.
② 조직구조의 최하단에 놓인 직원들의 적절한 업무량 배분을 감안해야 한다.
③ 조직구조 상단 기능별 리더들의 사고 혁신이 전제가 되어야 한다.
④ 조직구조의 전체적인 변화와 혁신을 일으키지 않으면 관료제가 중첩되는 위험에 빠질 수 있다.

57 다음 중 국제매너에 대한 설명으로 적절하지 않은 것은?

① 해외로 나가면 무조건 세계공용어인 영어로 얘기한다.
② 중국에서 협상할 때 뻣뻣한 태도를 하지 않는다.
③ 미국인과 거래할 때는 시간 약속을 반드시 지킨다.
④ 독일인과 협상 중 독일인이 실망했다면 즉시 사과한다.

58 다음 중 조직체제 구성요소에 대한 설명으로 적절하지 않은 것은?

① 조직목표는 조직이 존재하는 정당성과 합법성을 제공한다.

② 조직구조 중 유기적 조직은 업무가 고정적이며 구성원들의 업무나 권한이 분명하게 정의되고 통제된 조직구조이다.

③ 업무 프로세스는 구성원 간의 업무 흐름의 연결을 보여준다.

④ 조직문화는 조직구성원들에게 일체감과 정체성을 부여한다.

59 다음 중 기업의 핵심 역량을 연구개발에 집중하는 기술혁신형 중소기업으로 가장 적절한 것은?

① 모듈 기업
② 이노비즈 기업
③ 벤처 기업
④ 가상 기업

60 다음 중 맥킨지의 7S 모형에 대한 설명으로 적절하지 않은 것은?

① 기업, 부서 등 조직의 내부역량을 분석하는 도구이다.

② 지방자치단체, 국가와 같은 큰 조직에는 적절하지 않다.

③ 하위 4S는 상위 3S를 지원하는 하위 지원 요소를 말한다.

④ 전략, 공유가치, 관리기술은 경영전략의 목표와 지침이 된다.

7권

지역농협 6급
필기시험

정답 및 해설

온라인 모의고사 6회 무료쿠폰

쿠폰번호   ASUI-00000-FD150

[쿠폰 사용 안내]

1. **합격시대 홈페이지(www.sdedu.co.kr/pass_sidae_new)**에 접속합니다.
2. 홈페이지 우측 상단 '쿠폰 입력하고 모의고사 받자' 배너를 클릭합니다.
3. 쿠폰번호를 등록합니다.
4. 내강의실 > 모의고사 > 합격시대 모의고사 클릭 후 응시합니다.

※ 본 쿠폰은 등록 후 30일간 이용 가능합니다.
※ iOS / macOS 운영체제에서는 서비스되지 않습니다.

끝까지 책임진다! 시대에듀!

QR코드를 통해 도서 출간 이후 발견된 오류나 개정법령, 변경된 시험 정보, 최신기출문제, 도서 업데이트 자료 등이 있는지 확인해 보세요! **시대에듀 합격 스마트 앱**을 통해서도 알려 드리고 있으니 구글 플레이나 앱 스토어에서 다운받아 사용하세요. 또한, 파본 도서인 경우에는 구입하신 곳에서 교환해 드립니다.

제1회 모의고사 정답 및 해설

01	02	03	04	05	06	07	08	09	10
①	④	⑤	④	②	②	①	⑤	⑤	①
11	12	13	14	15	16	17	18	19	20
⑤	③	④	③	④	②	③	④	③	⑤
21	22	23	24	25	26	27	28	29	30
⑤	③	④	⑤	④	②	③	④	④	③
31	32	33	34	35	36	37	38	39	40
②	④	⑤	⑤	②	⑤	③	⑤	④	①
41	42	43	44	45	46	47	48	49	50
③	⑤	⑤	⑤	④	④	②	④	②	①
51	52	53	54	55	56	57	58	59	60
③	③	④	④	③	③	③	④	③	③
61	62	63	64	65	66	67	68	69	70
④	④	②	②	②	③	②	④	③	③

01 정답 ①

제시된 단어는 유의 관계이다.
'괄목상대(刮目相對)'의 유의어는 '일취월장(日就月將)'이고, '관포지교(管鮑之交)'의 유의어는 '막역지우(莫逆之友)'이다.
• 괄목상대(刮目相對) : 상대방의 학식이나 재주가 갑자기 놀랄 만큼 나아짐
• 일취월장(日就月將) : 나날이 발전해 나감
• 관포지교(管鮑之交) : 변하지 않는 친구 사이의 우정
• 막역지우(莫逆之友) : 허물없이 친한 친구

오답분석
② 전전반측(輾轉反側) : 근심과 걱정으로 잠을 이루지 못함
③ 낙화유수(落花流水) : 힘과 세력이 약해져 쇠퇴해감
④ 망운지정(望雲之情) : 멀리 떨어져 있는 부모님을 그리워함
⑤ 혼정신성(昏定晨省) : 부모님께 효도하는 도리

02 정답 ④

제시된 단어는 국가와 수도의 관계이다.
'영국'의 수도는 '런던'이고, '이탈리아'의 수도는 '로마'이다.

03 정답 ⑤

제시된 단어는 반의 관계이다.
'수평'의 반의어는 '수직'이며, '기립'의 반의어는 '착석'이다.

04 정답 ②

②는 석유를 원료로 하여 얻은 연료 제품들이다.

오답분석
①·③·④·⑤는 원료와 가공품 관계의 단어들이다.

05 정답 ④

④는 운동 경기에 필요한 사람을 나타낸다.

오답분석
①·②·③·⑤의 앞 두 단어는 마지막 단어인 운동 경기에 필요한 포지션을 나타낸다.

06 정답 ②

'편지'는 안부를 묻거나 소식을 전하기 위해 우표를 붙여 보내는 것으로, 제시된 단어들을 통해 편지를 연상할 수 있다.

07 정답 ①

'해적'은 바다에서 약탈하는 강도이므로, 제시된 단어들을 통해 해적을 연상할 수 있다.

08 정답 ⑤

'변명'은 어떤 실수에 대해 구실과 핑계를 대며 그 까닭을 말하는 것이므로, 제시된 단어들을 통해 변명을 연상할 수 있다.

09 정답 ⑤

'원한'을 주제로 삼고 있는 ①·②·③·④와 달리 '절차탁마(切磋琢磨)'는 옥이나 돌을 갈고 닦아서 빛을 낸다는 뜻으로, 학문이나 인격을 갈고 닦음을 의미한다.

① 각골통한(刻骨痛恨) : 뼈에 새겨 놓을 만큼 잊을 수 없고 고통 스러운 원한
② 비분강개(悲憤慷慨) : 의롭지 못한 일이나 잘못되어 가는 세 태가 슬프고 분하여 마음이 북받침
③ 원철골수(怨徹骨髓) : 원한이 깊어 골수에 사무침
④ 교아절치(咬牙切齒) : 어금니를 악물고 이를 갈면서 몹시 분 해 함

10
정답 ①

첩어나 준첩어인 명사 뒤에는 '이'로 적는다. 따라서 '번번이'가 옳다.

11
정답 ⑤

'알맞다'는 '일정한 기준이나 조건, 정도 따위에 넘치거나 모자라 지 않다.'라는 의미의 형용사이므로, 어간 '알맞-'에 '-는'이 아닌 '-은'이 붙어야 한다. 따라서 '알맞은'이 옳다.

① 가는 허리와 팔, 다리, 허리, 몸통 등 가늘고 긴 물체의 둘레나 너비, 부피 등과 관련하여서는 '가늘다'라고 한다.
② 어원이 분명하지 않은 것은 원형을 밝히어 적지 않으므로(한글 맞춤법 제27항 붙임 2), '몇일'이 아닌 '며칠'이 되어야 한다.
③ ⓒ의 기본형은 '서슴다'로, 본래 '하'가 없는 말이다. 따라서 어 간 '서슴-'에 어미 '-지'가 붙어 '서슴지'가 옳다.
④ '본래보다 많거나 크게 하다.'라는 의미의 동사는 '늘리다'이 다. 따라서 '늘려'가 옳다.

'몇일'이 아닌 '며칠'인 이유
만약에 몇+일(日)이라면 실질형태소+실질형태소의 결합 이기 때문에, ㄴ첨가+비음화 규칙에 따라 '몇일 → 멷일 → 멷닐 → 면닐'이 되어 [면닐]로 소리가 나야 한다(예 잡일[잠 닐]). 그러나 [며칠]로 발음하고 있기 때문에 실질형태소 일 (日)로 보기 어려우며, 실제로 며칠의 옛말 '며츨'은 과거에 존재하다가 지금은 사라진 접미사 '-을'이 붙어서 만들어진 파생어였다는 설도 있다. 따라서 어원이 분명하다고 볼 수 없으므로 소리나는 대로 '며칠'로 적는다.

12
정답 ③

> • 곤충이란 것은 모두 그렇게 <u>변태</u>를 거쳐서 자란다.
> • 그 기관이 예산을 <u>변칙</u>으로 운영한 것이 알려졌다.
> • 밀봉은 용기 외부로부터 공기와 미생물의 침입을 차단하여 용기 내 식품의 <u>변질</u>을 방지한다.
> • 충신으로 알려진 그의 <u>변절</u>은 뜻밖이었다.

'변고(變故)'는 갑작스러운 재앙이나 사고를 의미한다. 따라서 제 시된 문장에 사용되기에 적절하지 않다.

① 변칙(變則) : 원칙에서 벗어나 달라짐. 또는 그런 법칙이나 규정
② 변절(變節) : 절개나 지조를 지키지 않고 바꿈
④ 변태(變態) : 성체와는 형태, 생리, 생태가 전혀 다른 유생의 시기를 거치는 동물이 유생에서 성체로 변함. 또는 그런 과정
⑤ 변질(變質) : 성질이 달라지거나 물질의 질이 변함. 또는 그 런 성질이나 물질

13
정답 ④

밑줄 친 '걸다'는 '목숨, 명예 따위를 담보로 삼거나 희생할 각오를 하다.'의 의미로, 동일한 의미로 사용된 것은 ④이다.

① 다리를 움직여 바닥에서 발을 번갈아 떼어 옮기다('걷다'의 활 용형).
② 긴급하게 명령하거나 요청하다.
③ 벽이나 못 따위에 어떤 물체를 떨어지지 않도록 매달아 올려 놓다.
⑤ 다른 사람을 향해 먼저 어떤 행동을 하다.

14
정답 ③

• 성취 : 목적한 바를 이룸
• 달성 : 목적한 것을 이룸

① 성장 : 사물의 규모나 세력 따위가 점점 커짐
② 번성 : 한창 성하게 일어나 퍼짐
④ 취득 : 자기 것으로 만들어 가짐
⑤ 고취 : 의견이나 사상 따위를 열렬히 주장하여 불어넣음

15
정답 ④

'호랑이 없는 골에 토끼가 왕 노릇 한다.'는 뛰어난 사람이 없는 곳에서 보잘것없는 사람이 득세함을 비유적으로 이르는 말로, 제 시된 내용에 적절하다.

① 싸움을 통해 오해를 풀어 버리면 오히려 더 가까워지게 된다.
② 일을 그르친 후에야 이랬더라면 좋았을 것을 하고 궁리한다.
③ 굶주렸던 사람이 배가 부르도록 먹으면 만족하게 된다.
⑤ 기껏 한 일이 결국 남 좋은 일이 되었다.

16
정답 ②

업무상 아무리 애를 써도 약속이 깨질 수 있고, 약속이 깨졌을 때 는 먼저 사과를 통해 잘못된 것을 인정하고 고객이 원하는 것을 찾으려고 노력하라는 내용이다. 따라서 이 글은 업무상 약속 불이 행 시 대처하는 방법을 조언하려고 쓴 글임을 알 수 있다.

- strive to : ～하려고 애쓰다
- faith : 믿음, 신뢰
- inevitable : 피할 수 없는
- point out : 지적하다
- apologize : 사과하다
- blame : 비난하다

때로는 굳건한 믿음 속에 한 약속도 지켜질 수 없을 때가 있다. 비록 실수가 없도록 노력한다고 할지라도, 문제가 발생하는 것은 피할 수 없다. 당신과 함께하는 고객의 경험에 영향을 미치는 모든 것을 당신이 통제할 수 있는 것은 아니다. 그 서비스 약속이 깨질 때 당신은 어떻게 해야 하는가? 약속이 깨졌음을 알게 되거나 약속이 깨졌음을 지적받았을 때, 가장 먼저 해야 할 일은 사과하는 것이다. 자신과 회사와 또는 고객을 비난하면서 시간을 낭비하지 말라. 무언가가 잘못되었다는 사실을 인정하고 즉시 고객이 필요로 하는 것이 무엇인지를 찾아라.

17
정답 ③

제시문의 서론에서 지방은 건강에 반드시 필요한 것이라고 서술하고 있으며, 결론에서는 현대인들의 지방이 풍부한 음식을 찾는 경향이 부작용으로 이어졌다고 한다. 따라서 본론은 (나) 비만과 다이어트의 문제는 찰스 다윈의 진화론과 관련 있음 – (라) 자연선택에서 생존한 종들이 번식하여 자손을 남기게 됨 – (다) 인류의 역사에서 인간이 끼니 걱정을 하지 않고 살게 된 것은 수십 년밖에되지 않은 일임 – (가) 생존에 필수적인 능력은 에너지를 몸에 축적하는 능력이었음의 (나) – (라) – (다) – (가) 순서가 적절하다.

18
정답 ④

본 적금의 가입대상은 만 18세 이상의 개인이며, 개인사업자는 제외된다.

19
정답 ③

오답분석

① 재직증명서, 근로소득원천징수영수증, 급여명세표 중 하나를 지참하면 된다.
② 타행에서 입금된 급여이체의 경우 인정금액은 입금 건당 50만원 이상이다.
④ 인터넷뱅킹 입금의 경우 급여코드로 입금한 급여여야 한다.
⑤ 농협에서 입금된 급여이체의 인정금액은 월 누계금액 50만 원 이상이다.

20
정답 ⑤

'체감'은 '몸으로 어떤 감각을 느낌'의 의미를 나타낸다.

오답분석

① '공통'은 '둘 또는 그 이상의 여럿 사이에 두루 통하고 관계됨'을 뜻하며, ㉠에는 '둘 이상의 사람이나 단체가 함께 일을 하거나

같은 자격으로 관계를 가짐'의 의미인 '공동'이 들어가야 한다.
② '주관적'은 '자기의 견해나 관점을 기초로 하는 것'을 의미하며, ㉡에는 '자기와의 관계에서 벗어나 제삼자의 입장에서 사물을 보거나 생각하는 것'을 뜻하는 '객관적'이 들어가야 한다.
③ '공모'는 '일반에게 널리 공개하여 모집함'이라는 뜻이고, ㉢에는 '힘을 써 이바지함'이라는 의미의 '공헌'이 들어가야 한다.
④ '혼연'은 '다른 것이 조금도 섞이지 아니한 모양'을 뜻하며, ㉣에는 '온몸'을 의미하는 '혼신'이 들어가야 한다.

21
정답 ⑤

농협의 중요한 역할로 농업인은 '농가소득 증대'를, 도시민은 '안전 먹거리 공급'을 가장 많이 꼽았다.

오답분석

① 농업인의 70.7%, 도시민의 50.0%가 '농협이 농업인과 국민을 위한 조직으로 변화하고 있다.'고 인식하고 있다.
② 설문조사 대상은 도시민 1,513명, 농업인 502명으로 농업인 수는 도시민 수의 $\frac{1}{3}(1,513 \div 3 = 504$명)보다 적다.
③ '농협이 현재 농업·농촌 가치 확산에 기여하고 있다.'고 응답한 비율은 농업인 81.3%, 도시민 61.8%이다.
④ 마지막 문단에 따르면 농협 변화에 대한 농업인들의 긍정적 응답은 전반적으로 높게 나타났지만, 도시민의 절반은 아직 농협의 변화를 느끼지 못하고 있으므로 도시민의 긍정적 인식 확산을 위해 노력해야 한다.

22
정답 ③

마지막 문단에서 농협의 변화에 대한 농업인들의 긍정적 인식은 점차 높아지고 있지만, 농협의 지속가능한 발전을 위해서는 도시민의 긍정적 인식 확산을 위한 노력도 다양하게 추진할 필요가 있다고 언급하고 있으므로 ③이 가장 적절하다.

오답분석

① 농협의 지속가능한 발전을 위해서는 도시민의 긍정적 인식 확산을 위한 다양한 노력을 추진해야 한다.
② 농업인과 도시민 모두 절반 이상이 '농협이 현재 농업·농촌 가치 확산에 기여하고 있다.'고 긍정적으로 응답하였다.
④·⑤ 제시문에서 언급하고 있는 내용으로 보기 어렵다.

23
정답 ④

'흙의 날'은 2015년 법정공휴일이 아닌 법정기념일로 제정되었다.

오답분석

① 매년 3월 11일은 '흙의 날'이다.
② '흙의 날'은 흙의 소중함과 보전의 필요성을 알리기 위해 제정되었다.
③ '흙의 날'은 2015년 법정기념일로 제정되어 2024년에 아홉 번째 기념일을 맞았다.
⑤ '흙의 날' 행사에서는 기념식, 학술 심포지엄, 토양 형성과정 전시와 화분 분갈이 체험행사 등이 열린다.

24
정답 ⑤

먼저 '흙의 날'에 대해 설명하는 (라) 문단이 오는 것이 적절하며, 다음으로는 오전에 진행되는 기념식에 대해 설명하는 (다) 문단이 오는 것이 자연스럽다. 그 뒤에는 오후에 진행되는 심포지엄에 대해 설명하는 (나) 문단과 심포지엄이 진행되는 동안 진행되는 전시회와 체험행사 등에 대해 설명하는 (가) 문단이 차례대로 오는 것이 적절하다.

25
정답 ④

(나) 문단에 따르면 심포지엄 발표는 '건강한 흙 가꾸기를 위한 합리적 양분 관리전략(A대학교 교수)', '지속가능한 농업농촌과 그린뉴딜(지역농업네트워크협동조합 연합회 회장)', '주민 스스로 흙과 물을 보호하는 농업활동의 실천, 농업환경보전 프로그램(지역활성화센터 이사)', '흙 – 건강 – 생명을 품은 전원일기(환경기업 대표)' 순서로 진행될 예정이다.

26
정답 ②

앞의 항에 +17이 되는 수열이다.
따라서 (   )=18−17=1이다.

27
정답 ③

앞의 항에 +1, +3, +5, +7, ⋯ 인 수열이다.
따라서 (   )=18+7=25이다.

28
정답 ④

앞의 항에서 5씩 빼는 수열이다.

Z	(U)	P	K	F	A
26	21	16	11	6	1

29
정답 ④

+3, ÷2가 반복되는 수열이다.

캐	해	새	채	매	애	(래)
11	14	7	10	5	8	4

30
정답 ③

K지역농협의 작년 전체 직원 수는 284−4=280명이다.
작년 남자 직원 수를 x명이라고 하면, 작년 여자 직원 수는 $(280-x)$명이다. 이를 식으로 나타내면 다음과 같다.
$-0.05x+0.1(280-x)=4$
$\rightarrow -5x+10(280-x)=400$
$\rightarrow 15x=2,400$

$\therefore x=160$
따라서 올해의 남자 직원 수는 $160 \times (1-0.05)=152$명이다.

31
정답 ②

전체 일의 양을 1이라고 하면 소미가 하루 동안 할 수 있는 일의 양은 $\frac{1}{12}$, 정훈이와 다영이가 함께 하루 동안 할 수 있는 일의 양은 $\frac{1}{4}$이다. 세 사람이 x일 동안 같이 일을 한다고 하면 다음과 같다.
$\left(\frac{1}{12}+\frac{1}{4}\right) \times x=1 \rightarrow \frac{1}{3} \times x=1$
$\therefore x=3$
따라서 세 사람이 다 같이 하면 3일이 걸린다.

32
정답 ④

• 잘 익은 귤을 꺼낼 확률 : $1-\left(\frac{10}{100}+\frac{15}{100}\right)=\frac{75}{100}$

• 썩거나 안 익은 귤을 꺼낼 확률 : $\frac{10}{100}+\frac{15}{100}=\frac{25}{100}$

따라서 한 사람은 잘 익은 귤, 다른 한 사람은 그렇지 않은 귤을 꺼낼 확률은 $2 \times \frac{75}{100} \times \frac{25}{100}=37.5\%$이다.

33
정답 ④

창고를 모두 가득 채웠을 때 보관 가능한 컨테이너의 수는 $10 \times 10 = 100$개이다.
• 9개 창고에 10개씩, 1개 창고에 8개를 보관하는 경우의 수(=10개의 창고 중 8개씩 보관할 1개의 창고를 고르는 경우의 수)
: $_{10}C_1 = 10$가지
• 8개 창고에 10개씩, 2개 창고에 9개씩 보관하는 경우의 수(=10개의 창고 중 9개씩 보관할 2개의 창고를 고르는 경우의 수)
: $_{10}C_2 = \frac{10 \times 9}{2!} = 45$가지
따라서 전체 경우의 수는 $10+45=55$가지이다.

34
정답 ⑤

가격이 500원인 음료수의 개수를 x개, 700원인 음료수의 개수를 y개, 900원인 음료수의 개수를 z개라고 하자(단, $x \geq 2$, $y \geq 2$, $z \geq 2$).
$x+y+z=40 \cdots \bigcirc$
$500x+700y+900z=28,000 \rightarrow 5x+7y+9z=280 \cdots \bigcirc\!\!\bigcirc$
$7 \times \bigcirc - \bigcirc\!\!\bigcirc$을 하면 $2x-2z=0 \rightarrow x=z \cdots \bigcirc\!\!\bigcirc\!\!\bigcirc$
$\bigcirc\!\!\bigcirc\!\!\bigcirc$을 $\bigcirc$에 대입하면 $y+2x=40$이고,
이때 가능한 x의 최댓값은 19이다.
따라서 500원인 음료수의 최대 개수는 19개이다.

35
정답 ②

국가유공자의 손자는 수수료 할인 대상에 해당되지 않는다. 따라서 5,400(공인인증서)+80×5(전화승인 서비스 5건)=5,800원으로 수수료가 가장 많다.

오답분석

① 타행 간 창구송금 시 10만 원 이하는 건당 600원으로 두 번 타 은행으로 송금했으므로 600+600=1,200원이다.
③ 월 정액형 SMS통지 서비스 800원과 N은행 ATM에서 5만 원 이하 현금인출 시 250원에 18세 미만 50% 할인을 적용하여 125원으로 총 800+125=925원의 수수료를 지불한다.
④ 100만 원 이하 금액 창구송금 시 3,000원이며, 여기서 50% 할인을 적용하여 1,500원이다.
⑤ 사전 등록한 독립유공자의 자녀이기에 수수료는 무료이다.

36
정답 ⑤

2019년과 2022년의 '건설업' 취업자 수는 전년 대비 감소했다.

오답분석

① 5,966천 명은 21,156×0.3=6,346.8천 명 미만이므로, 30% 미만이다.
② 표를 통해 쉽게 확인할 수 있다.
③ 2014년 4,979천 명에서 2022년에는 7,633천 명으로 2,654천 명 증가하여 가장 많이 증가했다.
④ '전기·운수·통신·금융업' 분야의 취업자 수는 2014년 2,074천 명에서 2021년 7,600천 명으로 증가율이 약 266%이고, '사업·개인·공공서비스 및 기타' 분야의 취업자 수는 2014년 4,979천 명에서 2021년 2,393천 명으로 감소율이 약 52%이다.

37
정답 ③

㉠ 1,950-1,877=73천 명
㉡ '전기·운수·통신·금융업' 분야의 취업자 수가 7,600천 명으로 가장 많다.

오답분석

㉢ 제시된 자료만으로는 알 수 없다.

38
정답 ⑤

기타를 제외한 통합시청점유율과 기존시청점유율의 차이는 C방송사가 20.5%p로 가장 크다. A방송사는 17%p이다.

오답분석

① 기존시청점유율은 D가 20%로 가장 높다.
② F의 기존시청점유율은 10.5%로 다섯 번째로 높다.
③ B는 2위, J는 10위, K는 11위로 순위가 같다.
④ G의 차이는 6%p로 기타를 제외하면 차이가 가장 작다.

39
정답 ③

N스크린 영향력은 다음과 같으므로 ③이 옳다.

방송사	A	B	C	D	E	F	G
N스크린 영향력	1.1	0.9	2.7	0.4	1.6	1.2	0.4
해당 범위	다	나	마	가	라	다	가

방송사	H	I	J	K	L	기타
N스크린 영향력	0.8	0.7	1.7	1.6	4.3	1.8
해당 범위	나	나	라	라	마	라

40
정답 ①

2022년의 수리답 면적을 x천ha라고 하자.

$$\frac{x}{934}\times100=80.6 \rightarrow \frac{x}{934}=0.806$$

$$\therefore x=752.804 ≒ 753$$

따라서 약 753,000ha이다.

41
정답 ③

ㄱ. 2019년까지 전체 경지 면적은 줄어들고 있는 반면 밭의 면적은 계속 늘어나고 있으므로, 경지 면적에서 밭의 비율을 일일이 계산해보지 않더라도 증가함을 알 수 있다.

각각의 연도에 밭이 차지하는 비율을 계산하면 다음과 같다.

- 2015년 : $\frac{712}{1,782}\times100≒39.95\%$
- 2016년 : $\frac{713}{1,759}\times100≒40.53\%$
- 2017년 : $\frac{727}{1,737}\times100≒41.85\%$
- 2018년 : $\frac{731}{1,715}\times100≒42.62\%$
- 2019년 : $\frac{738}{1,698}\times100≒43.46\%$

따라서 밭이 차지하는 비율은 계속 증가하고 있다.

ㄴ. 2015 ~ 2022년 논 면적의 평균을 구하면

$$\frac{1,070+1,046+1,010+984+960+966+964+934}{8}$$

$$=991.75천ha이다.$$

이보다 줄어든 것은 논 면적이 984천ha였던 2018년부터이다.

오답분석

ㄷ. 전체 논 면적 중 수리답 면적을 제외한 면적만 줄어들고 있다면 수리답 면적은 그대로이거나 증가해야 한다. 그런데 이는 2015년과 2016년 수리답 면적만 확인해 보아도 사실이 아닌 것을 알 수 있다.

2015년 수리답 면적을 x천ha라고 하면 다음과 같다.

$$\frac{x}{1,070}\times100=79.3 \rightarrow x=848.51천ha$$

2016년 수리답 면적을 y천ha라고 하면 다음과 같다.

$$\frac{y}{1,046}\times100=79.5 \rightarrow y=831.57천ha$$

따라서 논 면적이 감소하면서 수리답 면적도 함께 감소하였다.

42

정답 ⑤

2차 판매가 이루어지지 않은 비구매 고객의 수는 24+64+135+32=255명으로, 전체 1,000명 중 25.5%를 차지한다. 따라서 전체의 약 $\frac{1}{4}$을 차지하고 있다.

43

정답 ⑤

E에 따르면 대출금리 평균은 $\frac{3.74+4.14+5.19+7.38+8.44}{5}$ ≒5.78%가 되어야 하지만, 6.17%이므로 옳지 않다.

제시된 대출금리의 평균은 1~3등급, 7~10등급의 금리를 모두 동일하게 계산하면 다음과 같다.

$$\frac{[(1 \sim 3등급) \times 3]+4등급+5등급+6등급+[(7 \sim 10등급) \times 4]}{10}$$

$$=\frac{(3.74 \times 3)+4.14+5.19+7.38+(8.44 \times 4)}{10} ≒ 6.17\%$$

오답분석

① 가산금리는 최초 계약기간 또는 6개월 중 짧은 기간으로 정하기에 1년이라면 적어도 중간에 6개월이 경과한 후에는 금리가 조정된다.

② (최종금리)=(기준금리)+(가산금리)-(우대금리)임으로 기준금리가 상승하면 최종금리도 상승한다.

③ 제시된 신용등급별 금리 표와 같이 10등급 쪽으로 갈수록 대출금리와 가산금리 모두 증가한다.

④ 4등급과 5등급의 금리 차이인 5.19-4.17=1.05%p는 최고우대금리인 1.5%p보다 작다. 따라서 5등급의 대출자가 우대금리를 많이 받는다면 최대 1.5%p까지 절약할 수 있고, 이 경우 4등급 대출자보다 금리를 더 적게 적용받을 수 있다.

44

정답 ⑤

모두 대출금과 계약기간이 동일하고 같은 상환 방식으로 상환하므로 지불해야 할 상환액이 많은 순서는 최종금리가 높은 순서와 같다. 다음은 각자 적용될 수 있는 우대금리를 정리하여 최종금리를 계산한 표이다. 이때 대출금리는 기준금리와 가산금리의 합이다.

(단위 : %)

구분	신용등급	우대금리 적용이 안 되는 사항	대출금리	우대금리	최종금리
갑	2	M카드 사용액 (30만 원)	3.74	0.2	3.54
을	6	-	7.38	0.2+0.1 +0.2=0.5	6.88
병	4	-	4.14	0.3+0.2 +0.2=0.7	3.44
정	7	자동이체 2건 (아파트관리비와 펌뱅킹)을 자동이체로 내고 있다.	8.44	0.3+0.3 =0.6	7.84
무	5	-	5.19	0.2+0.3 +0.3+0.3 =1.1	4.09

따라서 최종금리가 가장 높은 '정'이 상환액을 가장 많이 내고, 최종금리가 가장 낮은 '병'이 상환액을 가장 적게 내며 차례는 '정>을>무>갑>병' 순서이다.

45

정답 ④

(가) 자료(Data) : 정보 작성을 위하여 필요한 데이터를 말하는 것으로, 이는 '아직 특정의 목적에 대하여 평가되지 않은 상태의 숫자나 문자들의 단순한 나열'을 뜻한다.

(나) 정보(Information) : 자료를 일정한 프로그램에 따라 컴퓨터가 처리·가공함으로써 '특정한 목적을 달성하는 데 필요하거나 특정한 의미를 가진 것으로 다시 생산된 것'을 뜻한다.

(다) 지식(Knowledge) : '어떤 특정의 목적을 달성하기 위해 과학적 또는 이론적으로 추상화되거나 정립되어 있는 일반화된 정보'를 뜻하는 것으로, 어떤 대상에 대하여 원리적·통일적으로 조직되어 객관적 타당성을 요구할 수 있는 판단의 체계를 제시한다.

46

정답 ④

게임 규칙과 결과를 토대로 경우의 수를 따져보면 다음과 같다.

라운드	벌칙 제외	총 퀴즈 개수
3	A	15
4	B	19
5	C	21
	D	21
	C	22
	E	22
	D	22
	E	22

ⓛ 총 22개의 퀴즈가 출제되었다면, E는 정답을 맞혀 벌칙에서 제외된 것이다.

ⓒ 게임이 종료될 때까지 총 21개의 퀴즈가 출제되었다면 C, D가 벌칙에서 제외된 경우로 5라운드에서 E에게는 정답을 맞힐 기회가 주어지지 않는다. 따라서 퀴즈를 푸는 순서가 벌칙을 받을 사람 선정에 영향을 미친다.

오답분석

㉠ 5라운드까지 4명의 참가자가 벌칙에서 제외되었으므로 정답을 맞힌 퀴즈는 8개이다. 또한 벌칙을 받을 사람은 5라운드까지 정답을 맞힌 퀴즈가 0개나 1개이다. 따라서 정답을 맞힌 퀴즈는 총 8개나 9개이다.

47
정답 ②

창의적 사고를 개발하는 방법

1. 자유 연상법 : 어떤 생각에서 다른 생각을 계속해서 떠올리게 하는 작용을 통해 어떤 주제에서 생각나는 것을 계속해서 열거해 나가는 방법 예 브레인스토밍
2. 강제 연상법 : 각종 힌트에서 강제적으로 연결지어서 발상하는 방법 예 체크리스트
3. 비교 발상법 : 주제와 본질적으로 닮은 것을 힌트로 하여 새로운 아이디어를 얻는 방법 예 NM법, Synetics

48
정답 ④

선택지를 보고 조건에 부합하지 않는 선지가 있는지 확인하여 푸는 것이 빠르게 풀 수 있는 방법이다. 따라서 ④만 모든 조건에 부합한다.

오답분석
① 여성만 세 명인 조와 남성만 세 명인 조가 있어서 오답이다.
② 인원수가 균등하지 않고, 남성만 세 명인 조가 있어서 오답이다.
③ C와 F가 같은 조인데, G는 H와 같은 조에 배정받지 않아서 오답이다.
⑤ B와 D가 다른 조이고, I가 A와 D 둘 중 한 명과 조를 하지 않아서 오답이다.

49
정답 ②

문제해결과정은 다음과 같다.
문제 인식 → 문제 도출 → 원인 분석 → 해결안 개발 → 실행 및 평가

50
정답 ①

3만 원 초과 10만 원 이하 소액 통원의료비를 청구할 시, 진단서 없이 보험금 청구서와 병원영수증, 질병분류기호(질병명)가 기재된 처방전이 필요하다.

51
정답 ③

상속 전과 다른 분야의 사업을 시작하는 경우에 창업으로 인정한다.

오답분석
㉠ 기업형태는 변경하였지만, 변경 전 사업과 같은 사업을 이어가기 때문에 창업에서 제외된다.
㉡ 폐업 전과 후의 사업이 같은 종류이기 때문에 창업에서 제외된다.

52
정답 ③

조직의 기능단위 수준에서 현 문제점을 분석하지 않고, 다른 문제와 해결방안을 연결하여 모색하는 전략적 사고를 해야 한다.

53
정답 ②

고객에게 문의를 준 것에 대한 감사를 전하고 문제가 생겨 힘들었던 점을 공감해 주는 내용으로, 불만고객 응대를 위한 8단계 프로세스 중 '감사와 공감 표시' 단계임을 알 수 있다.

오답분석
① 어떠한 부분이 불편했는지 질문하는 것이므로 '정보파악' 단계이다.
③ 고객이 처음에 말한 내용을 확인한 후 바로 도움을 드리겠다는 내용으로 '해결약속' 단계이다.
④ 정보파악 후 내용을 확인하고 문제를 처리하기 전 고객에게 시간 양해를 구하는 것으로 '신속처리' 단계이다.
⑤ 문제해결 후 고객에게 서비스에 대한 만족도를 묻는 것으로 마지막 '피드백' 단계이다.

54
정답 ④

미국 출장 시 기내수하물은 12kg까지 무료이므로 가방의 무게 1kg을 고려하여 기내용 가방에 최대 11kg의 짐을 넣는다.
위탁수하물은 20kg씩 2개가 무료이므로 가방 무게를 고려하여 3kg, 4kg짜리 위탁용 가방에 각각 17kg, 16kg을 넣는다.
가방에 넣은 짐을 제외한 나머지 짐의 무게는 $60-(11+17+16)=16$kg이고, 16kg을 8kg씩 나눠 위탁용 가방 두 개에 각각 담으면 28kg이 되므로 $15+15=30$만 원의 초과요금이 나온다. 하지만 16kg을 위탁용 가방 하나에 넣으면 36kg이 되어 초과요금이 20만 원이 되므로 나눠 넣는 것보다 저렴하다.
따라서 다음과 같은 두 가지 방안이 나올 수 있다.

구분	기내용 1kg	위탁용 3kg	위탁용 4kg
경우 1	11kg	33kg	16kg
경우 2	11kg	17kg	32kg

55
정답 ④

유럽 출장 시 기내수하물은 8kg까지 무료이므로 가방의 무게 1kg을 고려하여 기내용 가방에 최대 7kg의 짐을 넣는다.
나머지 짐의 무게는 53kg이므로 초과수하물 규정에 따라 한 가방에 넣을 수 없다. 즉, 위탁수하물 1개가 초과되므로 15만 원의 초과요금이 발생한다. 최저요금으로 산정하려면 무게에 대한 수하물 초과요금은 위탁수하물 두 개 중 하나에서만 발생되어야 한다.

• 3kg 가방에 짐을 더 많이 넣는 경우

구분	기내용 1kg	위탁용 3kg	위탁용 4kg	초과 수화물
짐 무게	7kg	34g	19kg	60kg
가방+ 짐 무게	8kg	37kg	23kg	−
비용	무료	개수 초과 : 15만 원 무게 초과 : 23만 원 =38만 원	무료	−

- 4kg 가방에 짐을 더 많이 넣는 경우

구분	기내용 1kg	위탁용 3kg	위탁용 4kg	초과 수화물
짐 무게	7kg	20kg	33kg	60kg
가방+ 짐 무게	8kg	23kg	37kg	–
비용	무료	무료	개수 초과 : 15만 원 무게 초과 : 23만 원 =38만 원	–

54번 문제에서 미국 출장 시 20만 원의 초과요금이 발생했으므로, 두 나라 간 수화물 요금의 차이는 38−20=18만 원이다.

56
정답 ③

신고 포상금은 부패신고로 인하여 직접적인 수입회복 등이 없더라도 공익의 증진 등을 가져온 경우 지급한다.

오답분석
① 부패신고는 직무상 비밀준수의 의무를 위반하지 않은 것으로 본다.
② 누구든지 신고자의 동의 없이 그 신분을 밝히거나 암시할 수 없다.
④ 부패신고에 대해 불이익을 줄 경우 1천만 원 이하의 과태료가 부과된다.
⑤ 신고 포상금이 아닌 신고 보상금의 경우 최대 30억 원까지 지급받을 수 있다.

57
정답 ③

보상대상가액 3억 7천만 원은 1억 원 초과 5억 원 이하이므로, 3천만 원+(2억 7천만 원×0.2)≒8천만 원이다.

오답분석
① 1억 1천만 원+(12억 2천만 원×0.14)≒2억 8천만 원
② 3억 2천만 원+(18억 8천만 원×0.08)≒4억 7천만 원
④ 4억 8천만 원+(712억 원×0.04)≒33억 3천만 원
　　→ 30억 원(최대보상금 제한)
⑤ 1억 1천만 원+(3천만 원×0.14)≒1억 1천만 원

58
정답 ③

- 2차 Test 전까지 생산된 달걀 x개
$$x - \frac{10}{100}x = 270 \rightarrow x = 300$$
- 1차 Test 전까지 생산된 달걀 y개
$$y - \frac{40}{100}y = 300 \rightarrow y = 500$$
따라서 500개를 투입하여야 최종적으로 270개의 정상 달걀을 얻을 수 있다.

59
정답 ④

- 비용개선 이전 : 10+25+20+30+20+15=120원
- 비용개선 이후 : 8+20+20+20+10+10=88원
∴ 120−88=32원

60
정답 ③

달걀 1단위 생산 시 기존 공정에서는 120원이 들었지만, 개선 후에는 88원으로 32원이 절약되었다.

따라서 $\frac{32}{120} \times 100 ≒ 26.6$이므로 약 27%가 감소되었다.

61
정답 ④

계획을 세울 때 흔히 저지르기 쉬운 실수 중 하나는 너무 많은 시간을 소비하는 것이다. 계획은 완벽히 세우기 어렵고, 설사 완벽하게 세웠더라도 실천하지 못하면 무용지물이다. 계획이 완벽해야 한다는 부담감을 버리고 실제로 해나가면서 수정될 수 있음을 염두에 두는 것이 좋다.

62
정답 ④

(가) ~ (다) 각각의 단어 뜻을 생각하면 쉽게 연결시킬 수 있다.
(가) 권한위임 : 타인에게 일을 맡김
(나) 우선순위 : 여러 일 중에 우선적인 일을 먼저 처리함
(다) Flexibility : '유연함'이라는 뜻을 가진 영단어로 시간계획을 유연하게 작성하는 것을 말함
따라서 (가) − C, (나) − A, (다) − B임을 알 수 있다.

63
정답 ②

각국에서 출발한 직원들이 국내(대한민국)에 도착하는 시간을 계산하기 위해서는 먼저 시차를 구해야 한다. 동일 시점에서 각국의 현지시각을 살펴보면 국내의 시각이 가장 빠르다는 점을 알 수 있다. 즉, 국내의 현지시각을 기준으로 각국의 현지시각을 빼면 시차를 구할 수 있다. 시차는 계산 편의상 24시를 기준으로 한다.

구분	계산식	시차
대한민국 ~ 독일	6일 06:20−5일 23:20	7시간
대한민국 ~ 인도	6일 06:20−6일 03:50	2시간 30분
대한민국 ~ 미국	6일 06:20−5일 17:20	13시간

각국의 직원들이 국내에 도착하는 시간은 출발지 기준 이륙시각에서 비행시간과 시차를 더하여 구할 수 있다. 계산 편의상 24시 기준으로 한다.

구분	계산식	대한민국 도착시각
독일	6일 16:20+11:30+07:00	7일 10:50
인도	6일 22:10+08:30+02:30	7일 09:10
미국	6일 07:40+14:00+13:00	7일 10:40

따라서 인도에서 출발하는 직원이 가장 먼저 도착하고, 미국, 독일 순서로 도착하는 것을 알 수 있다.

64

유사성의 원칙은 유사품을 인접한 장소에 보관한다는 것을 말한다. 같은 장소에 보관하는 것은 동일성의 원칙이다.

오답분석

① 물적자원관리 과정에서 첫 번째로 해야 할 일은 사용 물품과 보관 물품의 구분으로, 물품 활용의 편리성과 반복 작업 방지를 위해 필요한 작업이다.

③ 물품 분류가 끝났으면 적절하게 보관 장소를 선정해야 하는데, 물품의 특성에 맞게 분류하여 보관하는 것이 바람직하다. 재질의 차이로 분류하는 방법도 옳은 방법이다.

④ 회전대응 보관 원칙에 대한 옳은 정의이다. 물품 보관 장소까지 선정이 끝나면 차례로 정리하면 된다. 여기서 회전대응 보관 원칙을 지켜야 물품 활용도가 높아질 수 있다.

⑤ 물품 보관 장소를 선정할 때 무게와 부피에 따라 분류하는 방법도 중요하다. 만약 다른 약한 물품들과 같이 놓게 되면 무게 또는 부피가 큰 물품에 의해 다른 물품이 파손될 가능성이 크기 때문이다.

65

오답분석

① RFID : 극소형 칩에 상품정보를 저장하고 안테나를 달아 무선으로 데이터를 송신하는 장치

③ NFC : 10cm 이내의 가까운 거리에서 다양한 무선 데이터를 주고받는 통신 기술

④ 유심 : 무선 통신 회선 가입자들의 식별정보를 담고 있는 것

⑤ QR코드 : 바코드보다 많은 정보를 담을 수 있는 격자무늬의 2차원 코드로, 마케팅이나 홍보 수단으로 사용

66

• 조직목표는 조직이 달성하려는 장래의 상태이다. (○)

• 조직구조는 조직 내 부문 사이에 형성된 관계로 조직 구성원들의 공유된 생활양식이나 가치이다. (×)
  → 조직 구성원 간 생활양식이나 가치를 공유하게 되는 것은 조직문화이며 조직구조와는 구분된다. 조직구조는 조직 구성원 간 상호작용을 보여준다.

• 조직도는 조직 구성원들의 임무, 수행과업, 일하는 장소를 알아보는 데 유용하다. (○)

• 조직의 규칙과 규정은 조직 구성원들의 행동범위를 정하고 일관성을 부여하는 역할을 한다. (○)

67

조합원・고객의 실익증진을 위해 각종 사업을 추진하는 것은 농협이 하는 일 중 금융 부문에 속하는 일이다. 농협은 농업인 조합원과 고객에게 더 많은 이익을 돌려드리기 위해 상호금융특별회계사업 활성화, 행복이음패키지 상품 개발, 농업인 무료법률구조기금 출연, 휴면예금 찾아주기 운동 등 다양한 사업을 추진하고 있다.

오답분석

① 농협은 생산자조직 구축과 연합사업 활성화를 통해 산지유통을 혁신하고 있다. 또한 미곡종합처리장과 농산물 산지유통센터의 규모화・전문화로 상품성 제고에 기여하고 있다.

③ 농협은 안성농식품물류센터와 전국 단위 복합물류센터 구축 등 혁신적인 농산물 도매유통 시스템을 갖춤으로써 물류비 절감의 혜택을 농업인과 소비자 모두에게 제공한다.

④ 농협은 '산지에서 소비지까지(Farm to Table)' 체계적인 농식품 관리와 교육을 통해 안전하고 우수한 국산 농식품을 공급한다.

⑤ 농협은 대량구매를 통해 비료・농약・농기계・유류 등 영농에 필요한 농자재를 저렴하고 안정적으로 공급하고 있다. 이를 통해 농업 경영비를 절감함으로써 농업인 소득증대 및 생활안정에 기여하고자 최선을 다한다.

68

새로운 사회환경을 접할 때는 개방적 태도를 갖는 동시에 자신의 정체성을 유지하도록 해야 한다.

69

오답분석

① 만장일치 : 회의 장소에 모인 모든 사람이 같은 의견에 도달하는 방법

② 다수결 : 회의에서 많은 구성원이 찬성하는 의안을 선정하는 방법

④ 의사결정나무 : 의사결정에서 나무의 가지를 가지고 목표와 상황 간의 상호 관련성을 나타내어 최종적인 의사결정을 하는 불확실한 상황하의 의사결정 분석 방법

⑤ 델파이 기법 : 여러 전문가의 의견을 되풀이해 모으고, 교환하고, 발전시켜 미래를 예측하는 질적 예측 방법

70

비품은 회사 업무상에 사용되는 물품을 의미하는데, 대체로 기업에서는 사전에 품목을 정해 놓고 필요한 자에게 보급한다. 만약 품목에 해당하지 않는 비품이 필요할 경우에는 그 사용 용도가 명확하고 업무에 필요한 것인지를 먼저 판단한 후, 예산을 고려하여 구매하는 것이 적절한 처리 과정이다. ③과 같이 단순히 비품목록에 없다는 이유로 제외하는 것은 적절하지 않다.

제2회 모의고사 정답 및 해설

01	02	03	04	05	06	07	08	09	10
④	⑤	①	③	②	⑤	④	②	②	④
11	12	13	14	15	16	17	18	19	20
③	③	①	⑤	④	⑤	④	③	③	④
21	22	23	24	25	26	27	28	29	30
①	④	③	③	①	④	④	②	④	⑤
31	32	33	34	35	36	37	38	39	40
③	②	③	⑤	③	④	①	②	④	③
41	42	43	44	45	46	47	48	49	50
①	④	③	④	④	①	④	②	⑤	①
51	52	53	54	55	56	57	58	59	60
②	②	④	②	③	②	①	④	②	⑤
61	62	63	64	65	66	67	68	69	70
⑤	②	①	④	③	③	①	②	①	①

01
정답 ④

제시된 단어는 에너지와 부도체의 관계이다.
'스티로폼'은 '열'이 통하지 않는 열적 부도체이고, '고무'는 '전기'가 통하지 않는 전기적 부도체이다.

02
정답 ⑤

제시된 단어는 반의 관계이다.
'응분'은 '어떤 정도나 분수에 맞음'을 의미하며, '과분'은 '분수에 넘침'을 의미한다. 또한 '겸양하다'는 '겸손한 태도로 양보하거나 사양하다.'라는 의미이며, '젠체하다'는 '잘난 체하다.'라는 의미이다.

03
정답 ①

제시된 단어는 상하 관계이다.
'음식'과 '김치'는 상하 관계이므로 '한옥'의 상위어인 '건물'이 빈칸에 적절하다.

04
정답 ③

오답분석
①·②·④·⑤는 앞의 두 단어가 뒤에 있는 단어의 구성요소이다.

05
정답 ②

②에서는 얼음이 물이 될 수도, 수증기가 물이 될 수도 있으므로, 시간의 흐름에 따른 단계라고 볼 수는 없다.

오답분석
①·③·④·⑤는 시간의 흐름에 따른 자연 생물의 성장 과정의 단계를 나타낸다.

06
정답 ⑤

'판문점'은 파주에 위치하여 휴전 협정을 진행하고 남북회담을 위해 활용되는 장소이므로, 제시된 단어들을 통해 판문점을 연상할 수 있다.

07
정답 ④

'마찰'은 한 물체가 다른 물체와 충돌하거나 접촉한 상태에서 움직이고 있을 때 접촉면에서 운동을 저지하는 힘이고 이때 생기는 전기를 정전기라고 하므로, 제시된 단어들을 통해 마찰을 연상할 수 있다.

08
정답 ②

'사춘기'는 육체적·정신적으로 성장하여 성인이 되어 가는 시기로 이때 방황하거나 반항하는 청소년이 생기므로, 제시된 단어들을 통해 사춘기를 연상할 수 있다.

09
정답 ②

'썩이다'는 '걱정이나 근심으로 몹시 괴로운 상태가 되게 하다.'라는 뜻으로, '물건이나 사람 또는 사람의 재능 따위가 쓰여야 할 곳에 제대로 쓰이지 못하고 내버려진 상태에 있게 하다.'라는 뜻의 '썩히다'로 고쳐야 한다.

10
정답 ④

제시문은 인간 각자가 다른 과거의 경험을 갖고 있고, 그것이 어떤 동일한 경험에 대해 서로 다른 의미를 부여하도록 영향을 끼친다는 내용이므로, 글의 요지로 '과거의 경험에 따라 동일한 상황을 다르게 인식한다.'가 가장 적절하다.

- affect : 영향을 미치다
- aspect : 국면, 양상, 관점
- perception : 지각, 인식
- pointless : 무의미한, 적절하지 못한
- meaningful : 의미심장한
- sensation : 마음, 기분, 감각
- attribute A to B : A를 B의 탓으로 돌리다.

인간의 의사소통에서 가장 중요한 측면들 가운데 한 가지는 과거의 경험들이 여러분의 행동에 영향을 끼치기 마련이라는 것이다. 여러분이 친구와 어떤 일에 대해 의논하기 시작할 때조차, 여러분은 인식의 차이가 존재한다는 것을 곧 발견할 것이다. 여러분이 지루하다고 생각하는 것을 여러분의 친구들은 재미있다고 생각할지 모른다. 여러분이 무의미하다고 생각하는 것을 그들은 의미 있게 생각할 수도 있다. 여러분이 받아들이는 메시지는 여러분 각각에게 같을지도 모른다. 그러나 각자 고유의 인성과 배경을 갖고 있기 때문에 다양한 감정과 기분을 느끼게 된다. 여러분은 각각 그 일에 서로 다른 배경을 가져와, 결과적으로 공유한 경험에 각자 다른 의미를 부여한다.

11
정답 ③

ⓒ은 '2. 우리말의 오용 원인' 중 '(2) 사회적 측면'의 하위 항목으로 대중매체에서 잘못 사용되고 있는 우리말의 사례를 활용해야 한다. ③은 우리말이 잘못 사용되고 있는 사례로 보기 어려우므로 활용 방안으로 적절하지 않다.

12
정답 ③

제9조 제1항에 따르면, 자율준수관리자는 경쟁법규 위반 가능성이 높은 분야의 임직원을 대상으로 반기당 2시간 이상의 교육을 실시하여야 한다. 따라서 반기당 4시간의 교육을 실시하는 것은 세칙에 부합한다.

오답분석
① 제6조 제2항에 따르면, 임직원은 담당 업무 수행 중 경쟁법규 위반사항 발견 시, 지체 없이 이를 자율준수관리자에게 보고하여야 한다.
② 제7조 제1항에 따르면, 자율준수관리자는 경쟁법규 자율준수를 위한 매뉴얼인 자율준수편람을 제작 및 배포하여야 하는 의무를 지닌다.
④ 제10조 제2항과 제3항에 따르면, 자율준수관리자는 경쟁법규 위반을 행한 임직원에 대하여 관련 규정 교육이수의무를 부과할 수 있으나, 직접 징계를 할 수는 없고, 징계 등의 조치를 요구할 수 있다.
⑤ 제11조 제3항에 따르면, 자율준수 이행 관련 자료를 작성하여 5년간 보관하여야 하는 것은 자율준수관리자가 아니라 자율준수담당자이다.

13
정답 ①

- 개선(改善) : 잘못된 것이나 부족한 것, 나쁜 것 따위를 고쳐 더 좋게 만듦
- 개정(改正) : 주로 문서의 내용 따위를 고쳐 바르게 함
- 개조(改造) : 고쳐 만들거나 바꿈

14
정답 ⑤

제시된 표현과 ⑤의 '닿다'는 '기회, 운 따위가 긍정적인 범위에 도달하다.'로 그 의미가 동일하다.

오답분석
① 어떤 물체가 다른 물체에 맞붙어 사이에 빈틈이 없게 되다.
② 소식 따위가 전달되다.
③ 서로 관련이 맺어지다.
④ 정확히 맞다.

15
정답 ④

- 기대 : 어떤 일이 원하는 대로 이루어지기를 바라면서 기다림
- 소망 : 어떤 일을 바람. 또는 그 바라는 것

오답분석
① 기부 : 자선사업이나 공공사업을 돕기 위하여 돈이나 물건 따위를 대가 없이 내놓음
② 부귀 : 재산이 많고 지위가 높음
③ 관망 : 한발 물러나서 어떤 일이 되어 가는 형편을 바라봄
⑤ 허사 : 보람을 얻지 못하고 쓸데없이 한 노력

16
정답 ⑤

제시문에서는 한 손님이 패스트푸드점의 직원을 폭행한 사건을 통해 손님들의 끊이지 않는 갑질 행태를 이야기하고 있다. 따라서 제시문과 관련된 한자성어로는 '곁에 사람이 없는 것처럼 아무 거리낌 없이 제멋대로 함부로 말하고 행동하는 태도가 있음'을 의미하는 '방약무인(傍若無人)'이 가장 적절하다.

오답분석
① 견마지심(犬馬之心) : 개나 말이 주인을 위하는 마음이라는 뜻으로, 신하나 백성이 임금이나 나라에 충성하는 마음을 겸손하게 이르는 말
② 빙청옥결(氷淸玉潔) : 얼음같이 맑고 옥같이 깨끗한 심성을 비유적으로 이르는 말
③ 소탐대실(小貪大失) : 작은 것을 탐하다가 오히려 큰 것을 잃음
④ 호승지벽(好勝之癖) : 남과 겨루어 이기기를 좋아하는 성미나 버릇

17   정답 ④

제시문은 최근 식도암 발병률이 늘고 있는데, S병원의 조사 결과를 근거로 식도암을 조기 발견하여 치료하면 치료 성공률을 높일 수 있다고 말하고 있다. 따라서 (라) 최근 서구화된 식습관으로 식도암이 증가 – (가) 식도암은 조기에 발견하면 치료 성공률을 높일 수 있음 – (마) S병원이 조사한 결과 초기에 치료할 경우 생존율이 높게 나옴 – (나) 식도암은 조기에 발견할수록 치료 효과가 높았지만 실제로 초기에 치료받는 환자의 수는 적음 – (다) 식도암을 조기에 발견하기 위해서 50대 이상 남성은 정기적으로 검사를 받을 것을 강조 순으로 나열하는 것이 가장 적절하다.

18   정답 ③

농협재단은 다문화가정의 농촌 정착을 위해 설립된 것이 아니라, 농촌의 유지·발전과 농민 삶의 질을 높이기 위해 설립되었다.

19   정답 ③

ⓒ '높이기'와 ③ '높아졌다'는 '품질, 수준, 능력, 가치 따위가 보통보다 위에 있도록 하다.'라는 의미로 사용되었다.

오답분석

① ㉠의 '번졌다'는 '빛, 기미, 냄새 따위가 바탕에서 차차 넓게 나타나거나 퍼지다.'라는 의미로 사용되었다. ①의 '번져갔다'는 '말이나 소리 따위가 널리 옮아 퍼지다.'라는 의미로 사용되었으므로 일치하지 않는다.
② ㉡의 '들었다'는 '들다'의 활용이지만, ②의 '들을'은 '듣다'의 활용이므로 일치하지 않는다.
④ ㉣의 '찾아'는 '어떤 사람을 만나거나 어떤 곳을 보러 그와 관련된 장소로 옮겨 가다.'라는 의미로 사용되었다. ④의 '찾아다녔다'는 '현재 주변에 없는 것을 얻거나 사람을 만나려고 여기저기를 뒤지거나 살피다.'라는 의미로 사용되었으므로 일치하지 않는다.
⑤ ㉤의 '열어'는 '모임이나 회의 따위를 시작하다'라는 의미로 사용되었다. ⑤의 '열었다'는 '다른 사람에게 어떤 일에 대하여 터놓거나 이야기를 시작하다.'라는 의미로 사용되었으므로 일치하지 않는다.

20   정답 ④

제시문은 농산물의 콘텐츠화에 대한 설명으로, 네 번째 문단에 따르면 앞으로는 소비자들이 농산물의 품질만 보고 구매하는 것이 아니라 생산과정 전체를 이야기로 이해하고 농산물을 구매하게 될 것이다.

오답분석

① 스마트농업의 단점을 언급하지는 않았지만, 단점이 없으니 무조건 추진해야 한다는 말은 논리적인 비약이다.
② 마지막 문단에서 농업은 환경 및 기후변화의 영향을 크게 받기 때문에 환경오염을 최소화하는 지속가능한 농업의 중요성이 커질 것이라고 언급하고 있다.

③ 마지막 문단에 따르면 농업 부산물로부터 에너지를 얻어 다양한 산업의 소재로 활용하는 기술이 이미 실용화되고 있다.
⑤ 세 번째 문단에서 스마트농업의 확산을 통해 부모세대의 기술 및 노하우가 스마트장치를 매개로 자녀세대에게 효과적으로 전달될 수 있을 것이라는 점을 언급하고 있다.

21   정답 ①

트렌드(Trend)는 유행, 경향, 흐름 등으로 순화해서 사용할 수 있으나, 제시문에서는 유행보다 흐름, 경향이라는 의미로 사용되었으므로 ①이 적절하지 않다.

22   정답 ④

N공사가 '5대 안전서비스 제공을 통한 스마트도시 시민안전망'과 관련한 업무 협약을 맺었다고 시작하는 (다), 앞서 소개한 오산시의 다양한 정책을 소개하는 (나), 오산시에 구축할 5가지 시민안전망에 대해 설명하는 (가)와 (마), 마지막으로 기존의 문제점을 보완하며 인프라 구축을 예고하는 (라)의 순서로 나열하는 것이 가장 적절하다.

23   정답 ③

기존 안전체계의 문제점을 고쳐 시민안전망이 구축되었다는 문장의 흐름상, 모자라는 것을 보충해서 완전하게 함을 의미하는 '보완'이 빈칸에 가장 적절하다.

24   정답 ③

채권을 발행한 기업의 경영 환경이 악화되면 지급 불능 위험이 높아지므로 채권가격은 떨어지게 된다.

25   정답 ①

빈칸 앞의 '금리는 현재가치에 반대 방향으로 영향을 준다.'와 빈칸 뒤의 '금리가 상승하면 채권의 현재가치가 하락하게 되고'는 논리적 모순 없이 인과관계를 이룬다. 그러므로 빈칸에는 '따라서'가 들어가는 것이 가장 적절하다.

26   정답 ④

앞의 항에 $+3$, $+5$, $+7$, $+9$, …인 수열이다.
따라서 (　　)$=8+7=15$이다.

27   정답 ④

홀수 항은 -3, 짝수 항은 $+4$인 수열이다.
따라서 (　　)$=17-3=14$이다.

28

정답 ②

홀수 항은 +1, 짝수 항은 ×2의 규칙을 갖는 수열이다.

D	C	E	F	F	L	(G)	X
4	3	5	6	6	12	7	24

29

정답 ④

홀수 항은 -3, 짝수 항은 +3의 규칙을 갖는 수열이다.

ㅋ	ㄹ	(ㅇ)	ㅅ	ㅁ	ㅊ
11	4	8	7	5	10

30

정답 ⑤

- 사무용품 구매액 : $300,000 \times 0.8 = 240,000$원
- 사무용품 구매 후 남은 예산 : $300,000 - 240,000 = 60,000$원
- 서랍장 구매액 : $60,000 \times 0.4 = 24,000$원
- 서랍장 구매 후 남은 예산 : $60,000 - 24,000 = 36,000$원
- 볼펜 1개의 온라인 구매가 : $500 \times \left(1 - \dfrac{20}{100}\right) = 400$원

따라서 $36,000 \div 400 = 90$이므로, 최대 90개의 볼펜을 살 수 있다.

31

정답 ③

수영장에 물이 가득 찼을 때의 물의 양을 1이라 하면, 수도관은 1분에 $\dfrac{1}{60}$만큼 물을 채우며, 배수로는 1분에 $\dfrac{1}{100}$만큼 물을 빼낸다.

따라서 수영장에 물을 가득 채우는 데 $\dfrac{1}{\dfrac{1}{60} - \dfrac{1}{100}} = \dfrac{1}{\dfrac{1}{150}} =$ 150분, 즉 2시간 30분이 걸린다.

32

정답 ②

작년 남자와 여자 지원자 수를 각각 a, b명이라고 하자.

$a + b = 820 \cdots ㉠$

$1.08a + 0.9b = 810 \rightarrow 12a + 10b = 9,000 \cdots ㉡$

㉠과 ㉡을 연립하면 $a = 400$, $b = 420$

따라서 작년 여자 지원자 수는 420명이다.

33

정답 ③

타일의 세로 길이는 $56 \times 3 \div 4 = 42$cm이다.

따라서 56과 42의 최소공배수는 168이므로 최소 길이는 168cm이다.

34

정답 ⑤

문제의 조건에 따라 적금 상품별 만기 환급금을 계산하면 다음과 같다.

구분	상품	만기 환급금
A 은행	단리 상품	$30 \times 60 + 30 \times \dfrac{60 \times 61}{2} \times \dfrac{0.05}{12}$ $= 2,028.75$만 원
	복리 상품	$30 \times \dfrac{(1.02)^{\frac{61}{12}} - (1.02)^{\frac{1}{12}}}{(1.02)^{\frac{1}{12}} - 1}$ $= 30 \times \dfrac{1.106 - 1.002}{0.002} = 1,560$만 원
B 은행	단리 상품	$30 \times 60 + 30 \times \dfrac{60 \times 61}{2} \times \dfrac{0.06}{12}$ $= 2,074.5$만 원
	복리 상품	$30 \times \dfrac{(1.03)^{\frac{61}{12}} - (1.03)^{\frac{1}{12}}}{(1.03)^{\frac{1}{12}} - 1}$ $= 30 \times \dfrac{1.162 - 1.003}{0.003} = 1,590$만 원
C 은행	단리 상품	$30 \times 60 + 30 \times \dfrac{60 \times 61}{2} \times \dfrac{0.065}{12}$ $\fallingdotseq 2,097.38$만 원

따라서 만기 환급금이 가장 높은 적금 상품은 C은행 상품이다.

35

정답 ③

문제의 조건에 따라 적금 상품별 만기 환급금을 계산하면 다음과 같다.

구분	상품	만기 환급금
A 은행	단리 상품	$30 \times 60 + 30 \times \dfrac{60 \times 61}{2} \times \dfrac{0.07}{12}$ $= 2,120.25$만 원
	복리 상품	$30 \times \dfrac{(1.06)^{\frac{61}{12}} - (1.06)^{\frac{1}{12}}}{(1.06)^{\frac{1}{12}} - 1}$ $= 30 \times \dfrac{1.345 - 1.005}{0.005} = 2,040$만 원
B 은행	단리 상품	$30 \times 60 + 30 \times \dfrac{60 \times 61}{2} \times \dfrac{0.075}{12}$ $\fallingdotseq 2,143.13$만 원
	복리 상품	$30 \times \dfrac{(1.05)^{\frac{61}{12}} - (1.05)^{\frac{1}{12}}}{(1.05)^{\frac{1}{12}} - 1}$ $= 30 \times \dfrac{1.281 - 1.004}{0.004} = 2,077.5$만 원
C 은행	단리 상품	$30 \times 60 + 30 \times \dfrac{60 \times 61}{2} \times \dfrac{0.07}{12}$ $= 2,120.25$만 원

따라서 만기 환급금이 가장 많은 적금 상품은 B은행 단리 상품이고 가장 적은 상품은 A은행 복리 상품으로 그 차액은 2,143.13−2,040=103.13만 원이다.

36
정답 ④

2022년과 2023년에 해상을 통해 수입한 화물실적 건수의 합은 12+14=26백만 건이고, 항공을 통해 수입한 화물실적 건수의 합은 34+44=78백만 건이다. 따라서 두 건수의 차는 78−26=52 백만 건이다.

37
정답 ①

2022년 수출 건수 및 수입 건수의 총합은 13+46=59백만 건이므로 60백만 건 미만이다.

오답분석

ㄴ. 해상을 통한 수출 중량은 2022년에 271백만 톤, 2023년에는 282백만 톤으로 모두 290백만 톤 미만이다.

ㄷ. 2022년 대비 2023년에 항공을 통한 수출 건수는 7백만 건에서 9백만 건으로 증가하였으며, 중량도 14백만 톤에서 18백만 톤으로 모두 증가하였다.

38
정답 ②

80～100만 원 미만의 급여를 받은 건수 중 노령연금의 비율은 $\dfrac{181,717}{181,717+1,796+1,627}\times100=\dfrac{181,717}{185,140}\times100≒98.2\%$로, 90% 이상이나.

오답분석

① 노령연금, 장애연금, 유족연금 모두 20～40만 원 미만의 금액을 지급받은 건수가 가장 많으므로 적절하다.

③ 40～60만 원 미만의 급여를 받은 건수 중 노령연금을 받은 건수가 유족연금을 받은 건수의 $\dfrac{620,433}{73,200}≒8.5$배이다.

④ 60～80만 원 미만의 급여를 받은 건수 중 유족연금을 받은 건수는 장애연금을 받은 건수의 $\dfrac{18,192}{6,988}≒2.6$배이다.

⑤ 0～20만 원 미만의 급여를 받은 건수 중 노령연금과 유족연금 건수의 차이는 890,880−180,191=710,689건이다.

39
정답 ④

80～100만 원 미만 구간에서 100만 원을 포함하고 중앙값을 구하면 90만 원이 된다. 따라서 장애연금 급여를 모두 지급했을 때, 지급 금액은 90×1,796=161,640만 원이다.

40
정답 ③

생산량 대비 수출량은 2021년에 $\dfrac{12.4}{16.2}≒76.5\%$이고, 2022년에 $\dfrac{10.1}{13.4}≒75.4\%$다. 따라서 생산량 대비 수출량이 가장 큰 해는 2021년이다.

오답분석

① 2020년 전년 대비 쌀 수출량의 증가율은 $\dfrac{6.7-3.3}{3.3}\times100≒$ 103%로 가장 크다.

② 전년 대비 2020년에는 쌀 생산량이 늘지만 1인당 연간 쌀 소비량은 줄고, 2021년에는 쌀 생산량과 소비량이 늘어난다. 따라서 주어진 자료만으로는 쌀 생산량과 소비량 사이에 특별한 상관관계가 없다고 볼 수 있다.

④ 2022년 1월 1일 쌀 비축량은 전년 생산량 16.2만 톤에 수출량 12.4만 톤과 소비량 3만 톤을 제한 나머지이므로 0.8만 톤이다.

⑤ 2021년 쌀 생산량은 16.2만 톤이고, 이의 75%는 162,000× $\dfrac{3}{4}$=121,500톤이다. 즉, 2021년 쌀 생산량의 75%는 12.15 만 톤이므로 옳은 설명이다.

41
정답 ①

2020년 쌀 소비량 4.2만 톤은 4,200만kg이고, 2020년 1인당 연간 소비량이 28kg이므로 2020년 A국의 인구는 4,200÷28= 150만 명이다.

42
정답 ④

2019년 대비 2023년 EBS의 수출액 증가율은 약 1.7배이지만 SBS는 약 3.8배 증가했으므로 옳지 않다.

오답분석

①·③ 표를 통해 쉽게 확인할 수 있다.

② 2021년에는 전년에 비해 3배 이상 증가했다.

⑤ 비디오/DVD 판매 조사기간 중 편당 수출액은 2022년에 $\dfrac{21,813}{1,324}≒16.48$천 달러로 가장 높다.

43
정답 ③

편당 수출액은 $\dfrac{(금액)}{(편수)}$과 같다. MBC는 2021년에 비해 2022년에 편수는 증가했지만, 금액은 감소했다. 즉, 분모가 커지고 분자가 작아졌다. 따라서 편당 수출액은 2022년이 2021년보다 적으므로 그래프로 옮기면 하향 곡선이 그려져야 한다.

또한, 2023년의 금액은 28,526천 달러이고 편수는 9,379편이므로 편당 수출액은 약 3천 달러이다. 그러나 그래프는 4천 달러를 가리키고 있으므로 적절하지 않다.

44

정답 ④

먼저 층이 결정된 부서를 배치하고, 나머지 부서가 배치될 층을 결정해야 한다. 변경 사항에서 연구팀은 기존 5층보다 아래층으로 내려가고, 영업팀은 기존 6층보다 아래층으로 내려간다. 또한 생산팀은 연구팀보다 위층에 배치돼야 하지만 인사팀과의 사이에는 하나의 부서만 가능하므로 6층에 총무팀을 기준으로 5층 또는 7층에 배치가 가능하다. 이를 정리하면 다음과 같이 4가지의 경우가 나올 수 있다.

구분	경우 1	경우 2	경우 3	경우 4
7층	인사팀	인사팀	생산팀	생산팀
6층	총무팀	총무팀	총무팀	총무팀
5층	생산팀	생산팀	인사팀	인사팀
4층	탕비실	탕비실	탕비실	탕비실
3층	연구팀	영업팀	연구팀	영업팀
2층	전산팀	전산팀	전산팀	전산팀
1층	영업팀	연구팀	영업팀	연구팀

따라서 생산팀은 3층에 배치될 수 없다.

45

정답 ④

다섯 명 중 수인과 희재의 발언은 동시에 참이 될 수 없으므로 수인이의 발언이 거짓이거나 희재의 발언이 거짓이다.
수인이가 거짓을 말할 경우와 희재가 거짓을 말할 경우, 항상 참인 영희와 연미의 발언을 정리해보면 영업이익이 많이 오른 순서는 B사 − D사 − A사이다. 따라서 ④가 항상 참임을 알 수 있다.

오답분석
① 희재의 발언이 거짓일 때는 E사의 영업이익은 내렸다.
② D사와 E사의 영업이익 비교는 제시된 발언만으로는 알 수 없다.
③ 수인이의 발언이 거짓일 때는 C사의 영업이익은 올랐다.
⑤ B사와 E사의 영업이익 비교는 제시된 발언만으로는 알 수 없다.

46

정답 ①

각 교통편에 대해 김대리의 기준에 따라 계산하면 다음과 같다.
• CZ3650 : $2 \times 1,000,000 \times 0.6 + 500,000 \times 0.8 = 1,600,000$
• MU2744 : $3 \times 1,000,000 \times 0.6 + 200,000 \times 0.8 = 1,960,000$
• G820 : $5 \times 1,000,000 \times 0.6 + 120,000 \times 0.8 = 3,096,000$
• Z391 : $7 \times 1,000,000 \times 0.6 + 100,000 \times 0.8 = 4,280,000$
• D42 : $8 \times 1,000,000 \times 0.6 + 70,000 \times 0.8 = 4,856,000$
따라서 김대리가 선택하는 교통편은 CZ3650이다.

47

정답 ④

논리적 사고의 요소는 생각하는 습관, 상대 논리의 구조화, 구체적인 생각, 타인에 대한 이해, 설득이다.

48

정답 ②

먼저 W씨와 첫 번째 친구가 선택한 강의 A와 C의 수강료는 $[(50,000+80,000)\times0.9]\times2=234,000$원이다. 두 번째 친구의 B강의 수강료는 70,000원이고, 모든 강의를 수강하는 세 번째 친구의 수강료는 $(50,000+70,000+80,000)\times0.8=160,000$원이다. 따라서 네 사람이 결제해야 할 총액은 $234,000+70,000+160,000=464,000$원이다.

49

정답 ⑤

모든 조건을 고려해보면 다음과 같은 경우가 나온다.

경우 \ 우세	B	C
1	D, F	E, F
2	E, F	D, F

ⓛ・ⓒ 위의 표를 보면 쉽게 알 수 있다.

오답분석
㉠ 위의 표를 보면 C는 E에게 우세할 수도 있지만 열세일 수도 있다.

50

정답 ①

Logic Tree는 문제의 원인을 깊이 파고들거나 해결책을 구체화할 때 제한된 시간 안에 넓이와 깊이를 추구하는 데 도움이 되는 기술로, 주요 과제를 나무 모양으로 분해하여 정리하는 기술이다.

오답분석
② SWOT 분석 : 기업내부의 강점과 약점, 외부환경의 기회와 위협요인을 분석・평가하고 이들을 서로 연관지어 전략을 개발하고 문제해결 방안을 개발하는 방법이다. SWOT 분석은 내부환경요인과 외부환경요인의 2개의 축으로 구성되어 있으며 내부환경요인은 자사 내부의 환경을 분석하는 것으로 다시 자사의 강점과 약점으로 분석된다. 외부환경요인은 자사 외부의 환경을 분석하는 것으로 분석은 다시 기회와 위협으로 구분된다. 내부환경요인과 외부환경요인에 대한 분석이 끝난 후에 매트릭스가 겹치는 SO, WO, ST, WT에 해당되는 최종 분석을 실시한다.
③ 3C 분석 : 사업환경을 구성하고 있는 요소인 고객, 자사, 경쟁사를 3C라고 하며, 3C에 대한 체계적인 분석을 통해서 환경분석을 수행할 수 있다. 3C 분석 중 고객 분석에서는 '고객은 자사의 상품 및 서비스에 만족하고 있는지'를, 자사 분석에서는 '자사가 세운 달성목표와 현상 간에 차이가 없는지'를, 경쟁사 분석에서는 '경쟁기업의 우수한 점과 자사의 현상과 차이가 없는지'에 대한 질문을 통해서 환경을 분석하게 된다.

51 정답 ②

ⓐ 다음 주에 상부에 보고해야 하는 업무는 중요하지만, 아직 시간이 조금 남아있는 상태이므로 긴급한 업무는 아니다. 그러므로 제2사분면에 위치하는 것이 가장 적절하다.

ⓑ 고객이 당장 오늘 내로 문제 해결 방법을 알려달라는 강한 불만을 제기했으므로 긴급하면서도 중요한 문제이다. 그러므로 제1사분면에 위치하는 것이 가장 적절하다.

ⓒ 친구와의 약속은 업무에서 중요하지 않고 긴급한 일이 아니다. 그러므로 제4사분면에 위치하는 것이 가장 적절하다.

52 정답 ②

피로도와 운동량을 동일하게 중요시하는 직원에게는 자전거 가격이 높을수록 피로도가 낮기 때문에 S-8653 모델보다는 S-4532 모델이 더 적합하다.

53 정답 ④

다섯 명의 운동량을 구하면 다음과 같다.
- 갑 : $1.4 \times 2 = 2.8$
- 을 : $1.2 \times 2 \times 0.8 = 1.92$
- 병 : $2 \times 1.5 = 3$
- 정 : $2 \times 0.8 + 1 \times 1.5 = 3.1$
- 무 : $0.8 \times 2 \times 0.8 + 1.2 = 2.48$

∴ 정>병>갑>무>을

54 정답 ②

문제해결절차는 '문제 인식 → 문제 도출 → 원인 분석 → 해결안 개발 → 실행 및 평가'이다.

㉠은 강대리가 문제 인식을 하고 팀장님께 보고한 후 어떤 문제가 발생했는지 도출해 내는 단계이므로 문제를 명확히 하는 '문제 도출' 단계이다.

㉡은 최팀장에게 왜 그런 현상이 나타나는 것인지에 대해 대답할 차례이므로 문제가 나타나는 현상에 대한 원인을 분석하는 '원인 분석' 단계이다.

55 정답 ③

제시된 자료와 상황의 내용을 이용해 투자액에 따른 득실을 정리하면 다음과 같다.

구분		투자액	감면액	득실
1등급	최우수	2억 1천만 원	2억 4천만 원	+3,000만 원
	우수	1억 1천만 원	1억 6천만 원	+5,000만 원
2등급	최우수	1억 9천만 원	1억 6천만 원	−3,000만 원
	우수	9천만 원	8천만 원	−1,000만 원

따라서 ㉠·㉡은 옳은 내용이다.

오답분석

㉢ 2등급을 받기 위해 투자한 경우, 최소 1,000만 원에서 최대 3,000만 원의 경제적 손실을 입는다.

56 정답 ②

예상되는 평가점수는 63점이고 에너지효율이 3등급이기 때문에 취·등록세액 감면 혜택을 받을 수 없다. 추가 투자를 통해서 평가점수와 에너지효율을 높여야 취·등록세액 감면 혜택을 받게 된다.

오답분석

① 현재 신축 건물의 예상되는 친환경 건축물 평가점수는 63점으로 우량 등급이다.

③ 친환경 건축물 우수 등급, 에너지효율 1등급을 받을 때, 경제적 이익이 극대화된다.

④·⑤ 예산 관리는 활동이나 사업에 소요되는 비용을 산정하고, 예산을 편성하는 것뿐만 아니라 예산을 통제하는 것 모두를 포함한다고 할 수 있다.

57 정답 ①

문제 해결은 문제 해결자의 개선 의식, 도전 의식과 끈기를 필요로 한다. 특히 문제 해결자의 현상에 대한 도전 의식과 새로운 것을 추구하려는 자세, 난관에 봉착했을 때 헤쳐 나가려는 태도 등이 문제 해결의 밑바탕이 된다. A씨의 경우 문제 해결 방법에 대한 지식이 충분함에도 불구하고 이런 도전 의식과 끈기가 부족하여 문제 해결에 어려움을 겪고 있다.

58 정답 ④

N대리 가족은 어른 2명과 어린이 2명이므로, 보기에 해당하는 교통수단 이용순서에 따라 조건에 부합하는 요금을 계산하면 다음 표와 같다.

구분	교통수단	비용		
		어른	어린이	총비용
①	지하철 → 지하철 → 기차	(1,850원 +1,250원 +4,800원) ×2명 =15,800원	(1,850원×0.4) +(1,250원×0.4) +(4,800원×0.5 ×2명)=6,040원	21,840원
②	버스 → 지하철 → 기차	(2,500원 +1,250원 +4,800원) ×2명 =17,100원	(2,500원×0.2) +(1,250원×0.4) +(4,800원×0.5 ×2명)=5,800원	22,900원
③	지하철 → 버스 → 기차	(1,850원 +1,200원 +4,800원) ×2명 =15,700원	(1,850원×0.4) +(1,200원×0.2) +(4,800원×0.5 ×2명)=5,780원	21,480원

④	기차 → 버스 → 지하철	(2,700원 +1,200원 +2,150원) ×2명 =12,100원	(2,700원×0.5 ×2명) +(1,200원×0.2) +(2,150원×0.4) =3,800원	15,900원
⑤	기차 → 지하철 → 버스	(2,700원 +1,250원 +3,000원) ×2명 =13,900원	(2,700원×0.5× 2명) +(1,250원×0.4) +(3,000원×0.2) =3,800원	17,700원

따라서 수원역에서 가평역까지 소요시간에 상관없이 기차를 한 번 이용하여 최소비용으로 가는 방법은 '기차 → 버스 → 지하철'이며, 비용은 15,900원임을 알 수 있다.

59   정답 ①

교통수단 순서에 따른 소요 시간 및 총비용은 다음과 같다.

구분	교통수단	소요 시간	총비용
①	지하철 → 지하철 → 기차	63분+18분+38분 =119분	21,840원
②	버스 → 지하철 → 기차	76분+18분+38분 =132분	22,900원
③	지하철 → 버스 → 기차	63분+40분+38분 =141분	21,480원
④	기차 → 버스 → 지하철	32분+40분+77분 =149분	15,900원
⑤	기차 → 지하철 → 버스	32분+18분+164분 =214분	17,700원

따라서 소요 시간이 140분 이내인 교통수단은 ①·②이며, 그중 최소비용은 ①이므로 '지하철 → 지하철 → 기차' 순서로 이용한다.

60   정답 ③

A ~ C길을 이용할 때 드는 비용(통행료+총주유비)은 다음과 같다.
- A길 : 4,500원+124원/km×98.28km≒16,690원
- B길 : 4,400원+124원/km×97.08km≒16,440원
- C길 : 6,600원+124원/km×102.35km≒19,290원

따라서 최대비용 C길과 최소비용 B길의 금액 차이는 19,290-16,440=2,850원이다.

61   정답 ⑤

- 윤아 : 시간이 촉박하면 다른 생각을 할 여유가 없기 때문에 집중이 잘되는 것처럼 느껴질 뿐이다. 이런 경우 실제 수행 결과는 만족스럽지 못한 경우가 많다.
- 태현 : 시간 관리 자체로 부담을 과하게 가지면 오히려 수행에 문제가 생길 수 있지만 기본적으로 시간 관리는 꼼꼼히 해야 한다.

- 지현 : 계획한 대로 시간 관리가 이루어지면 보다 효율적으로 일을 진행할 수 있다.
- 성훈 : 흔히 창의와 관리는 상충된다고 생각하지만 창의성이 필요한 일도 관리 속에서 더 효율적으로 이루어진다.

62   정답 ②

업무에서의 자원은 시간·예산·물적·인적자원을 뜻하는데, 자원의 낭비요인은 비계획적 행동, 편리성 추구, 자원에 대한 인식 부재, 노하우 부족(경험 및 학습 부족) 등이다. 따라서 계획적인 행동은 시간 낭비요인으로 옳지 않다.

63   정답 ①

예산을 수립하는 과정에서 필요한 활동을 구명하는 데 과업세부도를 활용하는 것이 효과적이다. 과업세부도란 과제 및 활동의 계획을 수립하는 데 있어서 가장 기본적인 수단으로 활용되는 그래프로 필요한 모든 일들을 중요한 범주에 따라 체계화시켜 구분해 놓은 그래프를 말한다.

오답분석

② 지출내역서 : 일정 기간 동안 사용한 경비지출의 내용을 기재한 문서이다.
③ 로직트리 : 문제해결 및 컨설팅에 사용하는 주요 사고기법으로 트리의 형태로 상위개념을 하위개념으로 논리적으로 분해하는 분석기법이다.
④ 간트차트 : 목적과 시간의 두 기본적인 요소를 이용하여 만든 그래프이다. 주로 공정관리 등에 쓰인다.
⑤ 플로차트 : 문제의 범위를 정하여 분석하고, 그 해법을 명확하게 하기 위해서 필요한 작업이나 사무처리 순서를 통일된 기호와 도형을 이용하여 도식화한 것이다.

64   정답 ④

자원활용계획을 수립할 때는 자원의 희소성이 아닌 자원이 투입되는 활동의 우선순위를 고려하여 자원을 할당해야 한다.

자원관리의 4단계 과정
1) 필요한 자원의 종류와 양 확인 : '어떠한' 자원이 '얼마만큼' 필요한지 파악하는 단계로, 일반적으로 '시간, 예산, 물적자원, 인적자원'으로 구분하여 파악한다.
2) 이용 가능한 자원의 수집과 확보 : 필요한 양보다 조금 더 여유 있게 최대한으로 자원을 확보한다.
3) 자원활용계획 수립 : 자원이 투입되는 활동의 우선순위를 고려하여 자원을 할당하고 활용계획을 수립한다.
4) 계획에 따른 수행 : 계획을 수립한 대로 업무를 추진한다.

65
정답 ③

농협 5대 핵심가치
- 농업인과 소비자가 함께 웃는 유통 대변화 : 소비자에게 합리적인 가격으로 더 안전한 먹거리를, 농업인에게 더 많은 소득을 제공하는 유통개혁 실현
- 미래 성장 동력을 창출하는 디지털 혁신 : 4차 산업혁명 시대에 부응하는 디지털 혁신으로 농업·농촌·농협의 미래 성장 동력 창출
- 경쟁력 있는 농업, 잘사는 농업인 : 농업인 영농지원 강화 등을 통한 농업경쟁력 제고로 농업인 소득 증대 및 삶의 질 향상
- 지역과 함께 만드는 살고 싶은 농촌 : 지역사회의 구성체로서 지역사회와 협력하여 살고 싶은 농촌 구현 및 지역경제 활성화에 기여
- 정체성이 살아있는 든든한 농협 : 농협의 정체성 확립과 농업인 실익 지원 역량 확충을 통해 농업인과 국민에게 신뢰받는 농협 구현

66
정답 ③

경영은 경영목적, 인적자원, 자금, 전략의 4요소로 구성된다.
ㄱ. 경영목적
ㄴ. 인적자원
ㅁ. 자금
ㅂ. 전략

오답분석

ㄷ. 마케팅
ㄹ. 회계

67
정답 ①

피터의 법칙(Peter's Principle)이란 무능력이 개인보다는 위계조직의 메커니즘에서 발생한다고 보는 이론으로, 무능력한 관리자를 빗대어 표현한다. 우리 사회에서 많이 볼 수 있는 무능력, 무책임으로 인해 우리는 많은 불편을 겪으며 막대한 비용을 지출하게 된다. 그렇지만 이러한 무능력은 사라지지 않고 있으며, 오히려 무능한 사람들이 계속 승진하고 성공하는 모순이 발생하고 있다. 대부분의 사람은 무능과 유능이 개인의 역량에 달려 있다고 생각하기 쉬우나, 로렌스 피터(Laurence J. Peter)와 레이몬드 헐(Raymond Hull)은 우리 사회의 무능이 개인보다는 위계조직의 메커니즘에서 발생한다고 주장하였다.

68
정답 ②

소금이나 후추 등이 다른 사람 손을 거치면 좋지 않다는 풍습을 볼 때, 소금과 후추가 필요할 때는 웨이터를 부르는 것보다 자신이 직접 가져오는 것이 적절한 행동이다.

69
정답 ①

A팀장이 요청한 중요 자료를 메일로 먼저 전송하고, PPT 자료를 전송한다. 점심 예약전화는 오전 10시 이전에 처리해야 하고, 오전 내에 거래처 미팅 날짜 변경 전화를 해야 한다.

70
정답 ①

일반적인 예금신규거래 절차를 요약하면 다음과 같다.
- 1단계 : 신규거래 신청서 받아 확인하기
- 2단계 : 실명 확인하기
- 3단계 : 신규거래 필요 서류 징구하기
- 4단계 : 고객정보 등록(변경)하기
- 5단계 : 수납자금 확인하기
- 6단계 : 통장 또는 증서 작성하기
- 7단계 : 고객의 거래인감 또는 서명날인 받기
- 8단계 : 책임자 검인하기
- 9단계 : 서류 보관하기

제3회 모의고사 정답 및 해설

01	02	03	04	05	06	07	08	09	10
④	④	②	③	②	②	②	②	④	②
11	12	13	14	15	16	17	18	19	20
③	③	②	③	①	①	④	③	③	③
21	22	23	24	25	26	27	28	29	30
④	③	④	①	③	④	④	①	①	③
31	32	33	34	35	36	37	38	39	40
③	④	④	①	④	④	③	③	②	③
41	42	43	44	45	46	47	48	49	50
④	④	③	①	④	①	①	①	②	④
51	52	53	54	55	56	57	58	59	60
①	④	①	③	③	④	③	④	③	③

01
정답 ④

제시문은 지난 경기 때의 실패를 발판삼아 재기에 성공한다는 내용으로, '여우가 죽을 때 머리를 자기가 살던 굴 쪽으로 놓아둔다는 의미로, 고향을 그리워하는 마음을 이르는 말'인 수구초심(首丘初心)은 적절하지 않다.

오답분석

① 절치부심(切齒腐心) : 몹시 분하여 이를 갈며 속을 썩임
② 와신상담(臥薪嘗膽) : 불편한 섶에 몸을 눕히고 쓰디 쓴 쓸개를 맛본다는 뜻으로, 원수를 갚거나 마음먹은 일을 이루기 위하여 어려움과 괴로움을 참고 견딤
③ 금의환향(錦衣還鄕) : 비단 옷을 입고 고향에 돌아온다는 뜻으로, 출세하여 고향에 돌아옴을 이르는 말

02
정답 ④

'밀봉'과 '밀폐'의 관계는 유의 관계로, 이와 같은 것은 ④의 '모범'과 '귀감'이다.

• 밀봉 : 단단히 붙여 꼭 봉함
• 밀폐 : 샐 틈이 없이 꼭 막거나 닫음
• 모범 : 본받아 배울 만한 대상
• 귀감 : 거울로 삼아 본받을 만한 모범

오답분석

①・②・③은 반의 관계이다.

• 매립 : 우묵한 땅이나 하천, 바다 등을 돌이나 흙 따위로 채움
• 굴착 : 땅이나 암석 따위를 파고 뚫음
• 허비 : 헛되이 씀. 또는 그렇게 쓰는 비용
• 절용 : 아껴 씀
• 승진 : 직위의 등급이나 계급이 오름
• 좌천 : 낮은 관직이나 지위로 떨어지거나 외직으로 전근됨을 이르는 말

03
정답 ②

'개선'과 '개악'은 반의 관계로, 이와 같은 것은 ②의 '질서'와 '혼돈'이다.

• 개선 : 잘못된 것이나 부족한 것, 나쁜 것 따위를 고쳐 더 좋게 만듦
• 개악 : 고치어 도리어 나빠지게 함
• 질서 : 혼란 없이 순조롭게 이루어지게 하는 사물의 순서나 차례
• 혼돈 : 마구 뒤섞여 있어 갈피를 잡을 수 없음. 또는 그런 상태

오답분석

①・③・④는 유의 관계이다.

• 규칙 : 여러 사람이 다 같이 지키기로 작정한 법칙. 또는 제정된 질서
• 방칙 : 여러 사람이 다 같이 지키기로 작정한 법칙. 또는 제정된 질서
• 최선 : 가장 좋고 훌륭함. 또는 그런 일
• 극선 : 가장 좋음
• 간극 : 1. 사물 사이의 틈 2. 시간 사이의 틈 3. 두 가지 사건・현상 사이의 틈
• 간격 : 1. 공간적으로 벌어진 사이 2. 시간적으로 벌어진 사이 3. 사물 사이의 관계에 생긴 틈

04
정답 ③

제시문의 내용은 『구운몽』의 일부로, 주인공이 부귀영화를 누렸던 한낱 꿈으로부터 현실로 돌아오는 부분이다. 따라서 부귀영화란 일시적인 것이어서 그 한때가 지나면 그만임을 비유적으로 이르는 말인 ③이 가장 적절하다.

① 힘을 다하고 정성을 다하여 한 일은 그 결과가 반드시 헛되지 아니함을 비유적으로 이르는 말

② 무엇을 전혀 모르던 사람도 오랫동안 보고 듣노라면 제법 따라 할 수 있게 됨을 비유적으로 이르는 말

④ 속으로는 해칠 마음을 품고 있으면서, 겉으로는 생각해 주는 척함을 비유적으로 이르는 말

05 정답 ②

'발(이) 빠르다'는 '알맞은 조치를 신속히 취하다'라는 의미의 관용구로 띄어 쓴다. 따라서 띄어쓰기가 적절한 것은 ②이다.

① 손 쉽게 가꿀 수 있는 → 손쉽게 가꿀 수 있는
: '손쉽다'는 '어떤 것을 다루거나 어떤 일을 하기가 퍽 쉽다.'의 의미를 지닌 한 단어이므로 붙여 써야 한다.

③ 겨울한파에 언마음이 → 겨울한파에 언 마음이
: '언'은 동사 '얼다'에 관형사형 어미인 '-ㄴ'이 결합한 관형어이므로 '언 마음'과 같이 띄어 써야 한다.

④ 깃발 아래 한 데 뭉치자. → 깃발 아래 한데 뭉치자.
: '한데'는 '한곳이나 한군데'의 의미를 지닌 한 단어이므로 붙여 써야 한다.

06 정답 ②

• out of order : 고장이 난

> A : 시간 좀 알려 주시겠습니까?
> B : 아, 죄송합니다. 제 시계는 고장 났습니다.

07 정답 ②

개요에서 고쳐진 것은 '2. 고령화 사회의 문제점' 부분이다. 이는 고령화 사회로 인해 발생할 수 있는 사회적 비용을 의료 및 복지 비용으로, 인구 감소로 인한 문제를 노동력 공급 감소 및 생산성 저하로 구체화한 것이다.

④ 구체적으로 문제 상황을 한정했다고 해서 논의 대상의 범위가 한정된 것은 아니다. 논의 대상인 고령화 사회의 문제점 자체는 그대로이기 때문이다.

08 정답 ②

마지막 문단의 '더 큰 문제는 이런 인식이 농민운동을 근대 이행을 방해하는 역사의 반역으로 왜곡할 소지가 있다는 것이다.'라는 문장을 통해 추론 가능하다.

09 정답 ④

농협의 도농협동연수원이 개최한 '도농 협동 CEO 리더 어울림 과정' 연수에 대해 언급하는 (라) 문단이 처음 문단으로 오고, 연수의 첫째 날 일정을 설명하는 (다) 문단과 둘째 날 일정을 설명하는 (가) 문단이 차례로 오는 것이 적절하다. 마지막으로는 연수에 참여한 단체인 '에너지와 여성'의 회장이 밝히는 연수 소감과 연수원 원장의 바람이 드러난 (나) 문단이 오는 것이 자연스럽다.

10 정답 ②

농협 회장은 사업별 담당 부서장이 아닌 지역 본부장들에게 신소득·특화작목 도입 및 적기 토양개량사업 등에 대한 적극적인 참여를 당부하였다.

① 농협은행 서대문 본관에서 진행된 화상회의에는 경기, 강원, 충북, 충남, 전북, 전남, 경북, 경남, 제주 총 9개의 도지역본부장이 참석하였다.

③ 3월 14일 진행된 회의는 본격적인 영농철을 맞아 농가의 소득 증대에 도움을 주고자 개최되었다.

④ 농협은 농작물 생육 주기에 따른 농업인 영농지원사업을 집중적으로 추진하고 있으며, 이를 위해 협력사업 예산과 농기계 등을 적극적으로 지원하고 있다.

11 정답 ③

추진(推進)은 '목표를 향하여 밀고 나감'을 의미하므로 적절하다.

㉠ 강행(強行) : 어려운 점을 무릅쓰고 행함
→ 강화(強化) : 수준이나 정도를 더 높임

㉡ 소원(所願) : 어떤 일이 이루어지기를 바람
→ 지원(支援) : 지지하여 도움

㉣ 감소(減少) : 양이나 수치가 줆
→ 해소(解消) : 어려운 일이나 문제가 되는 상태를 해결하여 없애버림

12 정답 ③

① 제19조 제1항에 따르면 조합원은 지역농협의 구역에 주소, 거소(居所)나 사업장이 있는 농업인이어야 한다.

② 제20조 제2항에 따르면 지역농협은 준조합원에 대하여 정관으로 정하는 바에 따라 가입금과 경비를 부담하게 할 수 있다.

④ 제21조 제5항에 따르면 조합원은 출자의 납입 시 지역농협에 대한 채권과 상계(相計)할 수 없다.

13 정답 ②

농업협동조합법 제19조 제3항에 따르면 특별시 또는 광역시의 자치구를 구역의 전부 또는 일부로 하는 품목조합은 해당 자치구를 구역으로 하는 지역농협의 조합원이 될 수 있다. 따라서 ◇◇자치구를 구역의 일부로 하는 품목조합 B는 ○○지역농협의 조합원이 될 수 있다.

오답분석

① 제19조 제2항에 따르면 주된 사무소를 지역농협의 구역에 두고 농업을 경영하는 영농조합법인과 농업회사법인이 지역농협의 조합원이 될 수 있다. 그러나 A는 영농조합법인이나 농업회사법인이 아닌 산림조합법인이므로 조합원이 될 수 없다.

③ 제19조 제2항에 따르면 농업을 경영하는 법인은 주된 사무소를 지역농협의 구역에 두어야 해당 지역농협의 조합원이 될 수 있다. 따라서 ○○지역농협의 구역에 주된 사무소가 아닌 지사를 두고 있는 C는 ○○지역농협의 조합원이 될 수 없다.

④ 제19조 제1항에 따르면 조합원은 둘 이상의 지역농협에 가입할 수 없으므로 이미 △△지역농협의 조합원인 D는 ○○지역농협의 조합원이 될 수 없다.

14 정답 ③

각 항을 3개씩 묶고 각각을 $A\ B\ C$라고 하자.
$A\ B\ C \rightarrow (A-B)\times 2 = C$
$19\ (\quad)\ 10 \rightarrow [19-(\quad)]\times 2 = 10$

따라서 $(\quad) = -\left(\dfrac{10}{2}-19\right) = 14$이다.

15 정답 ①

홀수 항은 +2이고, 짝수 항은 +3인 수열이다.

ㄹ	5	六	ㅠ	(π)	11	ㅊ	N
4	5	6	8	8	11	10	14

16 정답 ①

• 단리 예금 이자 : (원금)×(기간)×$\dfrac{(이율)}{12}$

따라서 적금 만기 시 받을 이자를 계산하면 $2,000 \times 24 \times \dfrac{0.008}{12}$
≒32만 원이다.

17 정답 ④

전체 양동이의 물의 양을 1이라 하고, A, B, C수도꼭지에서 1분당 나오는 물의 양을 a, b, cL라고 하자.

$a+b+c = \dfrac{1}{10}$ … ㉠

$b+c = \dfrac{1}{30}$ … ㉡

$8b = a$ … ㉢

㉡과 ㉠을 연립하면 $9b+c = \dfrac{1}{10}$이고, 이를 ㉡과 연립하여 c를 구하면 $9\left(\dfrac{1}{30}-c\right)+c = \dfrac{1}{10} \rightarrow 8c = \dfrac{2}{10} \rightarrow c = \dfrac{1}{40}$

따라서 C수도꼭지는 1분당 $\dfrac{1}{40}$만큼의 물이 나오고, C수도꼭지로만 양동이를 가득 채우는 데 걸리는 시간은 총 40분이다.

18 정답 ③

매년 말에 천만 원씩 입금할 경우 원금에 대한 단리 예금 이자를 정리하면 다음과 같다.

(단위 : 만 원)

1년 말	2년 말	3년 말	4년 말	5년 말
1,000	–	–	–	1,000×0.08×4=320
–	1,000	–	–	1,000×0.08×3=240
–	–	1,000	–	1,000×0.08×2=160
–	–	–	1,000	1,000×0.08×1=80
–	–	–	–	1,000

5년 동안의 원금은 5,000만 원이며, 마지막 5년 말에 입금한 천만 원에는 이자가 없으므로 나머지 4년 동안 납입한 4,000만 원에 대한 총이자는 320+240+160+80=800만 원이다. 따라서 A씨가 가입 후 6년 초에 받는 금액은 5,000+800=5,800만 원이다.

19 정답 ③

농도 12%인 소금물 600g에 들어있는 소금의 양은 600×0.12=72g이다. 600g의 소금물에서 xg을 퍼내면 소금의 양은 0.12(600$-x$)g이 되고, 여기에 물을 xg 더 넣으면 소금물의 양은 600$-x$ $+x$=600g이 된다. 이 혼합물과 농도 4%의 소금물을 섞어 농도 5.5%의 소금물 800g을 만들었으므로 농도 4%인 소금물의 양은 200g이다. 그러므로 식을 세우면 다음과 같다.

$\dfrac{0.12(600-x)+(200\times 0.04)}{600+200} \times 100 = 5.5$

$\rightarrow 80-0.12x = 44 \rightarrow 0.12x = 36$

∴ $x = 300$

따라서 처음에 퍼낸 소금물은 300g이다.

20 정답 ③

목표 수익률은 원금의 10%인 2,000×0.1=200만 원이다. 현재 2,000×0.04=80만 원의 수익을 얻었고, 6개월 동안 120만 원의 수익을 내야 한다.
따라서 지금부터 6개월까지 누적 수익률은 2,000만 원 중 120만 원이므로 6%이다.

21

정답 ④

해외송금 내역 자료에 대한 해외송금 수수료를 구하면 다음과 같다.

날짜	해외송금 금액	이용 은행	해외송금 수수료	전신료
2023.02.03.	$720	D은행	14,000원	7,500원
2023.03.06.	$5,200	A은행	30,000원	10,000원
2023.04.04.	$2,500	B은행	22,000원	7,000원
2023.04.27.	$1,300	A은행	20,000원	10,000원
2023.05.15.	$2,300	C은행	23,000원	8,000원
2023.06.09.	$1,520	D은행	14,000원	7,500원
2023.07.11.	$5,500	E은행	27,500원	7,000원
2023.08.20.	$800	D은행	14,000원	7,500원
2023.09.04.	$1,320	A은행	20,000원	10,000원
2023.10.24.	$2,300	D은행	19,000원	7,500원
2023.12.12.	$800	D은행	14,000원	7,500원

따라서 해외송금 수수료와 전신료를 모두 합한 금액은 307,000원이다.

22

정답 ③

ⓒ 2023년 12월 주식옵션의 총 거래대금은 주식선물 계약금액의 $\frac{4,845+5,557}{24,138,554}\times100 ≒ 0.04\%$이다.

ⓔ 2024년 1 ~ 5월 중 주식풋옵션 거래대금이 가장 높은 달은 3월이며, 이때 주식콜옵션 미결제약정 대비 주식선물 미결제약정 값은 $\frac{4,556,923}{165,391}≒27.6$이다.

오답분석

㉠ 2024년 1월 주식선물 거래량은 주식옵션 총 거래량 대비 $\frac{60,917,053}{1,345,326}≒45$배이다.

ⓛ 2024년 4월 주식콜옵션의 거래량 중 미결제약정 건수의 비율은 $\frac{181,357}{1,123,637}\times100≒16.1\%$이므로 주식풋옵션의 거래량 중 미결제약정의 비율인 $\frac{226,254}{1,129,457}\times100≒20\%$보다 3.9%p 낮다.

23

정답 ④

㉠ 2024년 5월에 주식선물의 거래량은 증가한 반면 계약금액은 감소했다.

ⓛ 주식선물의 미결제약정 계약건수는 2024년 4월에 전년 대비 감소했다.

ⓒ 주식풋옵션의 거래대금은 2024년 1월에 전월 대비 감소했다.

ⓔ 2024년 3월에 주식선물의 거래량과 미결제약정 계약건수 모두 전월 대비 증가했다.

24

정답 ①

2023년 11월과 12월에 가입금액이 자료보다 낮다.

25

정답 ③

㉠ 그리스가 4.4천 명, 한국은 1.4천 명이다. $1.4\times4=5.6>4.4$이므로 4배가 넘지 않는다.

ⓛ 헝가리와 이탈리아는 2016년 대비 2022년 활동 의사 수가 감소하였다.

오답분석

ⓒ 그리스가 5.4천 명으로 가장 많고, 한국이 1.7천 명으로 가장 적다. $1.7\times3=5.1<5.4$이므로 3배 이상이다.

26

정답 ④

한국이 1.6천 명으로 가장 적고, 그리스가 4.9천 명으로 가장 많다.

오답분석

① 네덜란드는 3.7천 명이고, 그리스가 5.0천 명으로 가장 많다. 따라서 그리스에 비해 1.3천 명 적다.

② 한국이 매년 수치가 가장 적다는 사실을 볼 때, 한국의 의료 서비스 지수가 멕시코보다 더 열악하다고 볼 수 있다.

③ 2015 ~ 2017년에는 두 배가 안 되는 수치를 보인다.

27

정답 ④

문제의 유형

1. 발생형 문제(보이는 문제) : 바로 직면하여 걱정하고 해결하기 위해 고민하는 문제
2. 탐색형 문제(찾는 문제) : 현재의 상황을 개선하거나 효율을 높이기 위한 문제
3. 설정형 문제(미래 문제) : 장래의 경영전략을 생각하는 문제로 앞으로 어떻게 할 것인가에 대한 문제

28

정답 ①

무조건 비용을 적게 들이는 것이 좋은 것은 아니다. 예를 들어 한 기업에서 개발 프로젝트를 한다고 할 때, 개발 비용을 실제보다 높게 책정하면 경쟁력을 잃어버리게 되고, 낮게 책정하면 프로젝트 자체가 이익을 주는 것이 아니라 오히려 적자가 나는 경우가 발생할 수 있다. 그로 인해 책정 비용과 실제 비용의 차이를 줄이고, 비슷한 상태가 가장 이상적인 상태라고 할 수 있다.

29

정답 ①

거래내역 방식은 각자 주문한 금액만 부담하므로 주문금액을 정리하면 다음과 같다.

구분	주문금액
A사원	12,000+3,000=15,000원
B주임	15,000+5,000+3,000+5,000=28,000원
C대리	13,000+5,000+7,000=25,000원
D과장	15,000+3,000+6,000+5,000=29,000원
합계	97,000원

전통적인 회식비 분담 방식으로 낼 경우, 모두 $\frac{97,000}{4}=24,250$원씩 부담한다.

따라서 거래내역 방식으로 회식비를 분담할 때 부담이 덜어지는 사람은 A사원이다.

30

정답 ③

- (가) : 외부의 기회를 활용하면서 내부의 강점을 더욱 강화시키는 SO전략
- (나) : 외부의 기회를 활용하여 내부의 약점을 보완하는 WO전략
- (다) : 외부의 위협을 회피하며 내부의 강점을 적극 활용하는 ST전략
- (라) : 외부의 위협을 회피하고 내부의 약점을 보완하는 WT전략

따라서 ③이 올바르게 나열되어 있다.

31

정답 ③

N은행카드 모바일 간편결제는 14일 16시부터 15일 02시까지 일시적으로 제한되므로, 14일에 N은행카드 모바일 간편결제를 이용하려면 16시 이전에 결제를 마쳐야 한다.

오답분석

① 카드업무 중 체크카드의 이용은 14일부터 16일까지 제한되지만, 신용카드의 경우 물품 결제, 대금 결제 등의 승인은 언제나 가능하다.
② 신용카드의 이용은 제한되지 않으나 N은행카드 포인트 사용과 같은 승인 외 부수 업무는 13일부터 16일까지 제한되므로, 포인트를 사용할 수 없다.
④ 은행업무가 일시중단될 경우 타 금융기관을 이용한 N은행계좌의 입금·출금·계좌이체 및 조회도 불가하므로 입금확인을 할 수 없다.

32

정답 ④

C, D, F지점의 사례만 고려하면, F지점에서 마카롱과 쿠키를 함께 먹었을 때 알레르기가 발생하지 않았으므로 마카롱은 알레르기 발생 원인이 될 수 없으며, 빵 또는 케이크가 알레르기 발생 원인이 될 수 있다. 따라서 ④는 반드시 거짓이 된다.

오답분석

① A, B, D지점의 사례만 고려한 경우 : 빵과 마카롱을 함께 먹은 경우에는 알레르기가 발생하지 않았으므로, 케이크가 알레르기 발생 원인이 된다.
② A, C, E지점의 사례만 고려한 경우 : 케이크와 쿠키를 함께 먹은 경우에는 알레르기가 발생하지 않았으므로, 빵이 알레르기 발생 원인이 된다.
③ B, D, F지점의 사례만 고려한 경우 : 빵과 마카롱 또는 마카롱과 쿠키를 함께 먹은 경우에 알레르기가 발생하지 않았으므로, 케이크가 알레르기 발생 원인이 된다.

33

정답 ④

각 도입규칙을 논리기호로 나타내면 다음과 같다.
규칙 1. A
규칙 2. ~B → D
규칙 3. E → ~A
규칙 4. F, E, B 중 2개 이상
규칙 5. (~E 그리고 F) → ~C
규칙 6. 되도록 많은 설비 도입

규칙 1에 따르면 A는 도입하며, 규칙 3의 대우인 A → ~E에 따르면 E는 도입하지 않는다.
규칙 4에 따르면 E를 제외한 F, B를 도입해야 하고, 규칙 5에서 E는 도입하지 않으며, F는 도입하므로 C는 도입하지 않는다.
D의 도입 여부는 규칙 1~5에서는 알 수 없지만, 규칙 6에서 최대한 많은 설비를 도입한다고 하였으므로 D를 도입한다.
따라서 도입할 설비는 A, B, D, F이다.

34

정답 ①

주어진 자료를 토대로 민원처리 시점을 구하면 다음과 같다.

- A씨는 4/29(금)에 '부동산중개사무소 등록'을 접수하였고 민원처리기간은 7일이다. 민원사무처리기간이 6일 이상일 경우, 초일을 산입하고 '일' 단위로 계산하되, 토요일은 포함하고 공휴일은 포함하지 않는다. 따라서 민원사무처리가 완료되는 시점은 5/9(월)이다.
- B씨는 4/29(금)에 '토지거래계약허가'를 접수하였고 민원처리기간은 15일이다. 민원사무처리기간이 6일 이상일 경우, 초일을 산입하고 '일' 단위로 계산하되, 토요일은 포함하고 공휴일은 포함하지 않는다. 따라서 민원사무처리가 완료되는 시점은 5/19(목)이다.
- C씨는 4/29(금)에 '등록사항 정정'을 접수하였고 민원처리기간은 3일이다. 민원사무처리기간이 5일 이하일 경우, '시간' 단위로 계산하되, 토요일과 공휴일은 포함하지 않는다. 따라서 민원사무처리가 완료되는 시점은 5/4(수) 14시이다.

4/29(금)에 민원접수 후 처리기간을 다음 달력에 대입하면 쉽게 답을 도출할 수 있다.

일	월	화	수	목	금	토
					4/29	30
5/1	2	3	4	5	6	7
8	9	10	11	12	13	14
15	16	17	18	19	20	21
22	23	24	25	26	27	28
29	30	31				

35 정답 ④

ⓒ B씨의 사전평가 총점은 42점이지만 구술이 3점 미만이므로 기초과정에 배정된다.

ⓔ 사전평가에 응시하지 않으면 자동 면제로 처리되어 기초과정부터 참여한다.

오답분석

㉠ A씨의 사전평가 총점은 40점이므로 초급2 과정에 배정된다.

ⓒ 이수정지 신청 후 2년 이내에 재등록했기 때문에 과거 이수사항이 승계되어 초급1 과정에 참여할 수 있다.

36 정답 ④

불가피한 사유(출산)로 이수정지 신청을 한 경우, 이수정지 후 2년 이내에 재등록하면 과거 이수사항 및 이수시간이 계속 승계되어 해당 과정에 참여할 수 있다.

37 정답 ③

고객은 만 30세에 1인 가구이므로 처음적금과 가족적금은 가입할 수 없다. 고객이 가입 가능한 생활적금, 든든적금에 적용되는 우대금리를 계산하여 최종금리를 비교하면 다음과 같다.

구분	기본금리	우대금리	적용금리
생활적금	4.4%	- 예금통장 보유 : 0.5%p - 자동이체 3건 : 0.9%p - 10년 가입 : 0.8%p	6.6%
든든적금	3.5%	- 예금통장 보유 : 1.1%p - 자동이체 3건 : 0.4%p (최대 2건)	5.0%

따라서 직원이 고객에게 추천해 줄 상품으로 가장 적절한 것은 생활적금이다.

38 정답 ③

37번의 고객이 가입한 상품은 생활적금에 해당하고 적금 기간은 6년이므로 중도해지 시 3.3%의 금리가 적용된다.

39 정답 ②

월요일은 붙어있는 회의실 두 곳 501호와 502호를 대여했고, 화요일은 504호, 목요일은 505호를 대여하였다. 이때 전날에 대여한 회의실은 대여할 수 없다고 했으므로 화요일과 목요일에 대여한 504·505호는 수요일에 대여가 불가능하므로 월요일에 대여한 501·502호, 그리고 아직 대여하지 않은 503호가 가능하다. 하지만 수요일에 대여한 회의실은 두 곳이므로 세 회의실 중에 붙어있지 않은 501·503호만 대여 가능하다. 따라서 수요일에 대여한 회의실 호실은 501·503호임을 알 수 있다.

40 정답 ③

오답분석

실제비용은 실제로 사용되는 비용이고, 책정비용은 임의의 금액을 책정하는 것으로, 예산을 책정할 때 실제비용보다 책정비용이 클 경우 경쟁력을 잃게 되며, 작을 경우에는 적자가 발생한다.

41 정답 ④

이번 주 추가 근무 일정을 요일별로 정리하면 다음과 같다.

월	화	수	목	금	토	일
김은선 민윤기	김석진 김남준 정호석	박지민 김태형	최유화 박시혁	유진실 정호석	이영희 전정국	박지민 김남준

하루에 2명까지 추가 근무를 할 수 있는데 화요일에 3명이 추가 근무를 하므로, 화요일 추가 근무자 중 한 명이 추가 근무 일정을 수정해야 한다. 그중 김남준은 이번 주 추가 근무 시간이 7시간으로 6시간을 초과하였다. 따라서 김남준의 추가 근무 일정을 수정하는 것이 적절하다.

42 정답 ④

A조선소에서 생산에 투입될 수 있는 인력은 100명이며, 건조기간은 30일이다. 최대 수익을 위해서는 30일 동안 많은 선박을 건조하는 것도 중요하지만 투입되는 시간 대비 벌어들이는 수익이 더 높은 선박부터 진행하는 것이 가장 중요하다. 그리고 투입인력에 대한 조건도 함께 고려하여야 한다.

1) 선박별 1일 기준 수익비교(투입인력은 고려하지 않음)

선박	소요기간	수익	1일 수익
A	5일	15억	3억
B	10일	20억	2억
C	10일	40억	4억
D	15일	35억	2.33억
E	15일	45억	3억
F	20일	85억	4.25억

∴ F선박이 가장 수익이 높다는 것을 알 수 있다.

2) 위에서 판단한 것을 기준으로 투입인력을 함께 고려하여 30일 내에 제작 가능한지를 판단하면 다음과 같다.
  ㉠ F선박을 포함할 경우

| 0 | 5 | 10 | 15 | 20 | 25 | 30 |

F선박 (70명)			C선박 (50명)	
B선박 (30명)	A선박 (20명)	−	−

  • 15일 이후부터 인력이 30 ~ 50명이 남으나 D, E선박은 40 ~ 60명이 필요하므로 건조할 수 없다.
  • 수익 : 85억(F)＋20억(B)＋15억(A)＋40억(C)＝160억 원
  ㉡ F선박을 포함하지 않을 경우

| 0 | 5 | 10 | 15 | 20 | 25 | 30 |

D선박 (40명)		B선박 (30명)	A선박 (20명)
E선박 (60명)		C선박 (50명)	−

  • 25일부터 인력이 80명이 남으나, F선박은 20일이 소요되므로 건조할 수 없다.
  • 수익 : 35억(D)＋45억(E)＋20억(B)＋40억(C)＋15억(A)＝155억 원
3) 최종적으로 가장 많은 수익을 얻을 수 있는 금액은 160억 원이다.

43 정답 ③

E사원은 경영교육을 15시간 이수하였으므로 추가로 15시간을 더 이수해야 한다. 하지만 사무영어교육은 30시간으로, 기준보다 10시간 초과하여 이수했기 때문에 조건에 따라 초과한 10시간은 시간당 0.5점씩 경영점수로 환산할 수 있다.
따라서 5점이 경영점수로 환산되어 경영점수는 20점이 되므로 총 의무이수 교육점수는 10점이 부족하다.

44 정답 ①

물적자원관리 과정
1. 사용 물품과 보관 물품의 구분 : 반복 작업 방지, 물품활용의 편리성
2. 동일 및 유사 물품으로의 분류 : 통일성의 원칙, 유사성의 원칙
3. 물품 특성에 맞는 보관 장소 선정 : 물품의 형상, 물품의 소재

45 정답 ④

선결업무와 묶어서 생각해야 한다. D업무는 A업무와 B업무를 끝마친 후 실시해야 하므로 A(3일)＋B(1일)＋D(7일)＝11일이 걸리고, E업무는 A업무 다음으로 실시해야 하므로 A(3일)＋E(5일)＝8일이 걸린다. 또한 F업무는 B, C업무를 끝낸 후 시작해야 하지만 B, C업무는 묶어진 업무가 아니므로 두 업무 중 기간이 더 걸리는 C업무가 끝난 후 시작하면 C(6일)＋F(3일)＝9일이 걸린다. 따라서 가장 오래 걸리는 업무기간이 모든 업무를 완료하는 최소 소요

기간이므로 최소 소요기간은 11일이 된다. 다음은 일정 순서를 표로 나타낸 것이다.

1일	2일	3일	4일	5일	6일	7일	8일	9일	10일	11일
A			B		D					
			E							
C						F				

46 정답 ①

㉠ B업무의 필요기간이 4일로 연장된다면 3일이 늘어난 것이므로 D업무를 마칠 때까지 3＋4＋7＝14일이 소요된다.
㉡ D업무의 선결업무가 없다면 가장 마지막에 마치는 업무는 F가 되고 모든 업무를 마치는 데 최소 9일이 소요된다.

오답분석
㉢ E업무의 선결업무에 C업무가 추가된다면 최소 소요기간은 6＋5＝11일이 된다(A, C는 동시에 진행해도 된다).
㉣ C업무의 필요기간이 2일 연장되면 C(8일)＋F(3일)＝11일로 최소 소요기간은 변하지 않는다.

47 정답 ①

각각 창고의 환산점수를 구하면 다음과 같다.
• A창고 : 600÷60×4＝40
• B창고 : 900÷75×8＝96
• C창고 : 560÷50×10＝112
• D창고 : 1,000÷100×6＝60
따라서 ○○농협이 택할 창고는 가장 낮은 환산점수(40점)를 받은 A창고이다.

48 정답 ①

C창고는 거리가 10km로 10km 미만이어야 한다는 조건을 만족하지 못한다. 나머지 A, B, D창고를 비교하면 다음과 같다.

구분	시설	거리	비용(3년)
A창고	냉장시설 보유, 환기시설 보유	4km	600×3＝1,800만 원
B창고	냉장시설 보유	8km	900×3＝2,700만 원
D창고	냉장시설 보유	6km	1,000×3＝3,000만 원

D창고는 비용이 3,000만 원으로 지불할 수 있는 금액을 초과한다. 따라서 △△농협은 A창고와 B창고 중 거리도 가깝고, 비용도 저렴하며, 냉장시설은 물론, 환기시설까지 보유하고 있는 A창고와 계약한다.

49 정답 ②

물품관리대장에서 관리팀에서 2013년에 구매한 문구류(MN-13-0010)는 찾을 수 없다.

① 총무팀에서 2018년에 구매한 사무용 가구 : ST-18-0100
③ 대출팀에서 2008년에 구매한 사무용 가구 : LA-08-0100
④ 신용팀에서 2021년에 구매한 전자기기 : CD-21-1000

50 정답 ④

ST-12-0100은 총무팀에서 2010년에 구매한 회의실 책상이다. 구매한 지 12년(10년 이상) 정도 경과했으므로 교체할 수 있다.

① MN-17-1000은 관리팀에서 2017년에 구매한 TV이다. 구매하고 7년 정도밖에 되지 않아 교체할 수 없다.
② ST-18-0100은 총무팀에서 2018년에 구매한 회의실 의자이다. 구매하고 6년 정도밖에 되지 않아 교체할 수 없다.
③ CD-21-1000는 신용팀에서 2021년에 구매한 노트북 컴퓨터다. 구매하고 3년 정도밖에 되지 않아 교체할 수 없다.

51 정답 ①

파손된 물품은 볼펜, TV, 사무실 서랍장, 회의실 의자이며, 각각의 중고판매 시 수익금은 다음과 같다.
• 볼펜 : $0.3 \times 20 \times 0 = 0$원
• TV : $120 \times 0.55 = 66$만 원
• 사무실 서랍장 : $10 \times 3 \times 0.35 = 10.5$만 원
• 회의실 의자 : $5 \times 10 \times 0.55 = 27.5$만 원
따라서 총 판매수익금은 $66 + 10.5 + 27.5 = 104$만 원이다.

52 정답 ④

제시된 조건에 따라 업체별 비용을 구하면 다음과 같다.
• 갑 : $1,000 \times 500 + 3,000 \times 200 = 1,100,000$원
• 을 : $1,500 \times 500 + 2,500 \times 200 = 1,250,000$원
• 병 : $1,300 \times 500 + 2,600 \times 200 = 1,170,000$원
• 정 : $900 \times 500 + 3,200 \times 200 = 1,090,000$원
따라서 가장 저렴하게 구매할 수 있는 업체는 정이다.

53 정답 ①

사은품 증정행사가 4월 1일이므로, 3월 28일부터 3월 31일까지 4일간 제작을 완료해야 한다. 업체별 총 소요시간은 다음과 같다.

업체	장바구니	텀블러	총 소요시간
갑	$500 \div 100 = 5$일	$200 \div 100 = 2$일	5일
을	$500 \div 130 ≒ 3.84$일	$200 \div 80 = 2.5$일	4일
병	$500 \div 150 ≒ 3.33$일	$200 \div 150 ≒ 1.33$일	4일
정	$500 \div 200 = 2.5$일	$200 \div 100 = 2$일	3일

따라서 을, 병, 정에서 제작이 가능하며, 업체 중 정의 총 제작비용이 $900 \times 500 + 3,200 \times 200 = 1,090,000$원으로 가장 저렴하다.

54 정답 ③

조직을 둘러싼 환경이 급변하면서 이에 적응하기 위한 전략이 중요해지고 있다.

55 정답 ③

OJT에 의한 교육방법의 4단계는 다음과 같다.
ⓒ 제1단계 : 배울 준비를 시킨다.
ⓔ 제2단계 : 작업을 설명한다.
ⓐ 제3단계 : 시켜본다.
ⓓ 제4단계 : 가르친 결과를 본다.

56 정답 ④

①・②・③은 고객에게 혜택 또는 이익이 돌아가거나 고객의 니즈에 맞춰 추천하는 방식의 영업 노하우인 것에 반해, ④는 영업과는 관련이 없는 내용이다.

57 정답 ③

청년농부사관학교는 만 39세 이하 창농을 계획하는 청년을 대상으로 6개월간 3개 모듈식 교육(농업기초교육, 농가현장인턴, 비즈니스플랜)을 실시한다.

58 정답 ④

김님상의 업무 지시에 따르면 이번 주 금요일 회사 창립 기념일 행사가 끝난 후 진행될 총무팀 회식의 장소 예약은 목요일 퇴근 전까지 처리되어야 한다. 따라서 이대리는 ⓜ을 목요일 퇴근 전까지 처리해야 한다.

59 정답 ③

농협아그로는 과수용 농자재 생산 전문기업으로, 각종 과실 봉지 및 포장재의 제조, 공급 사업을 진행한다. 유류제품 사업은 남해화학에서 맡는 업무이다.

60 정답 ③

협동조합 기본법 제2조 제2항에 따라 사회적협동조합은 협동조합의 기본 정의에 따른 조직이며, 협동조합 중 지역주민들의 권익・복리 증진과 관련된 사업을 수행하거나 취약계층에게 사회서비스 또는 일자리를 제공하는 등의 영리를 목적으로 하지 않는 협동조합을 말한다.

① 협동조합 기본법 제2조 제1항을 통해 알 수 있다.
② 협동조합 기본법 제2조 제2항을 통해 알 수 있다.
④ 협동조합 기본법 제3조 제2항을 통해 알 수 있다.

제4회 모의고사 정답 및 해설

01	02	03	04	05	06	07	08	09	10
③	②	④	④	③	②	③	①	①	①
11	12	13	14	15	16	17	18	19	20
④	④	③	①	④	②	④	②	②	②
21	22	23	24	25	26	27	28	29	30
④	②	④	②	③	④	③	②	②	③
31	32	33	34	35	36	37	38	39	40
②	④	②	④	④	①	②	④	④	①
41	42	43	44	45	46	47	48	49	50
②	④	④	④	④	③	①	③	④	①
51	52	53	54	55	56	57	58	59	60
②	④	④	④	③	④	②	④	④	④

01 정답 ③

㉠ 연임 : 원래 정해진 임기를 다 마친 뒤에 다시 계속하여 그 직위에 머무름
㉡ 부과 : 세금이나 부담금 따위를 매기어 부담하게 함
㉢ 임차 : 돈을 내고 남의 물건을 빌려 씀

오답분석
• 역임 : 여러 직위를 두루 거쳐 지냄
• 부여 : 사람에게 권리·명예·임무 따위를 지니도록 해 주거나, 사물이나 일에 가치·의의 따위를 붙임
• 임대 : 돈을 받고 자기의 물건을 남에게 빌려줌

02 정답 ②

㉠ 산출(産出) : 물건을 생산해 내거나 인물·사상 따위를 냄
㉢ 효율(效率) : 들인 노력과 얻은 결과의 비율
㉤ 도입(導入) : 기술, 방법, 물자 따위를 끌어들임
㉦ 촉진(促進) : 다그쳐 빨리 나아가게 함

오답분석
㉡ 표출(表出) : 겉으로 나타냄
㉣ 구현(具現) : 어떤 내용이 구체적인 사실로 나타나게 함
㉥ 이율(利率) : 원금에 대한 이자의 비율
㉧ 촉구(促求) : 급하게 재촉하여 요구함

03 정답 ④

제시된 문장과 ④의 '밟다'는 '어떤 일을 위하여 순서나 절차를 거쳐 나가다.'라는 의미로 쓰였다.

오답분석
① 어떤 이의 움직임을 살피면서 몰래 뒤를 따라가다.
② 발을 들었다 놓으면서 어떤 대상 위에 대고 누르다.
③ 어떤 곳에 도착하다.

04 정답 ④

한글 맞춤법에 따르면 '률(率)'은 모음이나 'ㄴ' 받침 뒤에서는 '이자율, 회전율'처럼 '율'로 적고, 그 이외의 받침 뒤에서는 '능률, 합격률'처럼 '률'로 적는다. 따라서 '수익률'이 옳은 표기이다.

오답분석
① 추계(推計) : '일부를 가지고 전체를 미루어 계산함'의 의미를 지닌 단어로 재정 추계는 국가 또는 지방 자치 단체가 정책을 시행하기 위해 필요한 자금을 추정하여 계산하는 일을 말한다.
② 그간(-間) : '조금 멀어진 어느 때부터 다른 어느 때까지의 비교적 짧은 동안'이라는 의미를 지닌 한 단어이다.
③ 전제(前提) : '어떠한 사물이나 현상을 이루기 위하여 먼저 내세우는 것'의 의미를 지닌 단어로 옳은 표기이다.

05 정답 ③

'내'가 일부 시간적·공간적 범위를 나타내는 명사와 함께 쓰여, 일정한 범위의 안을 의미할 때는 의존 명사이므로 띄어 쓴다.

오답분석
① 짓는데 → 짓는 데
② 김철수씨는 → 김철수 씨는
④ 해결할 게 → 해결할게

06 정답 ②

제시문의 내용을 요약하여 필자가 주장하는 핵심을 파악해야 한다. 제시된 글은 텔레비전의 언어가 개인의 언어 습관에 미치는 악영향을 경계하면서, 올바른 언어 습관을 길들이기 위한 문학 작품 독서를 강조하고 있다. 따라서 필자의 주장으로 ②가 가장 적절하다.

07 정답 ③

제시문은 태양의 온도를 일정하게 유지해 주는 에너지원에 대한 설명이다. 태양의 온도가 일정하게 유지되는 이유는 태양 중심부의 온도가 올라가 핵융합 에너지가 늘어나면 에너지의 압력으로 수소를 밖으로 밀어내어 중심부의 밀도와 온도를 낮춰주기 때문이다. 즉, 태양 내부에서 중력과 핵융합 반응의 평형상태가 유지되기 때문에 태양은 50억 년간 빛을 낼 수 있었고, 앞으로도 50억 년 이상 더 빛날 수 있는 것이다. 따라서 빈칸에 들어갈 내용으로 '태양이 오랫동안 안정적으로 빛을 낼 수 있게 된다.'가 가장 적절하다.

08 정답 ①

제8조에 따르면 제1호에 해당하는 사람 외에도 제2호에 해당하는 자도 임명될 수 있음을 알 수 있다.

오답분석

② 제9조 제1항에 따르면 상호금융 소비자보호 업무전담자에 대하여 징계 등 특별한 경우를 제외하고 타 업무 종사자에 비해 인사평가의 불이익이 발생하지 않도록 하여야 한다는 내용을 통해 징계를 받는 특별한 경우가 있다는 것을 알 수 있다.
③ 제11조에 따르면 적절한 설명임을 알 수 있다.
④ 제9조 제2항 제1호에 따르면 적절한 설명이다.

09 정답 ①

상대방의 잘못을 지적할 때는 상대방이 알 수 있도록 확실하게 지적해야 한다. 모호한 표현은 설득력을 약화시키기 때문이다.

10 정답 ①

제시문은 유전자 치료를 위해 프로브와 겔 전기영동법을 통해 비정상적인 유전자를 찾아내는 방법을 설명하고 있다.

11 정답 ④

농협 미래농업지원센터에서는 '청년농부사관학교'와 함께 농촌 융·복합산업, 스마트 팜 운영, 귀농·귀촌과정 등 다양한 교육을 실시하고 있으며, 창업·유통·경영 등에 대한 현장 컨설팅 진행과 농식품 아이디어 발굴 경연대회를 통한 창업 지원, 판로와 금융지원 등 다양한 프로그램을 운영하고 있다. 그러나 이는 모두 미래농업지원센터의 일반적인 운영 내용이므로 이번 박람회에서 진행하는 내용으로 보기 어렵다.

12 정답 ④

빈칸 뒤의 '도시민의 성공적인 귀농·귀촌을 지원하고 미래농업의 다양한 정보를 제공하기 위해 열리는 이번 박람회'를 통해 이번 박람회의 슬로건으로는 농업의 미래에 대해 이야기하는 '100년 먹거리, 농업이 미래다.'가 가장 적절함을 알 수 있다.

오답분석

① '에이팜(A-Farm Show) 창농(創農)·귀농(歸農) 박람회'의 슬로건이므로 농협과 관련된 내용은 적절하지 않다.
② 이번 박람회의 목적은 도시민의 귀농·귀촌을 지원하고 미래 농업에 대한 정보를 전달하는 데 있으므로 100년 전통을 지키자는 내용은 적절하지 않다.
③ 박람회의 주제를 스마트 팜에만 국한된 것으로 보기 어려우며, 이번 박람회는 도시민에게 미래농업의 다양한 정보를 제공하기 위해 개최되었으므로 적절하지 않다.

13 정답 ③

농협의 '고충상담센터'는 농·축산업 외국인 근로자뿐만 아니라 고용 농업인을 대상으로 특화된 상담서비스를 제공한다.

14 정답 ①

(가)에서는 고령 농업인을 대상으로 하는 농협의 '농업인행복버스' 사업에 대해 설명하고 있으며, (나)에서는 농·축산업 외국인 근로자와 고용 농업인의 노동환경 개선을 위한 농협의 '고충상담센터'에 대해 설명하고 있다. (가)와 (나)를 통해 농협이 소외 및 취약 계층에 다양한 복지서비스를 제공하고 있다는 것을 알 수 있으므로 (다) 문단 또한 농협이 주거환경 취약농가를 대상으로 노후화된 주거환경 개선을 지원한다는 내용이 들어가는 것이 가장 적절하다.

15 정답 ④

홀수 항은 $+5$이고, 짝수 항은 -5인 수열이다.
따라서 (   )$=7+5=12$이다.

16 정답 ②

앞의 항에 3씩 더하는 수열이다.

A	D	G	J	M	P	(S)	V
1	4	7	10	13	16	19	22

17 정답 ④

피보나치 수열로 앞의 두 항의 합이 다음 항을 이루며, 소문자 알파벳, 한글 자음, 숫자 순서로 나열된다.

a	ㄱ	2	c	ㅁ	8	m	(ㅅ)	34	c
1	1	2	3	5	8	13	21	34	55

18 정답 ②

철수와 영희가 처음 만날 때까지 걸린 시간을 x분이라고 하자.
x분 동안 철수와 영희의 이동거리는 각각 $70x$m, $30x$m이므로
$70x+30x=1,000$
$\therefore x=10$

19

- 9명 중 2명을 뽑는 경우의 수 : $_9C_2 = \frac{9 \times 8}{2 \times 1} = 36$가지
- 남은 7명 중 3명을 뽑는 경우의 수 : $_7C_3 = \frac{7 \times 6 \times 5}{3 \times 2 \times 1} = 35$가지
- 남은 4명 중 4명을 뽑는 경우의 수 : $_4C_4 = 1$가지

따라서 구하고자 하는 경우의 수는 $36 \times 35 \times 1 = 1,260$가지이다.

20

K대리가 3월 2일에 환전한 달러는 $995,565 \div 1,070.5 = 930$달러이며, 출장 후 남은 달러는 $256,125 \div 1,024.5 = 250$달러이다. 따라서 K대리가 미국 출장 중에 사용한 달러는 $930 - 250 = 680$달러이다.

21

B은행의 창구이용, 자동화기기의 총 수수료 평균은 약 933원으로 다른 은행들과 비교했을 때 가장 크다.

오답분석

① 자동화기기 마감 전 수수료가 700원 이상인 은행은 A·B·I·K·N은행으로 총 5곳이다.
② '운영하지 않음'을 제외한 A~R은행의 창구이용 수수료의 평균은 약 756원이다.
③ '면제'를 제외한 A~R은행의 자동화기기 마감 전 수수료 평균은 600원이며, 마감 후 수수료 평균은 770원이다.

22

A주임이 계획에 따르면 A주임은 기본금리를 연 2.1% 적용받으며, 모바일앱 가입 우대이율 연 0.2%p를 적용받아 총 연 2.3%의 금리를 적용받는다.
A주임이 만기 시 수령하는 이자액을 계산하면 다음과 같다.
$200,000 \times \frac{36 \times 37}{2} \times \frac{0.023}{12} = 255,300$원

따라서 가입기간 동안 납입한 적립 원금은 $200,000 \times 36 = 7,200,000$원이므로, A주임의 만기환급금은 $7,200,000 + 255,300 = 7,455,300$원임을 알 수 있다.

23

A주임이 수정한 계획에 따르면 A주임은 기본금리를 연 2.1% 적용받으며, 모바일앱 가입 우대이율 연 0.2%p와 주택청약종합저축 우대이율 연 0.4%p를 적용받아 총 연 2.7%의 금리를 적용받는다.
따라서 A주임이 만기 시 수령하는 이자액은
$250,000 \times \frac{40 \times 41}{2} \times \frac{0.027}{12} = 461,250$원임을 알 수 있다.

24

ㄱ. 주화 공급량이 주화 종류별로 각각 20십만 개씩 증가한다면, 이 지역의 평균 주화 공급량은 $\frac{1,000 + 20 \times 4}{4} = \frac{1,080}{4} = 270$십만 개이다.

ㄷ.
- 평균 주화 공급량 : $\frac{1,000}{4} = 250$십만 개
- 주화 공급량 증가량 : $340 \times 0.1 + 215 \times 0.2 + 265 \times 0.2 + 180 \times 0.1 = 148$십만 개
- 증가한 평균 주화 공급량 : $\frac{1,000 + 148}{4} = 287$십만 개

따라서 $250 \times 1.15 > 287$이므로, 증가율은 15% 이하이다.

오답분석

ㄴ.
- 10원 주화의 공급기관당 공급량 : $\frac{340}{170} = 2$십만 개
- 500원 주화의 공급기관당 공급량 : $\frac{180}{120} = 1.5$십만 개

따라서 주화 종류별 공급기관당 공급량은 10원 주화가 500원 주화보다 많다.
ㄹ. 총 주화 공급액이 변하면 주화 종류별 공급량 비율도 당연히 변한다.

25

제시된 그래프의 연간 총 투자 금액은 다음과 같다.
- 2020년 : $1,500 + 1,000 + 800 + 500 = 3,800$억 원
- 2021년 : $1,600 + 950 + 750 + 500 = 3,800$억 원
- 2022년 : $1,700 + 850 + 700 + 550 = 3,800$억 원
- 2023년 : $1,800 + 800 + 700 + 600 = 3,900$억 원

따라서 연간 총 투자 금액은 2023년에만 상승하였다.

오답분석

① 수도 사업에 대한 투자 금액은 매년 100억 원씩 증가하였다.
② 댐 사업에 대한 투자 금액은 2022년과 2023년이 700억 원으로 동일하다.
④ 2020~2022년의 총 투자 금액의 50%는 1,900억 원, 2023년의 총 투자 금액의 50%는 1,950억 원으로 연간 총 투자 금액의 50%를 넘는 사업은 없다.

26

2023년 단지 사업의 투자 금액은 800억 원이고, 기타 사업의 투자 금액은 600억 원이므로 두 사업의 투자 금액 비율은 4 : 3이다. 따라서 210억 원을 투자 금액에 정비례해 배분하면 $4 : 3 = 120 : 90$이므로 2024년 단지 사업에 투자할 금액은 $800 + 120 = 920$억 원이다.

27 정답 ③

2022년 여름과 겨울의 사고건수 비율은 다음과 같다.

- 여름 : $\frac{58,140}{255,000} \times 100 = 22.8\%$

- 겨울 : $\frac{122,910}{255,000} \times 100 = 48.2\%$

따라서 차이는 $48.2 - 22.8 = 25.4\%$이다.

2023년 여름의 사고건수 비율은 $\frac{73,491}{280,500} \times 100 = 26.2\%$이므로

2023년 여름의 사고건수 비율이 더 크다.

오답분석

① 사고건수가 많은 계절 순서로 나열하면 다음과 같다.
  - 2022년 : 겨울(122,910건) – 여름(58,140건) – 봄(50,694건) – 가을(23,256건)
  - 2023년 : 겨울(125,664건) – 여름(73,491건) – 봄(49,929건) – 가을(31,416건)

② 2022년 사고건수를 비교하면 여름(58,140건)이 가을(23,256건)의 $58,140 \div 23,256 = 2.5$배이다.

④ 2022년 봄부터 2023년 겨울까지의 사고건수는 매 계절마다 증가와 감소를 반복한다.

28 정답 ②

㉠ 2022년, 2023년 겨울과 봄의 사고건수 차이는 다음과 같다.
  - 겨울 : $125,664 - 122,910 = 2,754$건
  - 봄 : $50,694 - 49,929 = 765$건

따라서 겨울의 사고건수 차이는 봄의 사고건수 차이의 $2,754 \div 765 = 3.6$배이다.

㉢ 2022년과 2023년의 봄·여름·가을·겨울의 사망자 수는 다음과 같다.
  - 2022년 : 8,850명(봄), 12,440명(여름), 5,922명(가을)
  - 2023년 : 6,854명(봄), 7,120명(여름), 2,870명(가을)

따라서 겨울을 제외하고 2022년이 더 많다.

오답분석

㉡ 2022년 가을의 사망자 수는 5,922명, 부상자 수는 28,200명이므로 $\frac{5,922}{28,200} \times 100 = 21\%$이다.

㉣ 2023년 계절별 사망자 수는 봄 6,854명, 여름 7,120명, 가을 2,870명, 겨울 27,887명으로 '증가 – 감소 – 증가'하였지만, 부상자 수는 봄 75,558명, 여름 74,299명, 가을 42,110명, 겨울 138,883명으로 '감소 – 감소 – 증가'하였다.

29 정답 ②

문제해결의 장애요소에는 문제를 철저하게 분석하지 않는 경우, 고정관념에 얽매이는 경우, 쉽게 떠오르는 단순한 정보에 의지하는 경우, 너무 많은 자료를 수집하려고 노력하는 경우 등이 있다.

30 정답 ③

SO전략은 강점을 살려 기회를 포착하는 전략이므로 TV프로그램에 출연하여 좋은 품질의 재료만 사용한다는 점을 홍보하는 것이 적절하다.

31 정답 ②

환경분석 주요 기법 중 사업환경을 구성하고 있는 자사, 경쟁사, 고객에 대한 체계적인 분석은 '3C 분석'이라고 한다.

오답분석

① SWOT 분석 : 기업내부의 강점·약점과 외부환경의 기회·위협요인을 분석·평가하고, 이들을 서로 연관지어 전략을 세우고 문제해결 방안을 개발하는 방법이다.

③ MECE 사고 : 중복이나 누락 없이 대상을 나누어서 생각하는 방법이며, 나눈 부분들의 교집합은 없어야 한다.

④ SMART 기법 : 목표를 세우는 방법으로 구체적이고 현실적으로 실현가능하게 명확한 시간을 정하여 행동하는 것이다. 또한 어떠한 정도 달성했는지도 분명히 알 수 있어야 한다.

32 정답 ④

문제원인의 패턴

- 단순한 인과관계 : 원인과 결과를 분명하게 구분할 수 있는 경우로, 어떤 원인이 선행함으로써 결과가 생기는 인과관계를 의미하며, 소매점에서 할인율을 자꾸 내려서 매출 점유율이 내려가기 시작하는 경우 등이 이에 해당한다.

- 닭과 계란의 인과관계 : 원인과 결과를 구분하기가 어려운 경우로, 브랜드의 향상이 매출확대로 이어지고, 매출확대가 다시 브랜드의 인지도 향상으로 이어지는 경우 등이 이에 해당한다.

- 복잡한 인과관계 : 단순한 인과관계와 닭과 계란의 인과관계의 두 유형이 복잡하게 서로 얽혀 있는 경우로, 대부분의 경영상 과제가 이에 해당한다.

33 정답 ②

수원에서 134km 떨어진 강원도로 여행을 가는 데 필요한 연료량과 연료비는 다음과 같다.

구분	필요 연료량	연료비
A자동차	$134 \div 7 ≒ 19$kW	$19 \times 300 = 5,700$원
B자동차	$134 \div 6 ≒ 22$kW	$22 \times 300 = 6,600$원
C자동차	$134 \div 18 ≒ 7$L	$7 \times 1,780 = 12,460$원
D자동차	$134 \div 20 ≒ 6$L	$6 \times 1,520 = 9,120$원

K씨의 가족 구성원은 8명이므로 B자동차를 이용할 경우 6인승 이상의 차를 렌트해야 하지만, 나머지 차는 4인승 또는 5인승이므로 같이 빌릴 수 없다. 따라서 B자동차를 제외한 A, C, D자동차 중 2대를 렌트해야 하며, 대여비는 같으므로 세 자동차 중 연료비가 저렴한 A자동차와 D자동차를 렌트한다.

34　　　　　　　　　　　　정답 ②

조건에서 에코백 색깔의 순위를 1위부터 나열하면 '베이지색 – 검정색 – 노란색 – 주황색 – 청록색'이다. 두 번째 조건에서 1위인 베이지색 에코백의 개수는 50개 중 40%이므로 $50 \times 0.4 = 20$개를 준비하고, 2위인 검정색은 전체 개수의 20% 이상 30% 이하이므로 10개 이상 15개 이하 준비가 가능하다.

그런데 마지막 조건에서 3위 이하로 노란색, 주황색, 청록색은 6개 이상씩 준비해야 하기 때문에 검정색 에코백은 최대 $50 - 20 - (6 \times 3) = 12$개를 준비할 수 있다. 따라서 검정색 개수에 따라 노란색, 주황색, 청록색 에코백 개수를 정리하면 다음과 같다.

ⅰ) 검정색 에코백을 10개 준비할 경우 방법은 6가지이다.

(단위 : 개)

노란색	주황색	청록색
6	7	7
7	6	7
7	7	6
6	6	8
6	8	6
8	6	6

ⅱ) 검정색 에코백을 11개 준비할 경우 방법은 3가지이다.

(단위 : 개)

노란색	주황색	청록색
6	6	7
6	7	6
7	6	6

ⅲ) 검정색 에코백을 12개 준비할 경우 방법은 1가지이다.

(단위 : 개)

노란색	주황색	청록색
6	6	6

ㄴ. 검정색은 10개 이상 15개 이하 범위이지만 노란색, 주황색, 청록색을 각각 6개 이상씩 준비해야하므로 12개까지 가능하다. 따라서 베이지색은 20개, 검정색은 최대 12개로, 이 두 가지 색의 최대 개수의 합은 $20 + 12 = 32$개이다.
ㄹ. 오픈 행사로 준비하는 에코백의 경우의 수는 총 10가지이다.

ㄱ. 검정색 에코백을 10개 준비했을 때, 가능한 경우의 수는 6가지이다.
ㄷ. 3위부터 5위까지는 6개 이상씩 준비해야하므로 최소 $6 \times 3 = 18$개를 준비해야 한다.

35　　　　　　　　　　　　정답 ③

두 번째 조건에서 사원의 양옆과 앞자리는 비어있을 수 없다고 했으므로 B, C, E, F, G를 제외한 A, D자리는 빈자리가 된다. 세 번째 조건에서 지점장 앞자리에 이상무 또는 최부장이 앉으며, 첫 번째 조건을 보면 같은 직급은 옆자리로 배정할 수 없어 한대리는 F 또는 G에 앉을 수 있다. 따라서 F와 G에 과장 두 명이 앉으면 성대리 양옆 중 한 자리에 '한대리'가 앉아야 하므로 적절하지 않다.

	빈자리	B	성대리	C	빈자리
지점장	최부장 또는 이상무	김사원	F	이사원	G

① 지점장 앞자리 A는 빈자리이다.
② A와 D는 빈자리이다.
④ B, C, F, G 중 한 곳에 최부장이 앉으면, E에는 이상무가 앉게 된다.

36　　　　　　　　　　　　정답 ①

L과장, J대리, I주임, K사원, H사원의 오전 근무 일정을 정리하면 다음과 같다.

구분	L과장	J대리	I주임	K사원	H사원
08:00 ~ 09:00	주간 업무 회의 참석				
09:00 ~ 10:00	CS교육 참석	CS교육 참석	안내 방송, 대출 상담	안내 방송, 대출 상담	CS교육 참석
10:00 ~ 11:00	상품교육 참석	대출 상담	상품교육 참석	상품교육 참석	대출 상담
11:00 ~ 12:00		빠른 창구 업무 지원	빠른 창구 업무 지원		

세 번째 조건에 따라 I주임과 K사원은 영업시간 시작 시 안내 방송과 함께 대출 상담 업무를 수행해야 하므로 9시에 진행되는 CS교육에 참석할 수 없다. 그러나 다섯 번째 조건에 따라 반드시 하나 이상의 교육에 참석해야 하므로 I주임과 K사원은 10시에 진행되는 상품교육에 참석해야 한다. 이때, I주임과 K사원이 상품교육에 참석하게 되면 두 번째 조건에 따라 남은 2명의 직원은 반드시 창구에서 대출 상담 업무를 수행해야 한다. 따라서 J대리와 H사원은 상품교육에 참석할 수 없다.

② 반드시 하나 이상의 교육에 참석해야 하므로 J대리는 CS교육에 참석한다.
③ J대리는 L과장과 I주임, K사원이 상품교육에 참석하는 동안 창구에서 대출 상담 업무를 수행한다.
④ 주임급 이상인 J대리는 주간 업무 회의에 참석한다.

37
정답 ②

김정현은 8월에 진행되는 파종 작업이면서 일당이 8만 원 이상인 D농가(양파 파종 작업)와 연결된다.

희망 작업이 없는 박소리는 5월에 경기에서 진행되고 일당이 10만 원 이상인 C농가(모내기 작업)에 배정되고, 마찬가지로 희망 작업이 없는 이진수는 7~9월에 진행되는 일당이 5만 원 이상인 A농가(고추 수확 작업)에서 일하게 된다.

김동혁은 10월에 충남에서 진행되는 수확 작업이면서 일당이 10만 원 이상인 E농가(고구마 수확 작업)에 배정되고, 한성훈은 3~4월에 진행되는 파종 작업이면서 일당이 8만 원 이상인 곳을 원하므로 B농가(감자 파종 작업)와 연결된다.

자원봉사자 서수민은 봉사 가능 기간 및 지역에 부합하는 농가가 없어 배정할 수 없고, 마지막으로 자원봉사자 최영재는 5월에 진행되는 모내기 작업인 C농가에서 일하게 될 것이다.

따라서 B농가는 2명이 필요인력이지만 조건을 만족하는 인력이 1명뿐이므로 원하는 인력을 모두 공급받기 어렵다.

38
정답 ④

- A농가 : 이진수(1명)에게 6일간(8월 28일 ~ 9월 2일) 일당 10만 원 제공 → 60만 원
- B농가 : 한성훈(1명)에게 2일간(3월 20일 ~ 3월 21일) 일당 10만 원 제공 → 20만 원
- C농가 : 박소리(1명)에게 2일간(5월 27일 ~ 5월 28일) 일당 20만 원 제공 → 40만 원, 최영재는 자원봉사자이므로 보수를 지급하지 않는다.
- D농가 : 김정현(1명)에게 1일간(8월 25일) 일당 8만 원 제공 → 8만 원
- E농가 : 김동혁(1명)에게 6일간(10월 3일 ~ 10월 8일) 일당 15만 원 제공 → 90만 원

따라서 가장 많은 보수를 지급해야 하는 농가는 E농가이다.

39
정답 ④

구인농가에는 현장실습교육비를 최대 3일간 인력 1인당 2만 원씩 지급하고, 일자리 참여자에게 교통비는 일당 5천 원, 숙박비는 작업일수에서 하루를 제외하고 일당 2만 원씩 제공한다. 교통비와 숙박비 지급에서 자원봉사자는 제외한다.

- 이진수 : A농가 6일간 작업, $3 \times 2 + 6 \times 0.5 + 5 \times 2 = 19$만 원
- 한성훈 : B농가 2일간 작업, $2 \times 2 + 2 \times 0.5 + 1 \times 2 = 7$만 원
- 박소리 : C농가 2일간 작업, $2 \times 2 + 2 \times 0.5 + 1 \times 2 = 7$만 원
- 김정현 : D농가 1일간 작업, $1 \times 2 + 1 \times 0.5 = 2.5$만 원
- 김동혁 : E농가 6일간 작업, $3 \times 2 + 6 \times 0.5 + 5 \times 2 = 19$만 원

최영재는 C농가에서 2일간 작업하지만 자원봉사자로 교통비와 숙박비를 제외한 현장실습교육비(2일 $\times$ 2=4만 원)만 지급받는다.

따라서 농협에서 지급하는 지원금은 총 $19 + 7 + 7 + 2.5 + 19 + 4 = 58.5$만 원이다.

40
정답 ①

수리능력과 자원관리능력 점수의 합을 표로 나타내면 다음과 같다.

(단위 : 점)

성명	수리	자원관리	합계
이진기	74	84	158
박지민	82	99	181
최미정	66	87	153
김남준	53	95	148
정진호	92	91	183
김석진	68	100	168
황현희	80	92	172

따라서 높은 점수를 받아 총무팀에 배치될 사람은 박지민과 정진호이다.

41
정답 ②

개인별 필기시험과 면접시험 총점에 가중치를 적용하여 환산점수를 구하면 다음 표와 같다.

(단위 : 점)

성명	필기시험 총점	면접시험 총점	환산점수
이진기	$92+74+84$ $=250$	$60+90$ $=150$	$250 \times 0.7 + 150 \times 0.3$ $=220$
박지민	$89+82+99$ $=270$	$80+90$ $=170$	$270 \times 0.7 + 170 \times 0.3$ $=240$
최미정	$80+66+87$ $=233$	$80+40$ $=120$	$233 \times 0.7 + 120 \times 0.3$ $=199.1$
김남준	$94+53+95$ $=242$	$60+50$ $=110$	$242 \times 0.7 + 110 \times 0.3$ $=202.4$
정진호	$73+92+91$ $=256$	$50+100$ $=150$	$256 \times 0.7 + 150 \times 0.3$ $=224.2$
김석진	$90+68+100$ $=258$	$70+80$ $=150$	$258 \times 0.7 + 150 \times 0.3$ $=225.6$
황현희	$77+80+92$ $=249$	$90+60$ $=150$	$249 \times 0.7 + 150 \times 0.3$ $=219.3$

따라서 환산점수에서 최저점을 받아 채용이 보류되는 사람은 199.1점을 받은 최미정이다.

42
정답 ④

모든 컴퓨터 구매 시 각각 사는 것보다 세트로 사는 것이 한 세트(모니터+본체)당 약 5만 원에서 10만 원 정도 이득이다. 하지만 혜택에 해당되는 조건에서는 비용을 비교해 봐야 한다. 다음은 컴퓨터별 구매 비용을 계산한 것이다.

- A컴퓨터 : $65 \times 15 = 975$만 원이지만, 성능평가에서 '하'를 받아 조건을 만족하지 못한다.
- B컴퓨터 : $75 \times 15 - 100 = 1,025$만 원

• C컴퓨터 : $20×10+20×0.85×5+60×15=1,185$만 원 또는
 $70×15=1,050$만 원
• D컴퓨터 : $66×15=990$만 원
따라서 예산을 초과하지 않는 D컴퓨터를 구매해야 한다.

43   정답 ④

세차 가격이 무료가 되는 주유량은 다음과 같다.
• A의 경우 : $1,550a≥50,000$원 → $a≥32.2$이므로 33L부터
 세차 가격이 무료이다.
• B의 경우 : $1,500b≥70,000$원 → $b≥46.6$이므로 47L부터 세
 차 가격이 무료이다.
주유량에 따른 주유와 세차에 드는 비용은 다음과 같다.

구분	32L 이하	33L 이상 46L 이하	47L 이상
A주유소	$1,550a+3,000$	$1,550a$	$1,550a$
B주유소	$1,500a+3,000$	$1,500a+3,000$	$1,500a$

주유량이 32L 이하일 47L 이상일 때, A주유소와 B주유소의 세차
가격 포함유무가 동일하므로 이때는 B주유소가 더 저렴하다.
따라서 A주유소에서 33L 이상 46L 이하를 주유할 때 B주유소보
다 더 저렴하다.

44   정답 ③

구체성에 따라 2단계, 3단계, 4단계 등으로 구분할 수 있다.

45   정답 ④

C주임의 행동을 나열한다면 기존 비품 중 바로 사용할 사무용품과
따로 보관해둘 물품을 분리하는 (C), 동일 및 유사 물품으로 분류
하는 (B), 물품의 형상 및 소재에 따라 보관 장소를 선정하는 (A)
의 순서가 적절하다.

> **물적자원의 관리 과정**
> 1. 사무 용품과 보관 물품의 구분
>   - 반복 작업 방지, 물품 활용의 편리성
> 2. 동일 및 유사 물품으로 분류
>   - 동일성, 유사성의 원칙
> 3. 물품 특성에 맞는 보관 장소 선정
>   - 물품의 형상 및 소재

46   정답 ③

한국(A)이 오전 8시일 때, 오스트레일리아(B)는 오전 10시(시차
+2), 아랍에미리트(C)는 오전 3시(시차 : -5), 러시아(D)는 오
전 2시(시차 : -6)이다. 따라서 업무가 시작되는 오전 9시를 기준
으로 오스트레일리아는 이미 2시간 전에 업무를 시작했고, 아랍에
미리트는 5시간 후, 러시아는 6시간 후에 업무를 시작한다. 이것
을 표로 정리하면 다음과 같다(색칠한 부분이 업무시간이다).

한국시각 / 국가	7 am	8 am	9 am	10 am	11 am	12 pm	1 pm	2 pm	3 pm	4 pm	5 pm	6 pm
A사 (서울)			■	■	■	■	■	■	■	■	■	■
B사 (시드니)	■	■	■	■	■	■	■	■	■	■		
C사 (두바이)								■	■	■	■	■
D사 (모스크바)									■	■	■	■

따라서 화상회의 가능 시각은 한국시간으로 오후 3시 ~ 4시이다.

47   정답 ①

세상에 존재하는 모든 물체는 물적자원에 포함된다.

48   정답 ③

㉠ 각 팀장이 매긴 순위에 대한 가중치는 모두 동일하다고 했으므
 로 1, 2, 3, 4순위의 가중치를 각각 4, 3, 2, 1점으로 정한
 후 네 사람의 면접점수를 산정하면 다음과 같다.
 • 갑 : $2+4+1+2=9$점
 • 을 : $4+3+4+1=12$점
 • 병 : $1+1+3+4=9$점
 • 정 : $3+2+2+3=10$점
 면접점수가 높은 을, 정 중 한 명이 입사를 포기하면 갑, 병
 중 한 명이 채용된다. 갑과 병의 면접점수는 9점으로 동점이
 지만 조건에 따라 인사팀장이 부여한 순위가 높은 갑을 채용하게
 된다.
㉢ 경영관리팀장이 갑과 병의 순위를 바꿨을 때, 네 사람의 면접
 점수를 산정하면 다음과 같다.
 • 갑 : $2+1+1+2=6$점
 • 을 : $4+3+4+1=12$점
 • 병 : $1+4+3+4=12$점
 • 정 : $3+2+2+3=10$점
 즉, 을과 병이 채용되므로 정은 채용되지 못한다.

오답분석

㉡ 인사팀장이 을과 정의 순위를 바꿨을 때, 네 사람의 면접점수
 를 산정하면 다음과 같다.
 • 갑 : $2+4+1+2=9$점
 • 을 : $3+3+4+1=11$점
 • 병 : $1+1+3+4=9$점
 • 정 : $4+2+2+3=11$점
 즉, 을과 정이 채용되므로 갑은 채용되지 못한다.

49
정답 ④

다른 직원들의 휴가일정과 겹치지 않고, 주말과 공휴일이 아닌 평일이며, 전체 일정도 없는 3월 21 ~ 22일이 적절하다.

오답분석

① 3월 1일은 공휴일이므로 휴가일로 적절하지 않다.
② 3월 5일은 ○○농협 △△지점 전체회의 일정이 있어 휴가를 사용하지 않는다.
③ 3월 10일은 주말이므로 휴가일로 적절하지 않다.

50
정답 ①

전체회의 일정과 공휴일(삼일절), 주말을 제외하면 3월에 휴가를 사용할 수 있는 날은 총 20일이다. 직원이 총 12명이므로 한 명당 2일 이상 휴가를 사용할 수 없다.

51
정답 ②

선택지에 제시된 항공편의 비용은 다음과 같다.
① SP-340 : $87 \times 10 \times 2 \times 0.9 = 1,566$만 원
② GE-023 : $70 \times 10 \times 2 = 1,400$만 원
③ NL-110 : $85 \times 10 \times 2 \times 0.95 = 1,615$만 원
④ AR-018 : $90 \times 10 \times 2 \times 0.85 = 1,530$만 원
따라서 가장 저렴한 비용의 항공편은 ② GE-023이다.

52
정답 ④

네덜란드와 한국의 시차는 8시간이며 한국이 더 빠르다고 명시되어 있으므로, 한국시각으로 10월 11일 오전 1시에 네덜란드 농민과의 만찬이 예정되어 있다. 만찬 장소까지 소요되는 5분을 고려하여 네덜란드 공항에는 10월 11일 오전 12시 55분까지 도착해야 한다.
① SP-340 : 한국시각 10월 10일 14시+11시간 50분
　＝10월 11일 오전 1시 50분
② GE-023 : 한국시각 10월 10일 9시+5시간+10시간 30분
　＝10월 11일 오전 12시 30분
③ NL-110 : 한국시각 10월 10일 14시 10분+11시간 10분
　＝10월 11일 오전 1시 20분
④ KR-730 : 한국시각 10월 10일 12시+12시간 55분
　＝10월 11일 오전 12시 55분
따라서 제시간까지 도착할 수 있는 항공편 ②, ④ 중 경유시간이 없는 ④ KR-730을 선택한다.

53
정답 ④

네덜란드 현지시각으로 10월 10일 오후 4시는 한국시각으로 10월 11일 오전 12시이다.
① GE-023 : 한국시각 10월 10일 9시+5시간+10시간 30분
　＝10월 11일 오전 12시 30분
② NL-110 : 한국시각 10월 10일 14시 10분+11시간 10분
　＝10월 11일 오전 1시 20분
③ KR-730 : 한국시각 10월 10일 12시+12시간 55분
　＝10월 11일 오전 12시 55분
④ OL-038 : 한국시각 10월 10일 10시 30분+3시간+10시간 30분＝10월 11일 오전 12시
따라서 OL-038을 이용할 수 있다.

54
정답 ④

상호금융기획부는 윤리경영의 주요사항에 대해 결정하는 것이 아니라, 전반적 지원활동을 수행한다.

오답분석

① 윤리경영위원회 : 윤리경영 추진방향 설정, 주요방침 결정
② 범농협 윤리경영협의회 : 정보공유 및 협력강화, 공동 추진과제 추진
③ 준법지원부 : 윤리경영 실무 총괄

55
정답 ③

경영참가제도는 경영자의 고유한 권리인 경영권을 약화시키고, 오히려 이 제도를 통해 분배문제를 해결함으로써 노동조합의 단체교섭 기능이 약화될 수 있다.

56
정답 ②

오답분석

①·④ 전결권자는 상무이다.
③ 대표이사의 결재가 필수이다(전결 사항이 아님).

57
정답 ④

중요도와 긴급성에 따라 우선순위를 둔다면 1순위는 회의 자료 준비이다. 업무 보고서는 내일 오전까지 시간이 있으므로 회의 자료를 먼저 준비하는 것이 옳다. 그러므로 4번이 가장 좋은 행동이라 할 수 있다. 반면 1번은 첫 번째 우선순위로 놓아야 할 회의자료 작성을 전혀 고려하지 않고 있으므로 가장 적절하지 않은 행동이라 할 수 있다.

58

정답 ④

농지법 시행령 제3조에 따르면 농업경영을 통한 농산물의 연간 판매액이 120만 원 이상이어야 농업인으로 인정된다.

> **정의(농지법 제2조)**
> 2. '농업인'이란 농업에 종사하는 개인으로서 대통령령으로 정하는 자를 말한다.
>
> **농업인의 범위(농지법 시행령 제3조)**
> 법 제2조 제2호에서 '대통령령으로 정하는 자'란 다음 각 호의 어느 하나에 해당하는 자를 말한다.
> 1. 1천 제곱미터 이상의 농지에서 농작물 또는 다년생식물을 경작 또는 재배하거나 1년 중 90일 이상 농업에 종사하는 자
> 2. 농지에 330제곱미터 이상의 고정식온실·버섯재배사·비닐하우스, 그 밖의 농림축산식품부령으로 정하는 농업 생산에 필요한 시설을 설치하여 농작물 또는 다년생식물을 경작 또는 재배하는 자
> 3. 대가축 2두, 중가축 10두, 소가축 100두, 가금(家禽 : 집에서 기르는 날짐승) 1천 수 또는 꿀벌 10군 이상을 사육하거나 1년 중 120일 이상 축산업에 종사하는 자
> 4. 농업경영을 통한 농산물의 연간 판매액이 120만 원 이상인 자

59

정답 ④

재무분석은 회계감사 분야의 직무 내용으로 인사팀이 아닌 재무회계팀이 담당하는 업무이다.

60

정답 ④

예산편성 및 원가관리 개념은 경영기획 분야에서 필요로 하는 지식으로, 경영기획 분야에서는 주로 사업환경을 분석하고, 사업별 투자와 예산, 경영 리스크 등을 관리한다.

오답분석

①·②·③은 마케팅전략 계획 수립과 신상품 기획 등의 직무를 수행하는 마케팅전략기획 분야에서 필요로 하는 지식·기술·태도이다.

01	02	03	04	05	06	07	08	09	10
②	③	③	②	①	①	②	④	③	④
11	12	13	14	15	16	17	18	19	20
②	③	④	②	④	④	④	④	②	④
21	22	23	24	25	26	27	28	29	30
②	④	③	②	②	④	②	③	④	①
31	32	33	34	35	36	37	38	39	40
③	②	①	③	②	③	④	③	②	①
41	42	43	44	45	46	47	48	49	50
④	②	②	③	④	③	①	③	②	②
51	52	53	54	55	56	57	58	59	60
②	④	②	④	①	④	①	①	②	①

01
정답 ②

'찌개 따위를 끓이거나 설렁탕 따위를 담을 때 쓰는 그릇'을 뜻하는 어휘는 '뚝배기'이다.

오답분석

① '손가락 따위로 어떤 방향이나 대상을 집어서 보이거나 말하거나 알리다.'의 의미를 가진 어휘는 '가리키다'이다.
③ '사람들의 관심이나 주의가 집중되는 사물의 중심 부분'의 의미를 가진 어휘는 '초점'이다.
④ 액체 따위를 끓여서 진하게 만들다, 약재 따위에 물을 부어 우러나도록 끓이다.'의 의미를 가진 어휘는 '달이다'이며, 활용형은 '달여'이다.

02
정답 ③

'그래'는 일부 종결 어미 뒤에 붙어 청자에게 문장의 내용을 강조함을 나타내는 보조사이다. 따라서 조사는 앞말에 붙여 쓴다는 한글 맞춤법에 따라 '맑군그래'와 같이 붙여 써야 한다.

03
정답 ③

• 결제 → 결재
• 의임 → 위임
• 보필요한 → 불필요한

04
정답 ②

㉠ '딴생각'은 '주의를 기울이지 않고 다른 데로 쓰는 생각'을 의미하는 하나의 단어이므로 붙여 쓴다.
㉡ '사사(師事)'는 '스승으로 섬김. 또는 스승으로 삼고 가르침을 받음'의 의미를 지닌 단어로, 이미 '받다'라는 의미를 자체적으로 지니고 있기 때문에 '사사받다'가 아닌 '사사하다'가 올바른 표기이며, 활용형은 '사사한'이다.
㉢ '파토'는 '일이 잘못되어 흐지부지됨을 비유적으로 이르는 말'인 '파투'의 잘못된 표현이므로 '파투'가 올바른 표기이다.

05
정답 ①

제시문과 ①의 '보다'는 '눈으로 대상의 존재나 형태적 특징을 알다.'는 의미이다.

오답분석

② 상대편의 형편 따위를 헤아리다.
③ 눈으로 대상을 즐기거나 감상하다.
④ 맡아서 보살피거나 지키다.

06
정답 ①

• 아성(牙城) : 아주 중요한 근거지를 비유적으로 이르는 말
• 근거 : 근본이 되는 거점 또는 어떤 일이나 의논, 의견에 그 근본이 됨

오답분석

② 유예 : 망설여 일을 결행하지 아니함
③ 유린 : 남의 권리나 인격을 짓밟음
④ 요원 : 까마득함

07
정답 ②

㉡은 '농촌 지역 환경오염의 원인'이 아닐 뿐 아니라 '농촌 지역 환경오염의 문제점'에도 해당되지 않는다. 그러므로 ㉡을 '본론 – Ⅰ'의 하위 항목으로 옮기기보다는 삭제하는 것이 적절하다.

08 정답 ④

제시문의 내용은 사회적 합리성을 위해서는 개인의 노력도 중요하지만 그것만으로는 충분하지 않으며, '공동'의 노력이 필수라는 것이다.

09 정답 ③

먼저 각국에서 추진 중인 오픈뱅킹에 관해 설명하는 (다) 문단이 오는 것이 적절하며, 그 다음으로는 우리나라에서 추진하고 있는 오픈뱅킹 정책을 이야기하며 지난해 시행된 오픈뱅킹시스템에 관해 설명하는 (나) 문단과 올해 도입된 마이데이터 산업에 관해 설명하는 (라) 문단이 차례로 오는 것이 자연스럽다. 마지막으로 이러한 오픈뱅킹 정책을 성공적으로 시행하기 위해서는 현재의 오픈뱅킹시스템에 대한 법적 근거와 효율적 문제 해결 체계를 갖춰야 한다는 내용의 (가) 문단이 오는 것이 적절하다.

10 정답 ④

제시문은 시기에 따라 협상의 성과가 달라진다는 것을 설명하는 내용이다. 따라서 '상품이나 서비스 구매는 비수기에 하는 것이 유리하다.'가 글의 주제로 가장 적절하다.

> 사람들이 보트를 구입하거나, 해변 별장을 빌리거나, 수영장 유지 보수 작업하는 것을 겨울에 하려고 고려하는 경우는 흔치 않지만, 그때가 바로 이런 것들에 대한 좋은 거래를 찾아보아야 할 때이다. 그런 상품이나 서비스를 제공하는 사람들은 흔히 그 시기에는 덜 바쁘다. 그래서 당신은 수요가 더 많은 성수기 동안보다 더 따뜻한 환영을 받을 것이다. 그것이 해변에서의 휴가를 12월에 계획해야 한다는 것을 의미하는 것은 아니다. 그러나 그 논의를 비수기에 시작한다면 성과 있는 협상을 할 가능성이 더 높다.

11 정답 ②

놀이 공원이나 휴대전화 요금제 등을 미루어 생각해 볼 때, 이부가격제는 이윤 추구를 최대화하려는 기업의 가격 제도이다.

12 정답 ③

두 번째 문단에서 부조화를 감소시키는 행동은 비합리적인 면이 있는데, 그러한 행동들이 자신들의 문제에 대해 실제적인 해결책을 찾지 못하도록 할 수 있다고 하였다.

오답분석

① 인지 부조화는 불편함을 유발하기 때문에 사람들은 이것을 감소시키려고 한다.
② 제시문에는 부조화를 감소시키는 행동의 합리적인 면이 나타나 있지 않다.
④ 부조화를 감소시키는 행동으로 사람들은 자신의 긍정적인 측면의 이미지를 유지하게 되는데, 이를 통해 부정적인 이미지를 감소시키는지는 알 수 없다.

13 정답 ④

㉠ 앞의 내용에 따르면 인지 부조화 이론에서 '사람들은 현명한 사람을 자기 편, 우매한 사람을 다른 편이라 생각할 때 마음이 편안해질 것이다.'라고 하였다. 따라서 자신의 의견과 동일한 주장을 하는 글은 논리적인 글이라고 기억하고, 자신의 의견과 반대되는 주장을 하는 글은 형편없는 글이라고 기억할 것이라 예측할 수 있다.

14 정답 ②

×2와 −2가 번갈아 가면서 적용되는 수열이다.
따라서 (　)=88−2=86이다.

15 정답 ④

대문자 알파벳, 한글 자음, 숫자, 한자 순서로 나열되며, +1을 하는 수열이다.

A	ㄴ	3	(四)	E	ㅂ	7	八
1	2	3	4	5	6	7	8

16 정답 ④

피보나치 수열로 앞의 두 항의 합이 다음 항에 해당하는 수열이다.

a	2	c	5	h	13	(u)	34
1	2	3	5	8	13	21	34

17 정답 ④

• 예승 : 2020년과 2021년에는 전년 대비 회원기금원금 합계가 감소하였다.
• 세현 : 목돈수탁원금은 15.6%로 3위이다.

오답분석

• 선미 : 2021년에 회원 수가 가장 적으며, 이 해에 목돈수탁원금도 가장 적다.
• 송해 : 2023년에 평균 계좌 수와 회원기금원금이 가장 많다.

18 정답 ④

• 두 사원이 1 ~ 9층에 내리는 경우의 수 : $9 \times 9 = 81$가지
• A가 1 ~ 9층에 내리는 경우의 수 : 9가지
B는 A가 내리지 않은 층에서 내려야 하므로 B가 내리는 경우의 수는 8가지이다.

따라서 두 사원이 서로 다른 층에 내릴 확률은 $\frac{9 \times 8}{81} = \frac{8}{9}$ 이다.

19
정답 ②

문구점의 연필, 지우개, 공책 가격을 각각 x, y, z원이라고 하자.

$2x + y = z \cdots ㉠$

$y + z = 5x \cdots ㉡$

㉠을 ㉡에 대입하여 정리하면

$2x + 2y = 5x \rightarrow x = \dfrac{2}{3}y$, $z = \dfrac{7}{3}y$

$10x + 4z = \dfrac{20}{3}y + \dfrac{28}{3}y = 16y$

따라서 연필 10자루의 가격과 공책 4권의 가격을 더하면 지우개 16개의 가격과 같다.

20
정답 ④

시속 3km로 걷는 거리가 $x$km이면 걷는 시간은 $\dfrac{x}{3}$시간이 되고,

시속 6km로 뛰어간 거리는 $(8-x)$km, 시간은 $\dfrac{8-x}{6}$시간이 된다. 회사에 도착하기까지 걸린 시간은 1시간 30분 이하이므로, 다음 부등식이 성립한다.

$\dfrac{x}{3} + \dfrac{8-x}{6} \leq \dfrac{3}{2} \rightarrow 2x + (8-x) \leq 9$

$\therefore x \leq 1$

따라서 집에서 회사 방향으로 최대 1km 지점까지 시속 3km로 걸어갈 수 있다.

21
정답 ②

제품 1개를 판매했을 때 얻는 이익은 $2,000 \times 0.15$원이므로 정가는 2,300원이다.

판매이익은 $160 \times 300 = 48,000$원이고, 하자 제품에 대한 보상금액은 $8 \times 2 \times 2,300 = 36,800$원이다.

따라서 얻은 이익은 $48,000 - 36,800 = 11,200$원이다.

22
정답 ④

장과장이 만기 시까지 중도해지를 하지 않고 유지하므로 약정금리는 기본금리 0.75%에 우대금리를 합한 것과 같다. 장과장은 월요일 오후 8시에 신규가입을 하였고(0.1%p), 만기 전일까지 매일 자동이체를 통한 입금 횟수는 183회로 60회 이상(0.3%p)이다. 만기해지 시 적립원금은 200만 원 이상이 되지 않으므로 이에 대한 우대금리는 적용하지 않는다. 이에 따라 적용되는 금리는 $0.75 + 0.1 + 0.3 = 1.15$%이다.

장과장은 183일 동안 매일 만 원씩 납입하고, 입금건별 이자는 (입금액)×(약정금리)×(예치일수)÷365이다. 이에 따라 1일부터 183일까지 납입하며 받을 수 있는 이자를 구하면 다음과 같다.

- 1일 : $10,000 \times 0.115 \times 1 \div 365 = 0.4$원
- 2일 : $(10,000 \times 0.115 \times 1 \div 365) + (10,000 \times 0.115 \times 2 \div 365)$
- 3일 : $(10,000 \times 0.115 \times 1 \div 365) + (10,000 \times 0.115 \times 2 \div 365) + (10,000 \times 0.115 \times 3 \div 365)$

- 182일 : $(10,000 \times 0.115 \times 1 \div 365) + (10,000 \times 0.115 \times 2 \div 365) + (10,000 \times 0.115 \times 3 \div 365) + \cdots + (10,000 \times 0.115 \times 182 \div 365)$
- 183일 : $(10,000 \times 0.115 \times 1 \div 365) + (10,000 \times 0.115 \times 2 \div 365) + (10,000 \times 0.115 \times 3 \div 365) + \cdots + (10,000 \times 0.115 \times 182 \div 365) + (10,000 \times 0.115 \times 183 \div 365)$

즉, 공차가 0.4이고 항이 183개인 등차수열의 합이다. 등차수열의 합 공식은 $\dfrac{2a_1 + (n-1)d}{2}n$이므로($n$은 항의 수, d는 공차, a_1은 첫째 항), 이를 통해 총 이자액을 구하면 다음과 같다.

$\dfrac{2 \times 0.4 + (183-1) \times 0.4}{2} \times 183 = \dfrac{73.6}{2} \times 183 = 6,734.4$원

따라서 원금 총액은 $183 \times 10,000 = 1,830,000$원이고, 이자액은 6,734원이므로 만기환급 금액은 $1,830,000 + 6,734 = 1,836,734$원이다.

23
정답 ③

㉠ 2022년에 B등급이었던 고객이 2024년까지 D등급이 되는 경우는 다음과 같다.

2022년	2023년	2024년	확률
B	A	D	$0.14 \times 0.02 = 0.0028$
	B		$0.65 \times 0.05 = 0.0325$
	C		$0.16 \times 0.25 = 0.04$
	D		0.05

$\therefore 0.0028 + 0.0325 + 0.04 + 0.05 = 0.1253$

㉡ 해마다 다음 해로 4가지의 등급변화가 가능하다. 이때, D등급을 받으면 5년간 등급변화가 생기지 않는 점에 유의한다. 2022년 C등급에서 2023년에 4가지로 변화가 가능하고, 2024년에 D를 제외한 모든 등급이 다시 4가지씩 변화가 가능하다. 마찬가지로 2025년에 D등급을 제외한 모든 등급이 4가지씩 변화할 수 있으므로 총 경우의 수는 40가지인데, 이 중 C등급이 유지되는 경우를 제외하면 31가지이다.

오답분석

㉢ • B등급 고객의 신용등급이 1년 뒤에 하락할 확률
  : $0.16 + 0.05 = 0.21$

• C등급 고객의 신용등급이 1년 뒤에 상승할 확률
  : $0.15 + 0.05 = 0.2$

24
정답 ②

현재 빌릴 돈을 x만 원이라고 하자. 4년 후 갚아야 할 돈이 2,000만 원이므로, 이율은 r%, 개월 수를 n개월이라고 할 때, 복리와 단리를 계산하면 다음과 같다.

- 복리 : (원금)$\times (1+r)^{\frac{n}{12}} = x \times 1.08^4 = 2,000$

$\rightarrow x = \dfrac{2,000}{1.08^4} = \dfrac{2,000}{1.36} = 1,471$만 원

- 단리 : $(원금) \times \left(1 + \dfrac{r}{12} \times n\right) = x \times (1 + 0.08 \times 4) = 2,000$

$$\rightarrow x \times 1.32 = 2,000 \rightarrow x = \frac{2,000}{1.32} = 1,515만 원$$

∴ (금액의 차이) $= 1,515 - 1,471 = 44만 원$

25 정답 ②

ㄱ. 해당 적금은 영업점과 비대면 채널(인터넷 / 스마트뱅킹)에서 모두 판매되고 있다.

ㄷ. 우대금리를 적용받는 연금의 종류에는 타행의 연금이라도 '연금'이라는 문구가 포함되면 인정되므로, 타행의 연금에 가입한 경우에도 만기 전전월 말 이전의 가입기간 중 2개월 이상 당행 계좌로 연금이 입금되어 우대금리 요건을 충족시킨다면 우대금리를 적용받을 수 있다.

오답분석

ㄴ. 신고는 서류양식을 갖추어 통보만 하면 효력이 발생하는 것을 의미하지만, 약관에 따르면 질권설정을 위해서는 은행이 내용을 실질적으로 검토하여 허락을 하는 승인이 필요하다.

ㄹ. 우대금리는 만기해지 시에만 적용되므로, 중도에 해지하는 경우에는 요건을 충족하는 항목이 있더라도 우대금리를 적용받을 수 없다.

26 정답 ④

최과장은 가입기간 중 급여를 당행 계좌로 입금받고 있으므로 우대금리를 0.2%p 적용받고, 비대면 채널로 가입하였으므로 0.1%p의 우대금리를 적용받는다. 그러므로 기본금리를 포함하여 총 1.0%의 금리를 적용받는다.

따라서 최과장이 만기에 수령할 원리금은 다음과 같다.

$$(200,000 \times 12) + \left(200,000 \times \frac{12 \times 13}{2} \times \frac{0.01}{2}\right) = 2,413,000원$$

27 정답 ②

②가 옳은 문장이 되기 위해서는 지방청들을 '업무 만족도'와 '인적 만족도'가 큰 순서대로 나열했을 때 순서가 동일해야 한다. 하지만 '업무 만족도'가 가장 낮은 것은 충청청인데 반해, '인적 만족도'가 가장 낮은 것은 호남청이므로 둘의 순서는 같지 않다. 따라서 옳지 않은 내용이다.

오답분석

① 모든 연령대에서 '인적 만족도'가 '업무 만족도'보다 높다는 것을 확인할 수 있으므로 옳은 내용이다.

③ '30세 미만'에서 '50세 이상'으로 연령대가 높아질수록 '업무 만족도'와 '인적 만족도'가 모두 높아진다는 것을 확인할 수 있으므로 옳은 내용이다.

④ 경인청의 '업무 만족도'와 '인적 만족도'는 5개 지방청 중 가장 높으며, '시설 만족도'는 동남청과 공동 1위를 차지하고 있는 상황이다. 따라서 직접 이들의 합을 계산할 필요없이 경인청의 만족도의 합이 가장 크다는 것을 알 수 있으므로 옳은 내용이다.

28 정답 ③

채소 품목들의 조사단위가 모두 10kg이기 때문에 혼동하게끔 만들어놓은 선택지이다.

오답분석

①·②·④ 모두 주어진 표의 자료를 옳게 표시한 그래프이다.

29 정답 ④

ⓒ 2022년, 2021년 정부지원금 모두 G기업이 1위이므로 2020년 또한 1위라면, 3개년 연속 1위이다.

ⓒ F기업과 H기업은 2021년에 비해 2022년 정부지원금이 감소하였다.

② 2022년 상위 7개 기업의 총 정부지원금은 454,943만 원으로, 2021년 총 정부지원금 420,850만 원에 비해 454,943－420,850＝34,093만 원 증가하였다.

오답분석

⊙ 정부지원금이 동일한 기업은 없다.

30 정답 ①

2021년을 기준으로 1위와 2위가 바뀌었다고 했으므로 2020년에는 1위가 D기업, 2위가 G기업이다. E기업은 매년 한 순위씩 상승했고, 2021년에 4위였으므로 2020년에는 5위이다. 2020년부터 3년간인 2022년까지 5위 안에 드는 기업이 동일하다 했으므로, 5위 안에 드는 기업은 C, D, E, G, H기업이고, H기업은 2021년까지 매년 3위를 유지했으므로 2020년에도 3위이다.

따라서 1위는 D기업, 2위는 G기업, 3위는 H기업, 4위는 C기업, 5위는 E기업이다.

31 정답 ③

오답분석

① 주어진 조건으로 4, 5, 7번에 을이 앉을 수 있으나 을이 4번에 앉을지 5, 7번에 앉을지 정확히 알 수 없다.

② 주어진 조건으로 을과 정이 나란히 앉게 될지 정확히 알 수 없다.

④ 정이 7번에 앉으면 을은 5번에 앉는다. 그러므로 을과 정 사이에 2명이 앉을 수 없다.

32 정답 ②

주어진 조건을 다음의 5가지 경우로 정리할 수 있다.

구분	1층	2층	3층	4층	5층	6층
경우 1	C	D	A	F	E	B
경우 2	F	D	A	C	E	B
경우 3	F	D	A	E	C	B
경우 4	D	F	A	E	B	C
경우 5	D	F	A	C	B	E

따라서 B는 항상 F보다 높은 층에 산다.

33　정답 ①

마지막 정보에 따라 C대리가 가장 먼저 출근하였으며, 두 번째 정보에 따라 그 다음에 B과장이 출근하였다. 팀원이 총 5명이므로 세 번째 정보에 따라 D주임이 세 번째로 일찍 출근하였으며, 나머지 팀원인 E사원과 A팀장 중 첫 번째 정보에 따라 E사원이 먼저 출근하였다. 따라서 오늘 출근 순서는 C대리 – B과장 – D주임 – E사원 – A팀장이다.

34　정답 ③

딸기 쿠키 1개(박력분 10g, 버터 5g, 설탕 8g, 딸기잼 20g)+마카다미아 쿠키 4개(박력분 40g, 버터 40g, 설탕 32g, 마카다미아 12개)=박력분 50g, 버터 45g, 설탕 40g, 딸기잼 20g, 마카다미아 12개이므로 버터가 40g이 넘게 필요하기 때문에 조합이 잘못되었다.

오답분석

① 스모어스 쿠키 2개(박력분 20g, 버터 10g, 설탕 16g, 초코시럽 20g, 마시멜로우 2개)
　초코칩 쿠키 1개(박력분 10g, 버터 5g, 설탕 8g, 초코시럽 5g, 초코칩 10개)
　→ 박력분 30g, 버터 15g, 설탕 24g, 초코시럽 25g, 마시멜로우 2개, 초코칩 10개
② 딸기 쿠키 1개(박력분 10g, 버터 5g, 설탕 8g, 딸기잼 20g)
　초코칩 쿠키 3개(박력분 30g, 버터 15g, 설탕 24g, 초코시럽 15g, 초코칩 30개)
　→ 박력분 40g, 버터 20g, 설탕 32g, 초코시럽 15g, 딸기잼 20g, 초코칩 30개
④ 초코칩 쿠키 3개(박력분 30g, 버터 15g, 설탕 24g, 초코시럽 15g, 초코칩 30개)
　마카다미아 쿠키 2개(박력분 20g, 버터 20g, 설탕 16g, 마카다미아 6개)
　→ 박력분 50g, 버터 35g, 설탕 40g, 마카다미아 6개, 초코칩 30개

35　정답 ②

오답분석

① 문제 인식 : 해결해야 할 전체 문제를 파악하여 우선순위를 정하고, 선정문제에 대한 목표를 명확히 하는 단계
③ 원인 분석 : 파악된 핵심문제에 대한 분석을 통해 근본 원인을 도출하는 단계
④ 해결안 개발 : 문제로부터 도출된 근본 원인을 효과적으로 해결할 수 있는 최적의 해결방안을 수립하는 단계

36　정답 ③

B안의 가중치는 전문성인데 자원봉사제도는 (−)이므로 부당한 판단이다.

오답분석

① 전문성 면에서는 유급법률구조제도가 (＋), 자원봉사제도가 (−)로 옳은 설명이다.
② A안에 가중치를 적용할 경우 접근용이성과 전문성에 가중치를 적용하므로 두 정책목표 모두에서 (＋)를 보이는 유급법률구조제도가 가장 적절하다.
④ B안에 가중치를 적용할 경우 전문성에 가중치를 적용하므로 (＋)를 보이는 유급법률구조제도가 가장 적절하며, A안에 가중치를 적용할 경우 ②에 의해 유급법률구조제도가 가장 적절하다. 따라서 어떤 것을 적용하더라도 결과는 같다.

37　정답 ④

ㄴ. 민간의 자율주행기술 R&D를 지원하여 기술적 안정성을 높이는 전략은 위협을 최소화하는 내용은 포함하지 않고 약점만 보완하는 내용이므로 ST전략이라 할 수 없다.
ㄹ. 국내기업의 자율주행기술 투자가 부족한 약점을 국가기관의 주도로 극복하려는 내용은 약점을 최소화하고 위협을 회피하려는 WT전략의 내용으로 적합하지 않다.

오답분석

ㄱ. 높은 수준의 자율주행기술을 가진 외국 기업과의 기술이전협약 기회를 통해 국내외에서 우수한 평가를 받는 국내 자동차 기업이 국내 자율주행자동차 산업의 강점을 강화하는 전략은 SO전략에 해당한다.
ㄷ. 국가가 지속적으로 자율주행차 R&D를 지원하는 법안이 본회의를 통과한 기회를 토대로 기술개발을 지원하여 국내 자율주행자동차 산업의 약점인 기술적 안전성을 확보하려는 전략은 WO전략에 해당한다.

38　정답 ③

유아가 동행하지만, 유모차 대여유무는 'V0(미대여)'로 표기되어 있다.

오답분석

① AU : 시작일(8월 1일)과 마감일(9월 30일)만 시간 제약이 있고, 그 이외 날짜에는 24시간 가능하므로 8월 후기(8월 16 ~ 31일)에 신청한 신청자는 시간제약 없이 신청 가능했다.
② A2C0B1 : 성인(만 19세 이상) 2명과 유아(만 3세 이하) 1명, 총 세 명으로 표기되어 있다.
④ 19 : 20일과 21일은 주말로 평일 중 마지막 날은 19일이므로 옳은 내용이다.

39　정답 ②

신청내용을 신청번호 순으로 정리하면 다음과 같다.
• 9월 1일 15시 30분 통화 : 사전신청일은 9월 전기(SE)
• 관람인원은 보호자인 고객과 6살 아이 : A1C1B0
• 유모차 미대여 : V0
• 관람날짜 / 요일 / 시간 : 10월 둘째 주 토요일(10월 13일)의 주말 오전시간대(13HB)
따라서 신청자의 신청번호는 'SEA1C1B0V013HB'이다.

40
정답 ①

고객관리코드 순으로 내용을 정리하면 다음과 같다.
- 간병보험 상품(NC) – 해지환급금 미지급(N) – 남성(01) – 납입
  기간·납입주기 일시납(0000) – 보장기간 100세(10)

따라서 남성의 고객관리코드는 'NCN01000010'이다.

41
정답 ④

고객관리코드 순서로 내용을 정리하면 다음과 같다.
- 충치치료와 관련된 보험 내용이므로 치아보험으로 보는 것이 적
  절하다. → TO
- 해지환급금은 지급받되 지급률은 최대한 낮게 한다하였으므로
  30% 지급이 가장 적절하다. → R
- 성별은 제시된 글에서 언급되어 있지 않기에 여성, 남성 모두
  가능하다. → 01 또는 10
- 치아보험의 경우, 보험기간은 최대 20년까지 가능하다. A는 보
  장기간과 납입기간을 같게 한다고 했으므로 모두 20년이며, 납
  입주기는 연납이다. → 200102

따라서 고객 A의 고객관리코드는 'TOR01200102' 또는 'TOR10
200102'이다.

42
정답 ②

먼저 보험기간에 대한 제약이 없는 보험상품은 종합보험·암보험·
어린이보험·간병보험이므로, 치아보험(TO)과 생활보장보험(LF)
을 가입한 고객을 지우면 다음과 같다.

SYY01100102	NCP01201202	CCQ10151202	LFR10151220
CCR10000008	SYR01151203	BBN10100108	SYY01101209
LFP10101220	TOQ01000001	NCY01101208	BBQ01201209
TOY10200120	CCQ10000010	CCR01301210	SYN10200110

다음 해지환급금의 일부만을 지급받는다 하였으므로 전체를 지급
받거나(Y) 또는 지급받지 않는(N) 고객을 지우면 다음과 같다.

SYY01100102	NCP01201202	CCQ10151202	LFR10151220
CCR10000008	SYR01151203	BBN10100108	SYY01101209
LFP10101220	TOQ01000001	NCY01101208	BBQ01201209
TOY10200120	CCQ10000010	CCR01301210	SYN10200110

마지막으로 납입기간이 보장기간보다 짧은 월납 고객이 추석선물
지급 대상이므로, 먼저 연납(01)또는 일시불(00)인 고객을 제외
한다.

SYY01100102	NCP01201202	CCQ10151202	LFR10151220
CCR10000008	SYR01151203	BBN10100108	SYY01101209
LFP10101220	TOQ01000001	NCY01101208	BBQ01201209
TOY10200120	CCQ10000010	CCR01301210	SYN10200110

남은 고객 중에서 납입기간과 보장기간을 비교하면 다음과 같다.

NCP01201202 : 납입기간 20년=보장기간 20년
CCQ10151202 : 납입기간 15년<보장기간 20년
SYR01151203 : 납입기간 15년<보장기간 30년

BBQ01201209 : 납입기간 20년≤보장기간 90세까지
CCR01301210 : 납입기간 30년≤보장기간 100세까지

80~100세까지 보장은 납입기간이 보장기간보다 짧은지 같은지
알 수 없으므로 납입기간이 보장기간보다 짧은 고객은 2명이다.

43
정답 ②

- 고객이 팔려는 노트북의 정보를 노트북 시리얼넘버 순으로 정리
  하면 삼성제품(SC) – 14인치(14) – 무게 1.7kg(3) – CPU 보급
  형(X) – SSD 256GB(P) – RAM 2GB(I) → SC143XPI
- 고객이 구매하려는 노트북의 시리얼넘버는 같은 제조사인 삼성
  (SC) – 17인치(17) – 비슷한 무게(3) – CPU i7고급형(Z) – SSD
  1TB(R) – RAM 16GB(V) → SC173ZRV

44
정답 ③

노트북 시리얼넘버에서 무게가 '2'로 표기되어있으므로 제시된 노
트북의 무게는 1.3kg 이상 1.5kg 미만이어야 한다.

오답분석
① 노트북 시리얼넘버의 앞 두 자리는 제조사로, 앞 두 자리의
  HN는 한성을 나타낸다.
② 노트북의 화면크기가 15인치이고, 1인치는 3센티미터이므로,
  이를 계산하면 15×3=45센티미터이다.
④ 시리얼넘버를 보면 SSD는 128GB, RAM은 8GB이므로 SSD
  는 RAM의 128÷8=16배이다.

45
정답 ④

BL152YQL : LG전자 – 15인치 – 1.3kg 이상 1.5kg 미만 – i5
중급형 – 512GB – 8GB

오답분석
① SC143XQD : 삼성전자 – 14인치 – 1.5kg 이상 1.8kg 미만
  – i3보급형 – 512GB – 4GB : 무게가 1.5kg 미만이어야 하므
  로 적절하지 않다.
② SC152XPD : 삼성전자 – 15인치 – 1.3kg 이상 1.5kg 미만 –
  i3보급형 – 256GB – 4GB : SSD크기가 500GB 이상이어야
  하므로 적절하지 않다.
③ BL142XPL : LG전자 – 14인치 – 1.3kg 이상 1.5kg 미만–
  i3보급형 – 256GB – 8GB : SSD크기가 500GB 이상이어야
  하므로 적절하지 않다.

46
정답 ③

첫 번째 조건과 두 번째 조건에 따라 책정된 총 회식비는 13×3=
39만 원이며, 이를 초과하는 회식장소는 없다. 다음으로 세 번째
조건에 따라 회식은 3일 뒤에 진행하므로 일주일 전에 예약이 필
요한 D뷔페와 19시에 영업을 시작하는 B치킨은 제외된다. 마지막
으로 팀원 중 해산물을 먹지 못하는 사람이 있으므로 A수산은 제
외된다. 따라서 모든 조건을 충족하는 회식장소는 C갈비이다.

47

조건에 따라 자동차를 대여할 수 없는 날을 표시하면 다음과 같다.

〈2월 달력〉

일	월	화	수	목	금	토
	1	2 × 짝수 날 점검	3	4 × 짝수 날 점검	5	6 × 짝수 날 점검
7	8	9 × 업무	10 × 업무	11 × 설 연휴	12 × 설 연휴	13 × 설 연휴
14	15 × 출장	16 × 출장	17	18	19	20
21	22	23	24 × C 대여	25 × C 대여	26 × C 대여	27
28						

따라서 자동차를 대여할 수 있는 날, 즉 여행을 갈 수 있는 날은 주말을 포함한 18~20일, 19~21일, 20~22일, 21~23일이므로 수요일(17일)이 자동차를 대여할 수 있는 첫날이 될 수 없다.

48

월요일에는 늦지 않게만 도착하면 되므로, 서울역에서 8시에 출발하는 KTX를 이용한다. 수요일에는 최대한 빨리 와야 하므로, 사천공항에서 19시에 출발하는 비행기를 이용한다.

따라서 소요되는 교통비는 $65,200$(∵ '서울-사천' KTX 비용)+ $22,200$(∵ '사천역-사천연수원' 택시비)+ $21,500$(∵ '사천연수원-사천공항' 택시비)+ $93,200$(∵ '사천-서울' 비행기 비용)× 0.9(10% 할인)= $192,780$원이다.

49

제시된 자료를 이용해 원격훈련 지원금 계산에 필요한 수치를 정리하면 다음과 같다.

구분	원격훈련 종류별 지원금	시간	수료 인원	기업 규모별 지원 비율
X기업	5,400원	6시간	7명	100%
Y기업	3,800원	3시간	4명	70%
Z기업	11,000원	4시간	6명	50%

세 기업의 원격훈련 지원금을 계산하면 다음과 같다.

- X기업 : $5,400 \times 6 \times 7 \times 1 = 226,800$원
- Y기업 : $3,800 \times 3 \times 4 \times 0.7 = 31,920$원
- Z기업 : $11,000 \times 4 \times 6 \times 0.5 = 132,000$원

따라서 바르게 짝지어진 것은 ②이다.

50

면접평가 결과를 점수로 변환하면 다음과 같다.

구분	A	B	C	D	E
의사소통능력	100	100	100	80	50
문제해결능력	80	75	100	75	95
조직이해능력	95	90	60	100	90
대인관계능력	50	100	80	60	85

변환된 점수에 최종 합격자 선발기준에 따른 평가비중을 곱하여 최종 점수를 도출하면 다음과 같다.

- A : $(100 \times 0.4) + (80 \times 0.3) + (95 \times 0.2) + (50 \times 0.1) = 88$점
- B : $(100 \times 0.4) + (75 \times 0.3) + (90 \times 0.2) + (100 \times 0.1)$ $= 90.5$점
- C : $(100 \times 0.4) + (100 \times 0.3) + (60 \times 0.2) + (80 \times 0.1) = 90$점
- D : $(80 \times 0.4) + (75 \times 0.3) + (100 \times 0.2) + (60 \times 0.1) = 80.5$점
- E : $(50 \times 0.4) + (95 \times 0.3) + (90 \times 0.2) + (85 \times 0.1) = 75$점

따라서 최종 합격자는 상위자 2명이므로 B, C가 선발된다.

51

연 1회 가능하므로 다음 해에 월 임대료를 임대보증금으로 1번 전환할 수 있다.

1년 동안 A사원이 내는 월 임대료는 $500,000 \times 12 = 6,000,000$원이고, 이 금액에서 최대 56%까지 보증금으로 전환이 가능하므로 $6,000,000 \times 0.56 = 3,360,000$원을 보증금으로 바꿀 수 있다. 보증금에 전환이율 6.72%를 적용하여 환산한 환산보증금은 $3,360,000 \div 0.0672 = 50,000,000$원이 된다. 즉 월세를 최대로 낮췄을 때 월세는 $500,000 \times (1 - 0.56) = 220,000$원이며, 보증금은 환산보증금 5천만 원을 추가하여 8천만 원이 된다.

52

제시문은 한정 판매 마케팅 기법에 대한 설명으로, 이는 한정판 제품의 공급을 통해 의도적으로 공급의 가격탄력성을 0에 가깝게 조정한 것이다. 이 기법은 판매 기업의 입장에서는 이윤 증대를 위한 경영 혁신이지만 소비자의 합리적 소비를 저해할 수 있다.

53

업무 순서를 나열하면 '회사 홈페이지, 관리자 페이지 및 업무용 메일 확인 - 외주업체로부터 브로슈어 샘플 디자인 받기 - 회의실 예약 후 마이크 및 프로젝터 체크 - 팀 회의 참석 - 지출결의서 총무부 제출'이다. 따라서 출근 후 두 번째로 해야 할 일은 '외주업체로부터 판촉 행사 브로슈어 샘플 디자인 받기'이다.

54
정답 ④

빈칸에 각각 들어갈 단어는 ㉠ '이문화 커뮤니케이션', ㉡ '국제 커뮤니케이션'이다.

오답분석

- 비공식적 커뮤니케이션 : 조직의 공식적 통로를 거치지 않는 의사소통
- 다문화 커뮤니케이션 : 메시지의 송신자와 수신자가 서로 다른 문화의 일원일 경우에 일어나는 커뮤니케이션
- 공식적 커뮤니케이션 : 공식조직의 제도적ㆍ계층적 경로를 따라 정식으로 행해지는 의사소통

55
정답 ①

(가)는 안정형, (나)는 중립형, (다)는 적극형 포트폴리오이다. 고객 A에게는 손실 최소화와 안정적 투자를 목표하는 안정형, 고객 B에게는 수익성과 안정성을 고려하여 어느 한쪽에 치우치지 않도록 하는 중립형, 고객 C에게는 위험을 감내하더라도 높은 수준의 투자수익을 추구하는 적극형을 추천해야 한다.

56
정답 ④

오픈뱅킹은 하나의 어플리케이션만으로 여러 은행의 계좌를 관리할 수 있도록 제공하는 서비스이다.

오답분석

① 섭테크 : 금융감독(Supervision)과 기술(Technology)의 합성어로, 최신기술을 활용하여 금융감독 업무를 효율적으로 수행하기 위한 기법이다.
② 레그테크 : 레귤레이션(Regulation)과 기술(Technology)의 합성어로, 최신기술을 활용하여 기업들이 금융규제를 쉽고 효율적으로 수행하기 위한 기법이다.
③ 뱅크런 : 경제상황 악화로 금융시장에 위기감이 조성되면서 은행의 예금 지급 불능 상태를 우려한 고객들이 대규모로 예금을 인출하는 사태를 말한다.

57
정답 ①

도시농업 사업은 농산물 재배와 더불어 미래 먹거리 개발에도 힘쓰고 있으며, 이밖에도 전문인력 양성, 일자리 창출, 귀농ㆍ귀촌 교육, 치유농업 프로그램 등 다양한 프로그램을 함께 추진하고 있다.

오답분석

ㄴ. 도시농업은 전문인력 양성을 위해 전문교육을 실시하고 있으며, 이는 청년층에 국한된 것이 아니라 다양한 계층의 시민을 대상으로 진행되고 있다.
ㄷ. 도시농업의 추진 목적은 도시에서도 농업을 육성하여 건강한 먹거리를 직접 생산하기 위함에 있다.
ㄹ. 코로나19 이후 도시농업은 도시에서 직접 작물을 재배하면서 육체적ㆍ정신적 건강을 도모하는 여가문화로 인식이 변화되었다.

58
정답 ①

조직변화의 유형

- 제품이나 서비스 : 기존 제품이나 서비스의 문제점을 인식하고 고객의 요구에 부응하기 위한 것으로, 고객을 늘리거나 새로운 시장을 확대하기 위해서 변화된다.
- 전략이나 구조 : 조직의 경영과 관계되며, 조직구조, 경영방식, 각종 시스템 등을 조직의 목적을 달성하고 효율성을 높이기 위해서 개선하는 것이다.
- 기술 : 새로운 기술이 도입이 되는 것으로 신기술이 발명되었을 때나 생산성을 높이기 위해 이루어진다.
- 문화 : 구성원들의 사고방식이나 가치체계를 변화시키는 것으로 조직의 목적과 일치시키기 위해 문화를 유도하기도 한다.

59
정답 ②

업무 인수인계서를 작성할 때 필수적으로 고려해야 할 항목으로는 조직의 업무 지침, 요구되는 지식, 기술, 도구, 태도, 관련 업무 및 관련 부서 담당자, 자율권 및 재량권, 업무에 대한 구분 및 정의 등이 해당된다. 그러나 업무 수행에 필요한 요령이나 활용 팁 등은 인수인계서 작성 시 필수적으로 고려해야 할 항목은 아니다.

60
정답 ①

박대리는 팀 내에서 공통으로 활용하는 체크리스트로 업무를 점검하였다.

제6회 모의고사 정답 및 해설

01	02	03	04	05	06	07	08	09	10
④	④	④	②	②	④	③	④	③	①
11	12	13	14	15	16	17	18	19	20
②	②	③	③	④	③	④	①	②	②
21	22	23	24	25	26	27	28	29	30
①	③	②	③	④	④	②	④	③	①
31	32	33	34	35	36	37	38	39	40
③	④	④	④	④	③	①	④	③	③
41	42	43	44	45	46	47	48	49	50
④	①	④	②	④	①	③	④	②	①
51	52	53	54	55	56	57	58	59	60
②	③	④	①	②	①	①	②	②	②

01　　　　　　　　　　　　　　　　정답 ④

제시문과 ④의 '넘다'는 '어려운 상황을 넘어서 지나다.'는 의미이다.

오답분석

① 경계가 되는 일정한 장소를 넘어서 지나다.
② 일정한 기준이나 한계 따위를 넘어서 벗어나다.
③ 높은 부분의 위를 넘어서 지나다.

02　　　　　　　　　　　　　　　　정답 ④

제시문과 ④의 '나서다'는 '어떠한 일을 적극적으로 또는 직업적으로 시작하다.'라는 의미이다.

오답분석

① 앞이나 밖으로 나와 서다.
② 어떠한 일을 가로맡거나 간섭하다.
③ 어디를 가기 위하여 있던 곳을 나오거나 떠나다.

03　　　　　　　　　　　　　　　　정답 ④

제시문과 ④의 '사이'는 주로 '없다'와 함께 쓰여 어떤 일에 들이는 시간적인 여유나 겨를을 의미한다.

오답분석

① 한곳에서 다른 곳까지, 또는 한 물체에서 다른 물체까지의 거리나 공간
② 한때로부터 다른 때까지의 동안
③ 서로 맺은 관계. 또는 사귀는 정분

04　　　　　　　　　　　　　　　　정답 ②

• 출근 : 일터로 근무하러 나가거나 나옴
• 퇴근 : 일터에서 근무를 마치고 돌아가거나 돌아옴

오답분석

① 출세 : 사회적으로 높은 지위에 오르거나 유명하게 됨
③ 지출 : 어떤 목적을 위하여 돈을 지급하는 일
④ 개근 : 학교나 직장 따위에 일정한 기간 동안 하루도 빠짐없이 출석하거나 출근함

05　　　　　　　　　　　　　　　　정답 ②

• 간섭 : 직접 관계가 없는 남의 일에 부당하게 참견함
• 방임 : 돌보거나 간섭하지 않고 제멋대로 내버려 둠

오답분석

① 참견 : 자기와 별로 관계없는 일이나 말 따위에 끼어들어 쓸데없이 아는 체하거나 간섭함
③ 섭정 : 군주가 직접 통치할 수 없을 때에 군주를 대신하여 나라를 다스림
④ 개간 : 거친 땅이나 버려둔 땅을 일구어 논밭이나 쓸모 있는 땅으로 만듦

06　　　　　　　　　　　　　　　　정답 ④

• Why don't we ~ : 우리 ~ 할까?

A : 너 이번 주말에 계획 있니?
B : 우리 낚시하러 갈까?
A : 그거 좋은데.
B : 내가 사진 찍게 카메라를 가져올게.

07 정답 ③

개별존재로서 생명의 권리를 갖기 위해서는 개별존재로서 생존을 지속시키고자 하는 욕망을 가질 수 있어야 하며, 이를 위해서 자신을 일정한 시기에 걸쳐 존재하는 개별존재로서 파악해야 한다. 따라서 '자신을 일정한 시기에 걸쳐 존재하는 개별존재로서 파악할 수 있는 존재만이 생명에 대한 권리를 가질 수 있다.'는 빈칸 앞의 결론을 도출하기 위해서는 개별존재로서 생존을 지속시키고자 하는 욕망이 개별존재로서의 인식을 가능하게 한다는 내용이 있어야 하므로 ③이 빈칸에 적절하다.

08 정답 ④

먼저 농약허용물질목록제도(PLS)의 개념과 시행에 대해 언급하고 있는 (라) 문단이 처음으로 오는 것이 적절하며, 그 뒤로는 PLS 도입의 목적에 대해 설명하는 (가) 문단이 오는 것이 자연스럽다. 다음으로는 PLS 시행에 대한 농업계의 우려를 보여주는 (마) 문단이 오며, 그 뒤로는 PLS 시행으로 예상되는 문제점을 설명하는 (다) 문단이 오고, 마지막으로는 PLS 시행의 문제점에 대한 정부의 대응을 언급하는 (나) 문단이 오는 것이 적절하다.

09 정답 ③

정부는 1월 1일부터 PLS를 시행하였지만, 올해는 계도 위주로 운용하여 법적 책임을 묻기보다는 PLS가 안정적으로 정착할 수 있도록 하는 데 초점을 두고 있다.

오답분석

① PLS 도입의 목적은 국민에게 안전한 농산물을 제공하는 것이다.
② 일본·유럽연합·대만 등의 주요 국가는 이미 PLS를 도입하였다.
④ 농업계는 PLS 도입의 필요성을 인정하지만, 생산 농가의 준비가 아직 충분하지 않다는 입장이다.

10 정답 ①

농촌사랑 모바일상품권은 5천 원권, 1만 원권, 5만 원권, 10만 원권의 총 4종으로 발행된다.

11 정답 ②

오답분석

㉠ 농촌사랑 모바일상품권은 전국 농·축협 및 NH농협은행에서 지류 형태(종이상품권)로 교환할 수 있다.
㉢ 농촌사랑 상품권이 아닌 농촌사랑 모바일상품권을 5만 원 이상 구매해야 농촌사랑 모바일상품권(3만 원) 증정 이벤트의 대상이 될 수 있다.
㉣ 농촌사랑 모바일상품권을 구매하려는 개인고객은 농협몰을, 기업고객은 KT엠하우스의 기프티쇼비즈를 이용해야 한다.

12 정답 ②

K씨가 원화로 환전했다고 했으므로 '현찰 팔 때'의 환율로 계산해야 한다. 엔화 환율 차이로 얻은 수익은 다음과 같다.

$$(1,004.02-998) \times 800,000 \times \frac{1}{100} = 6.02 \times 8,000 = 48,160원$$

미국 USD 달러도 똑같은 수익이 났다고 했으므로, 2주 전 현찰 살 때의 환율을 x원이라고 하면 다음 식이 성립한다.

$$(1,110.90-x) \times 7,000 = 48,160$$
$$\rightarrow 1,110.90-x = 6.88$$
$$\therefore x = 1,104.02$$

따라서 2주 전 미국 USD 환율은 1,104.02원/달러임을 알 수 있다.

13 정답 ③

A씨와 B씨가 매달 상환해야 하는 금액을 각각 a, b원이라고 하면 다음과 같이 나타낼 수 있다.

• A씨의 경우

원금	1달 후	2달 후	⋯	11달 후	12달 후
	a	$a(1.02)$	⋯	⋯	$a(1.02)^{11}$
		a	⋯	⋯	$a(1.02)^{10}$
					⋯
				a	$a(1.02)$
					a
300	300(1.02)	⋯	⋯	⋯	$300(1.02)^{12}$

12달 후의 a에 관한 마지막 항들을 모두 합하면 A씨가 내야 할 총금액이 나온다(등비수열의 합 공식을 이용한다).

$$a \times \frac{(1.02)^{12}-1}{1.02-1} = 300 \times (1.02)^{12} \rightarrow a \times \frac{0.27}{0.02} = 300 \times 1.27$$
$$\rightarrow a \fallingdotseq 28만 원$$

A씨는 1회에 28만 원씩 12개월을 낸다.

• B씨의 경우

원금	1달 후	⋯	6달 후	⋯	11달 후	12달 후
			b	⋯	⋯	$b(1.02)^6$
						$b(1.02)^5$
				⋯	⋯	⋯
					b	$b(1.02)$
						b
300	300(1.02)	⋯	⋯	⋯	$300(1.02)^{11}$	$300(1.02)^{12}$

$$b \times \frac{(1.02)^6-1}{1.02-1} = 300 \times (1.02)^{12} \rightarrow b \times \frac{0.13}{0.02} = 300 \times 1.27$$
$$\rightarrow b \fallingdotseq 58만 원$$

B씨가 1회에 58만 원씩 6개월을 낸다.

따라서 A씨와 B씨가 1회당 갚는 돈의 차액은 58-28=30만 원이다.

14

ⓒ 국가채권 중 조세채권의 전년 대비 증가율은 다음과 같다.

- 2020년 : $\dfrac{30-26}{26} \times 100 ≒ 15.4\%$

- 2022년 : $\dfrac{38-34}{34} \times 100 ≒ 11.8\%$

따라서 조세채권의 전년 대비 증가율은 2022년에 비해 2020년이 높다.

ⓒ 융자회수금의 국가채권과 연체채권의 총합이 가장 높은 해는 142조 원으로 2022년이다. 연도별 경상 이전수입의 국가채권과 연체채권의 총합을 구하면 각각 15, 15, 17, 18조 원이므로 2022년이 가장 높다.

오답분석

㉠ 2019년 총 연체채권은 27조 원으로 2021년 총 연체채권의 80%인 36×0.8=28.8조 원보다 작다.

㉣ 2019년 대비 2022년 경상 이전수입 중 국가채권의 증가율은 $\dfrac{10-8}{8} \times 100 = 25\%$이며, 경상 이전수입 중 연체채권의 증가율은 $\dfrac{8-7}{7} \times 100 ≒ 14.3\%$로 국가채권 증가율이 더 높다.

15 정답 ④

㉠ 한국, 독일, 영국, 미국이 전년 대비 감소했다.

ⓒ 전년 대비 2020년 한국, 중국, 독일의 연구개발비 증가율을 각각 구하면 다음과 같다.

- 한국 : $\dfrac{33,684-28,641}{28,641} \times 100 ≒ 17.6\%$

- 중국 : $\dfrac{48,771-37,664}{37,664} \times 100 ≒ 29.5\%$

- 독일 : $\dfrac{84,148-73,737}{73,737} \times 100 ≒ 14.1\%$

따라서 중국, 한국, 독일 순서로 증가율이 높다.

오답분석

ⓒ 증가율을 계산해보는 방법도 있지만 연구개발비가 2배 이상 증가한 국가가 없는데 비해 중국이 3배 이상 증가하였으므로 증가율이 가장 큰 것을 알 수 있다. 따라서 증가율이 가장 큰 국가는 중국이고, 영국이 $\dfrac{40,291-39,421}{39,421} \times 100 ≒ 2.2\%$로 가장 낮다.

16 정답 ③

- 2022년 한국의 응용연구비 : 29,703×0.2=5,940.6백만 달러
- 2022년 미국의 개발연구비 : 401,576×0.6=240,945.6백만 달러

따라서 미국의 개발연구비는 한국의 응용연구비의 240,945.6÷5,940.6≒40.6배이다.

17 정답 ④

내수 현황을 누적값으로 표시하였으므로 자료와 일치하지 않는다.

오답분석

①・② 제시된 자료를 통해 알 수 있다.

③ 신재생에너지원별 고용인원 비율을 구하면 다음과 같다.

- 태양광 : $\dfrac{8,698}{16,177} \times 100 ≒ 54\%$

- 풍력 : $\dfrac{2,369}{16,177} \times 100 ≒ 15\%$

- 폐기물 : $\dfrac{1,899}{16,177} \times 100 ≒ 12\%$

- 바이오 : $\dfrac{1,511}{16,177} \times 100 ≒ 9\%$

- 기타 : $\dfrac{1,700}{16,177} \times 100 ≒ 10\%$

18 정답 ①

2015년 대비 2022년 건강보험 수입의 증가율은 $\dfrac{58-33.6}{33.6} \times 100 ≒ 72.6\%$이고, 건강보험 지출의 증가율은 $\dfrac{57.3-34.9}{34.9} \times 100 ≒ 64.2\%$이다.

따라서 차이는 $72.6-64.2=8.4\%p$이므로 15%p 이하이다.

오답분석

② 건강보험 수지율이 전년 대비 감소하는 2016년, 2017년, 2018년, 2019년 모두 정부지원 수입이 전년 대비 증가했다.

③ 2020년 보험료 등이 건강보험 수입에서 차지하는 비율은 $\dfrac{45.3}{52.4} \times 100 ≒ 86.5\%$이다.

④ 건강보험 수입과 지출은 매년 전년 대비 증가하고 있으므로 전년 대비 증감 추이는 2016년부터 2021년까지 동일하다.

19 정답 ②

홍보부서가 네 번째 또는 다섯 번째 시합에서 우승할 확률은 다음과 같다.

ⅰ) 네 번째 시합에서 홍보부서가 우승할 경우

네 경기 모두 홍보부서가 이겨야 하므로 확률은

$\dfrac{1}{2} \times \dfrac{1}{2} \times \dfrac{1}{2} \times \dfrac{1}{2} = \dfrac{1}{16}$이다.

ⅱ) 다섯 번째 시합에서 홍보부서가 우승할 경우

홍보부서는 네 번째 시합까지 3승 1패를 하고, 다섯 번째 시합에서 이겨야 한다.

홍보부서가 네 번째 시합까지 1번 졌을 확률은

$_4C_1 \times \left(\dfrac{1}{2}\right)^3 \left(\dfrac{1}{2}\right) = \dfrac{1}{4}$이므로, 다섯 번째 시합에서 홍보부서가 우승할 확률은 $\dfrac{1}{4} \times \dfrac{1}{2} = \dfrac{1}{8}$이다.

따라서 홍보부서가 네 번째 또는 다섯 번째 시합에서 결승에 우승할 확률은 $\dfrac{1}{16} + \dfrac{1}{8} = \dfrac{1+2}{16} = \dfrac{3}{16}$이다.

20
정답 ②

주택청약을 신청한 집합을 A, 펀드는 B, 부동산 투자는 C라고 가정하고, 밴 다이어그램 공식을 사용하여 2개만 선택한 직원 수를 구하면 다음과 같다.

$A \cup B \cup C = A + B + C - [(A \cap B) + (B \cap C) + (C \cap A)]$
$\qquad\qquad + (A \cap B \cap C)$

(이때, 전체 직원 수는 각 항목에 해당하는 총인원에서 중복(3개 또는 2개)으로 선택한 직원 수를 제외한 것)

$(A \cap B) + (B \cap C) + (C \cap A)$의 값을 x라 가정하면,

$A \cup B \cup C = A + B + C - [(A \cap B) + (B \cap C) + (C \cap A)]$
$\qquad\qquad + (A \cap B \cap C)$

$\rightarrow 60 = 27 + 23 + 30 - x + 5 \rightarrow x = 25$

$(A \cap B) + (B \cap C) + (C \cap A)$의 값은 25명이며, 여기서 $A \cap B \cap C$, 3개 모두 선택한 직원 수가 3번 포함되어 있다.

따라서 2개만 선택한 직원 수는 $25 - 5 \times 3 = 10$명임을 알 수 있다.

21
정답 ①

기존 남학생 수를 x명, 여학생 수를 y명이라고 할 때,

신입회원이 남자라면 $x + 1 = 2y \cdots$ ㉠
신입회원이 여자라면 $y + 1 = x \cdots$ ㉡

㉠과 ㉡을 연립하여 풀면 $x = 3$, $y = 2$

따라서 기존의 동아리 회원 수는 $3 + 2 = 5$명이다.

22
정답 ③

원화를 기준으로 각 국가의 환율을 적용한 농구화 가격을 구하면 다음과 같다.

• 미국 : 210달러 × 1,100원/달러 = 231,000원
• 중국 : 1,300위안 × 160원/위안 = 208,000원
• 일본 : 21,000엔 × 960원/100엔 = 201,600원
• 프랑스 : 200유로 × 1,200원/유로 = 240,000원

따라서 일본에서 농구화를 구입하는 것이 가장 저렴하다.

23
정답 ②

90만 원을 3개월 할부로 구매하였으므로 할부수수료율은 10%가 적용되며, 회차별 할부수수료는 다음과 같다.

회차	이용원금 상환액(원)	할부수수료(원)	할부잔액(원)
1회	300,000	900,000 × 0.1 ÷ 12 = 7,500	600,000
2회	300,000	600,000 × 0.1 ÷ 12 = 5,000	300,000
3회	300,000	300,000 × 0.1 ÷ 12 = 2,500	0
합계	900,000	15,000	–

따라서 3회 동안 지불한 할부수수료의 전체 금액은 15,000원이다.

24
정답 ③

• (중도상환 원금) = (대출원금) − [원금상환액(월)] × (대출경과월수)

$= 12,000,000 - \left(\dfrac{12,000,000}{60} \times 12 \right)$

$= 9,600,000$원

• (중도상환 수수료) $= 9,600,000 \times 0.038 \times \dfrac{36 - 12}{36}$

$= 243,200$원

25
정답 ④

역브레인스토밍은 미국의 핫 포인트사에서 개발한 창의적 사고 개발 기법으로, 최대한 많은 양의 의견을 자유롭게 발상한다는 점에서 브레인스토밍과 유사하지만, 아이디어를 생성하는 브레인스토밍과 달리 이미 생성된 아이디어에 대해 최대한 많은 양의 비판을 생성한다. 주로 상품의 결점이나 문제점 발견에 사용된다.

26
정답 ④

조건에 따라 3명이 다니는 회사를 추론하면 A회사 − 정서, B회사 − 애서, C회사 − 희서이다.

오답분석
① 희서는 C회사에 다닌다.
② 희서는 애서보다 일찍 나와야 한다.
③ 중간에 위치한 회사에 다니는 사람은 애서이다.

27
정답 ②

입장료로 2,000원을 지불했으므로 현정, 상애, 소희 중 2명이 15세 이상이다. 따라서 동생 상애와 소희를 데려간 현정이는 15세 이상이다. 그 외의 다른 정보는 알 수 없다.

28
정답 ④

정현 > 재현(1997)으로 정현이가 1997년 이전에 태어났음을 알 수 있으나, 제시된 사실만으로는 민현이와 정현이의 출생 순서를 알 수 없다.

29
정답 ③

이동 시간이 긴 순서대로 나열하면 'D − B − C − A'이다. 이때 이동 시간은 거리가 멀수록 많이 소요된다고 하였으므로 서울과의 거리가 먼 순서에 따라 D는 강릉, B는 대전, C는 세종, A는 인천에서 근무하는 것을 알 수 있다.

30 정답 ①

천자포의 사거리는 1,500보, 현자포의 사거리는 800보, 지자포의 사거리는 900보로, 사거리 길이가 긴 순서에 따라 나열하면 '천자포 – 지자포 – 현자포'의 순서이다. 따라서 천자포의 사거리가 가장 긴 것을 알 수 있다.

31 정답 ③

네 번째 조건에 따라 청경채는 반드시 포함되므로 이에 근거하여 논리식을 전개하면 다음과 같다.
- 두 번째 조건의 대우 : 청경채 → 무순
- 여섯 번째 조건 : 무순 → ~배
- 세 번째 조건 : 무순 → ~당근
- 다섯 번째 조건 : ~당근 → ~바나나
- 첫 번째 조건 : ~바나나 → 사과

따라서 김대리의 식단에는 청경채, 무순, 사과가 포함되고 배, 당근, 바나나는 포함되지 않는다.

32 정답 ④

신입사원들이 만난 외부 인사 세 사람에 대한 정보를 정리해 보면 다음과 같다.

혜민	김지후	최준수	이진서
민준	최지후	최준수	이진서
서현	이지후	김준수	최진서

혜민과 민준은 외부 인사인 준수와 진서의 성을 동일하게 기억하고 있으므로 최준수 또는 이진서 둘 중 하나는 반드시 옳은 것이 된다. 만약 이진서가 맞다면, 서현이 바르게 기억하고 있는 사람의 이름은 김준수가 된다. 이지후는 성이 이진서와 겹치므로 모순이 되기 때문이다. 그렇다면 남은 성인 '최'는 지후의 성이 된다. 하지만 이 경우 민준이 이진서와 최지후 두 사람의 성명을 바르게 기억한 셈이 되므로 단 한 명씩의 성명만을 바르게 기억하고 있다는 조건에 위배된다. 따라서 혜민과 민준이 바르게 기억한 외부 인사의 성명은 최준수가 되고, 그 결과 서현이 기억한 이지후가 맞게 되며 진서의 성은 '이'가 될 수 없기에 김진서가 된다.

33 정답 ④

D는 102동 또는 104동에 살며, A와 B가 서로 인접한 동에 살고 있으므로 E는 101동 또는 105동에 산다. 이를 통해 101동부터 순서대로 (A, B, C, D, E), (B, A, C, D, E), (E, D, C, A, B), (E, D, C, B, A)의 네 가지 경우를 추론할 수 있다. 따라서 'A가 102동에 산다면 E는 105동에 산다.'는 반드시 참이 된다.

34 정답 ④

A씨의 생활을 살펴보면 출퇴근길에 자가용을 사용하고 있어 주유비에 대해서 부담을 가지고 있다. 그리고 곧 겨울이 올 것을 대비해 차량 점검을 할 예정이다. 이러한 사항을 고려해 볼 때 A씨는 자동차와 관련된 혜택을 받을 수 있는 카드인 D카드를 선택하는 것이 가장 적합하다고 볼 수 있다.

35 정답 ④

오답분석

① 2천만 원의 차량 담보로도 진행할 수 있는 대출에 아파트라는 과도한 담보를 요구하고 있으므로 제5조 제2호에 어긋난다.
② 제6조 제2호에서 정한 취약한 금융소비자에 대한 이해수준 등을 파악하지 않고 일반적으로 상품 가입을 권유하고 있다.
③ 소비자가 충분히 고민하고 결정한 상품을 부정하고, 다른 상품을 강제로 권유하고 있으므로 제5조 제1호에 어긋난다.

36 정답 ③

우선 B사원의 대화 내용을 살펴보면, 16:00부터 사내 정기 강연으로 2시간 정도 소요된다는 것을 알 수 있다. 또한 B사원은 강연 준비로 30분 정도 더 일찍 나서야 하므로, 15:30부터는 가용할 시간이 없다. 그리고 기획안 작성업무는 두 시간 정도 걸릴 것으로 보고 있는데, A팀장이 먼저 기획안부터 마무리짓자고 하였으므로 11:00부터 업무를 시작하는 것으로 볼 수 있다. 그런데 중간에 점심시간이 껴 있으므로, 기획안 업무는 14:00에 완료될 것으로 볼 수 있다. 따라서 A팀장과 B사원 모두 여유가 되는 시간은 14:00 ~ 15:30이므로 선택지에서 가장 적절한 시간대는 ③이다.

37 정답 ①

두 번째 조건에서 교통편과 집과의 거리가 1.2km 이내여야 한다고 하였으므로 K버스는 제외된다. 네 번째 조건에서 나머지 교통편의 왕복시간은 다음과 같이 5시간 이하임을 확인할 수 있다.
- 비행기 : 45분×2=1시간 30분
- E열차 : 2시간 11분×2=4시간 22분
- P버스 : 2시간 25분×2=4시간 50분

또한 각각에 해당하는 총 4인 가족 교통비를 구하면 다음과 같다.
- 비행기 : 119,000×4×0.97=461,720원
- E열차 : 134,000×4×0.95=509,200원
- P버스 : 116,000×4=464,000원

세 번째 조건에서 E열차는 총 금액이 50만 원을 초과하였으므로 조건에 부합하지 않는다. 남은 비행기와 P버스 중 비행기의 교통비가 가장 저렴하므로, 지우네 가족이 이용할 교통편은 비행기이며, 총 교통비는 461,720원임을 알 수 있다.

38 정답 ④

- 일비 : 하루에 10만 원씩 지급 → $100,000 \times 3 = 300,000$원
- 숙박비 : 실비 지급 → B호텔 2박 → $250,000 \times 2 = 500,000$원
- 식비 : 8 ~ 9일까지는 3식이고 10일에는 점심 기내식을 제외하여 아침만 포함
  → $(10,000 \times 3) + (10,000 \times 3) + (10,000 \times 1) = 70,000$원
- 교통비 : 실비 지급
  → $84,000 + 10,000 + 16,300 + 17,000 + 89,000 = 216,300$원
∴ $300,000 + 500,000 + 70,000 + 216,300 = 1,086,300$원

39 정답 ③

각 조에서 팀별로 한 번씩 경기를 치러야 하므로 조별 경기 수는 $_6C_2 = \dfrac{6 \times 5}{2 \times 1} = 15$경기이다. 한 경기를 치르면 각 팀은 승무패 중 하나의 결과를 얻는다. 그러므로 한 조의 승무패의 합은 $15 \times 2 = 30$이 되고, 승과 패의 수는 같아야 한다. 이를 활용하여 경기결과를 도출할 수 있고, 승점을 계산하면 다음과 같다.

1조			2조		
팀	결과	승점	팀	결과	승점
A	1승 4무	$1 \times 2 + 4 \times 1$ $= 6$점	G	3승 2패	$3 \times 2 + 2 \times 0$ $= 6$점
B	4승 1무	$4 \times 2 + 1 \times 1$ $= 9$점	H	2승 2무 1패	$2 \times 2 + 2 \times 1 + 1$ $\times 0 = 6$점
C	1무 4패	$1 \times 1 + 4 \times 0$ $= 1$점	I	2승 1무 2패	$2 \times 2 + 1 \times 1 + 2$ $\times 0 = 5$점
D	2무 3패	$2 \times 1 + 3 \times 0$ $= 2$점	J	3승 1무 1패	$3 \times 2 + 1 \times 1 + 1$ $\times 0 = 7$점
E	3승 1무 1패	$3 \times 2 + 1 \times 1 + 1$ $\times 0 = 7$점	K	1무 4패	$1 \times 1 + 4 \times 0$ $= 1$점
F	2승 1무 2패	$2 \times 2 + 1 \times 1 + 2$ $\times 0 = 5$점	L	1승 3무 1패	$1 \times 2 + 3 \times 1 + 1$ $\times 0 = 5$점

따라서 결승에 진출하는 팀은 1조의 B팀과 2조의 J팀이다.

40 정답 ③

첫 번째 요구사항을 통해 고객은 '높음' 등급의 위험을 꺼려하지만 어느 정도의 위험은 감수할 수 있다는 것을 알 수 있다. 따라서 '높음' 등급의 A를 제외한다. 또한 감수할 수 있는 위험 범위 내에서 가능한 한 많은 수익을 올리기를 바라므로 '낮음' 등급의 B상품을 제외한다.
D상품의 경우 C상품과 수익률이 같지만 고객의 나머지 조건들에 있어서는 모두 C상품에 비해 불리하므로, 고객의 요구에 가장 적합한 상품은 C상품이다.

41 정답 ④

통화 내역을 통해 국내통화인지 국제통화인지 구분한다.
- 국내통화 : 4/5(화), 4/6(수), 4/8(금)
  → 10분+30분+30분=70분
- 국제통화 : 4/7(목) → 60분
∴ 70분 $\times$ 15원 + (60분 $\times$ 40원) = 3,450원
따라서 A대리가 사용한 통화요금은 총 3,450원이다.

42 정답 ①

인터넷 요금과 휴대폰 요금 동시 가입의 경우 합산 요금의 20%를 받을 수 있지만 중복할인이 불가능하므로 휴대폰 가입자 3인 이상일 때 30%의 할인율을 받기 위해서 인터넷 요금과 TV 수신료로 교차하여 20%를 할인받는다. 또한 TV와 인터넷 셋톱박스 대여료 중 가장 비싼 가격 1대만 청구하므로 TV 셋톱박스 대여료만 청구하며 총 요금에서 자동이체를 적용해 10% 추가 할인을 받는다.
- 인터넷 요금과 TV 수신료
  $(38,500 + 27,300) \times 0.8 = 52,640$원
- 휴대폰 가입자 3인 할인
  $(48,400 + 59,400 + 25,300) \times 0.7 = 93,170$원
- TV 셋톱박스 대여료 : 4,400원
- 자동이체 추가 할인
  $(52,640 + 93,170 + 4,400) \times 0.9 = 135,189$원
따라서 천 원 미만을 절사하면 총 요금은 135,000원이다.

43 정답 ④

전자제품의 경우 관세와 부가세가 모두 동일하며, 전자제품의 가격이 다른 가격보다 월등하게 높기 때문에 대소비교는 전자제품만 비교해도 된다.
이 중 A의 TV와 B의 노트북은 가격이 동일하기 때문에 굳이 계산할 필요가 없고 TV와 노트북을 제외한 휴대폰과 카메라만 비교하면 된다. B의 카메라가 A의 휴대폰보다 비싸기 때문에 B가 더 많은 관세를 낸다.

구분	전자제품	전자제품 외
A	TV(110만), 휴대폰(60만)	스킨로션(5만), 스포츠용 헬멧(10만)
B	노트북(110만), 카메라(80만)	책(10만), 신발(10만)

B가 내야할 세금을 계산해 보면, 우선 전자제품은 모두 18%(관세 8%+부가세 10%)의 세율로 $190 \times 0.18 = 34.2$만 원과 노트북은 100만 원을 초과하므로 특별과세 $110 \times 0.5 = 55$만 원이 더 과세된다. 나머지 품목들의 세금은 책이 $10 \times 0.1 = 1$만 원, 신발이 $10 \times 0.23 = 2.3$만이다. 따라서 B가 내야할 관세 총액은 $34.2 + 55 + 1 + 2.3 = 92.5$만 원이다.

44
정답 ②

각 농가 백미의 2022년 수매가격 대비 2023년 수매가격 증가율을 구하면 다음과 같다.

- A농가 : $\dfrac{82,000-78,000}{78,000}\times100 \fallingdotseq 5.1\%$

- B농가 : $\dfrac{81,000-76,000}{76,000}\times100 \fallingdotseq 6.6\%$

- C농가 : $\dfrac{80,000-74,000}{74,000}\times100 \fallingdotseq 8.1\%$

- D농가 : $\dfrac{83,000-80,000}{80,000}\times100 \fallingdotseq 3.8\%$

- E농가 : $\dfrac{80,000-75,000}{75,000}\times100 \fallingdotseq 6.7\%$

따라서 수매가격 증가율이 낮은 두 농가는 A와 D이다.

45
정답 ④

단위를 천 원으로 수정하고, 각 농가의 2022년 총 수매가격 대비 2023년 총 수매가격 증가액을 구하면 다음과 같다.

- A : $(82+91+98)-(78+86+94)=271-258=13$천 원
- B : $(81+90+102)-(76+88+92)=273-256=17$천 원
- C : $(80+88+103)-(74+85+98)=271-257=14$천 원
- D : $(83+90+98)-(80+88+95)=271-263=8$천 원
- E : $(80+90+100)-(75+85+95)=270-255=15$천 원

따라서 2022년 총 수매가격 대비 2023년 총 수매가격 증가액이 가장 높은 두 농가는 B와 E이다.

46
정답 ①

공공비축제는 2005년 양정개혁을 단행하면서 추곡수매제를 폐지한 뒤 쌀 직불제와 함께 도입되었다. 우루과이라운드의 합의에 따라 2014년까지 쌀시장 개방이 유예됐으며, 2015년부터 쌀시장이 전면 개방됨에 따라 관세(513%)만 물면 누구나 외국산 쌀을 수입할 수 있다.

오답분석

② 80kg들이 기준 산지 쌀값에서 가공임을 뺀 후 도정수율 및 벼 40kg당 가격을 뜻하는 0.5를 곱해 최종 매입가격을 정한다.

47
정답 ③

A사원이 처리할 업무를 시간 순서대로 나열해 보면 '회의실 예약 – PPT 작성 – 메일 전송 – 수정사항 반영 – B주임에게 조언구하기 – 브로슈어에 최종본 입력 – D대리에게 파일 전달 – 인쇄소 방문' 순서이다.

48
정답 ④

비품은 기관의 비품이나 차량 등을 관리하는 총무지원실에 신청해야 하며, 교육 일정은 사내 직원의 교육 업무를 담당하는 인사혁신실에서 확인해야 한다.

오답분석

기획조정실은 전반적인 조직 경영과 조직문화 형성, 예산 업무, 이사회, 국회 협력 업무, 법무 관련 업무를 담당한다.

49
정답 ②

차량에 운전기사가 따로 있으므로, 최상위자인 E부장은 뒷자리 가장 우측에 승차하는 것이 적절하다. 따라서 E부장의 자리는 (나)이다.

50
정답 ①

- ㉠, ㉷ : 교육지원사업에 해당한다.
- ㉡, ㉣ : 경제사업에 해당한다.
- ㉢, ㉥ : 금융사업에 해당한다.

51
정답 ②

조직문화는 조직몰입을 높여준다.

52
정답 ③

조직문화는 구성원들의 행동지침으로 작용하여 구성원의 사고방식과 행동양식을 규정하여 구성원들은 조직에서 해오던 방식대로 업무를 처리하게 된다. 이는 조직문화가 구성원을 조직에 적응하도록 사회화하고 일탈적 행동을 통제하는 기능을 한다.

53
정답 ④

B사의 대표이사는 결정한 것은 끝까지 성공시켜야 한다는 함정에 빠져서 자기 실수를 인정하지 않고, 이미 지나간 과거 의사결정에 대한 미련과 집착을 버리지 못하며 조직에 더 큰 손해를 일으키고 있다. 이러한 함정은 과거 지속적으로 순탄하게 성장해 오거나 이미 많은 성공을 통해 대내외적으로 명성을 얻는 사람들이 쉽게 빠질 수 있다.

> **잘못된 의사결정에 빠지는 5가지 함정**
> - 함정 1 : 눈으로 보는 것만이 현실이다.
> - 함정 2 : 과거 자료나 추세만을 중시한다.
> - 함정 3 : 늘 하던 대로 자신에게 편한 방식을 고수한다.
> - 함정 4 : 결정한 것은 끝까지 성공시켜야 한다.
> - 함정 5 : 나의 능력을 믿는다.

54
정답 ①

B사의 대표이사가 조직을 위해 올바른 의사결정을 하기 위해서는 자신에게 직언을 할 수 있는 다양한 유형의 사람을 곁에 두어야 하고 현실을 직시하고 현장에서 살아있는 정보를 얻으며 자신에게 솔직해야 한다. 구성원의 가치 있는 실수는 과감히 포용할 필요도

있지만, 자신의 실수는 인정해야 한다.

55   정답 ②

매트릭스 조직은 특정사업 수행을 위한 것으로, 해당분야의 전문성을 지닌 직원들이 본연의 업무와 특정사업을 동시에 수행하는 '투-잡(Two-Job)' 형태로 운영될 수 있으며 두 명 이상의 책임자들로부터 명령을 받는다고 하여 이중지휘 시스템이라고도 한다.

56   정답 ①

매트릭스 조직의 성공여부는 이 조직에 관여하는 관리자들의 양보와 타협, 협동에 달려있으므로 리더들의 사고 혁신이 전제가 되어야 한다. 매트릭스 조직 운영은 난이도가 높기에 이에 걸맞은 기업문화와 인사제도, 성과측정, 전략수립 수단이 필요하며 매트릭스 최하단에 놓인 직원의 적절한 업무로드 배분을 감안해야 한다. 또한 함께 달성할 가치나 목표가 뚜렷해야 구성원들의 협력 의지를 동기부여 시킬 수 있고 기능 간에 커뮤니케이션과 정보 공유가 원활해지므로, 공동 목표를 명확히 설정하고 공유해야 한다. 이러한 조직의 전체적인 변화와 혁신을 일으키지 않으면 어설픈 관료제의 중첩이라는 위험에 빠지게 될 가능성이 높다.

57   정답 ①

각 국가마다 고유의 언어가 있기 때문에 영어보다는 해당 국가의 언어를 사용하는 것이 적절하다.

오답분석
② 중국인은 겸허함이 미덕이라고 여기기 때문에 중국인과의 비즈니스 협상 시 뻣뻣한 태도는 좋지 않다.
③ 미국인은 시간을 돈과 같이 생각해서 시간엄수를 매우 중요하게 생각하며, 시간을 지키지 않는 사람과는 같이 일을 하려고 하지 않는다.
④ 협상 시 독일인이 어떤 식으로든 실망했다면 즉시 사과하고, 보상도 해야 한다.

58   정답 ②

조직의 구조는 조직 내의 부문 사이에 형성된 관계로 조직목표를 달성하기 위한 조직구성원들의 상호작용을 보여 준다. 조직구조는 의사결정권의 집중정도, 명령계통, 최고경영자의 통제, 규칙과 규제의 정도에 따라 달라지며 구성원들의 업무나 권한이 분명하게 정의된 기계적 조직과 의사결정권이 하부구성원들에게 많이 위임되고 업무가 고정적이지 않은 유기적 조직으로 구분할 수 있다.

59   정답 ②

이노비즈(Innobiz)는 혁신(Innovation)과 기업(Business)의 합성어로 뛰어난 기술력을 바탕으로 경쟁력을 확보하는 중소기업을 가리킨다.

60   정답 ②

세계적 기업인 맥킨지에 의해 개발된 7S 모형은 조직의 내부역량을 분석하는 도구로, 조직 문화를 구성하고 있는 7S는 전략, 공유가치, 관리기술, 시스템, 스태프, 스타일, 조직구조를 말한다. 7S 모형은 기업, 부서나 사업뿐만 아니라 지방자치단체, 국가 등 큰 조직을 진단하고 변혁할 때도 사용된다.

7S 모형
- 3S : 경영전략의 목표와 지침이 되는 항목
  - 시스템(System) : 조직 운영의 의사 결정과 일상 운영의 틀이 되는 각종 시스템
  - 조직구조(Structure) : 조직의 전략을 수행하는 데 필요한 틀로서 구성원의 역할과 그들 간의 상호관계를 지배하는 공식요소
  - 전략(Strategy) : 조직의 장기적인 목적과 계획 그리고 이를 달성하기 위한 장기적인 행동지침
- 4S : 상위 3S를 지원하는 하위 지원요소
  - 스태프(Staff) : 조직의 인력 구성, 구성원들의 능력과 전문성·가치관과 신념·욕구와 동기·지각과 태도·행동패턴
  - 스타일(Style) : 구성원들을 이끌어 나가는 전반적인 조직관리 스타일
  - 공유가치(Shared Value) : 조직 구성원들의 행동이나 사고를 특정 방향으로 이끌어 가는 원칙이나 기준
  - 관리기술(Skill) : 하드웨어는 물론 이를 사용하는 소프트웨어 기술을 포함하는 요소